BILBIOTHEK DER WELTLITERATUR

William Shakespeare

Romeo & Julia
Hamlet
Macbeth

Tragödien

aus dem Englischen übertragen von
August Wilhelm Schlegel und
Dorothea Tieck

aionas

Englische Originaltitel:
THE TRAGEDY OF ROMEO AND JULIET
THE TRAGEDY OF HAMLET, PRINCE OF DENMARK
THE TRAGEDY OF MACBETH
Deutsche Übersetzung:
August Wilhelm Schlegel (Romeo und Julia, Hamlet),
Dorothea Tieck (Macbeth)
Bearbeitung: Karl A. Fiedler

erschienen im aionas Verlag, Marstallstr. 1, 99423 Weimar
1. Auflage, 2016
Coverbild: Gemälde von Benjamin West

ISBN: 978-3-946571-37-7

Der Text wurde behutsam überarbeitet und folgt den Regeln der
neuen deutschen Rechtschreibung. Abweichungen zum englischen
Text in der Bezeichnung von Figuren und in den Regieanweisungen
und deren Stellung im Text wurden in der vorliegenden Ausgabe
dem Original angeglichen und ausgelassene Passagen nachübersetzt.

Inhalt

Romeo und Julia

Hamlet

Macbeth

William Shakespeare

Die Tragödie von
Romeo & Julia

Übersetzung ins Deutsche von
August Wilhelm Schlegel

Personen

CHORUS

ESCALUS, Prinz von Verona
Graf PARIS, Verwandter des Prinzen

MONTAGUE
CAPULET, Häupter zweier Häuser, welche in Zwist mit einander sind
Ein ALTER MANN, Capulets Oheim

ROMEO, Montagues Sohn
MERCUTIO, Verwandter des Prinzen und Romeos Freund
BENVOLIO, Montagues Neffe und Romeos Freund

TYBALT, Neffe der Gräfin Capulet
PETRUCHIO, ein (stummer) Anhänger Tybalts

BRUDER LORENZO,
BRUDER JOHN, Franziskaner
BALTHASAR, Romeos Diener
ABRAHAM, Bedienter Montagues
SIMSON
GREGORIO,
CLOWN, Bediente Capulets
PETER, Diener von Julias Amme
PAGE des Paris
APOTHEKER
Drei MUSIKANTEN

GRÄFIN MONTAGUE, Gemahlin von Montague
GRÄFIN CAPULET, Gemahlin von Capulet
JULIA, Capulets Tochter
AMME von Julia

Bürger von Verona; verschiedene Edelleute und Edelfrauen beider
Häuser; Masken, Fackelträger, Pagen, Garde, Wachen, Diener und
anderes Gefolge.

Szene: Verona, Mantua

Prolog

Der Chorus tritt auf.

CHORUS.
  Zwei Häuser waren - gleich an Würdigkeit,
  Hier in Verona, wo die Handlung steckt,
  Durch alten Groll zu neuem Kampf bereit,
  Wo Bürgerblut die Bürgerhand befleckt.
  Aus dieser Feinde unheilvollem Schoß
  Das Leben zweier Liebender entsprang,
  Die durch ihr unglückselges Ende bloß
  Im Tod begraben elterlichen Zank.
  Der Hergang ihrer todgeweihten Lieb
  Und der Verlauf der elterlichen Wut,
  Die nur der Kinder Tod von dannen trieb,
  Ist nun zwei Stunden lang der Bühne Gut;
  Was dran noch fehlt, hört mit geduldgem Ohr,
  Bringt hoffentlich nun unsre Müh hervor. *Ab.*

Erster Aufzug
Erste Szene

Simpson und Gregorio, aus dem Hause Capulet, treten mit Schwertern und Schilden auf.

SIMSON. Auf mein Wort, Gregorio, wir wollen nichts in die Tasche stecken.

GREGORIO. Freilich nicht, sonst wären wir Taschenspieler.

SIMSON. Ich meine, ich werde den Koller kriegen und vom Leder ziehn.

GREGORIO. Ne, Freund! deinen ledernen Koller musst du bei Leibe nicht ausziehen.

SIMSON. Ich schlage geschwind zu, wenn ich aufgebracht bin.

GREGORIO. Aber du wirst nicht geschwind aufgebracht.

SIMSON. Ein Hund aus Montagues Hause bringt mich schon auf.

GREGORIO. Einen aufbringen, heißt: ihn von der Stelle schaffen. Um tapfer zu sein, muss man stand halten. Wenn du dich also aufbringen lässt, so läufst du davon.

SIMSON. Ein Hund aus dem Hause bringt mich zum Standhalten. Jeden Mann und jedes Mädchen Montagues will ich an die Wand schmettern.

GREGORIO. Das zeigt dich als einen schwachen Sklaven, der das schwächste an die Wand schmettert.

SIMSON. Das ist wahr, und deshalb schmettert man Frauen, die schwächeren Geschöpfe, immer an die Wand. Darum werd' ich Montagues Männer von der Wand ziehen und seine Mädchen an die Wand stoßen.

GREGORIO. Der Streit ist nur zwischen unseren Herren und uns, ihren Männern.

SIMSON. Einerlei! Ich will tyrannisch zu Werke gehn. Hab' ich's mit den Männern erst ausgefochten, so will ich mir die Mädchen unterwerfen. Ich werde ihnen ihre Köpfe abschlagen.

GREGORIO. Die Köpfe der Mädchen?

SIMPSON. Ja, die Köpfe der Mädchen, oder ihre Jungfräulichkeit, nimmt es, wie du willst.

GREGORIO. Sie werden das in Zweifel ziehen, das spür' ich.

SIMSON. Mich sollen sie spüren, so standhaft wie ich bin, und es ist bekannt, ich bin ein schönes Stück Fleisch.

GREGORIO. Nun gut, Fisch bist du nicht. Und wenn du es wärest, wärest du ein armer John, ein Fischchen. Zieh' deine Waffe, da kommen zwei aus dem Hause Montagues.

Zwei Diener treten auf, Abraham und Balthasar.

SIMSON. Hier! meine Waffe ist blank! Fang' nur Händel[1] an, ich will deinen Rücken decken.

GREGORIO. Den Rücken? willst du Reißaus nehmen?

SIMSON. Fürchte nichts von mir!

GREGORIO. Ne, wahrhaftig! ich dich fürchten?

SIMSON. Lass uns das Recht auf unsrer Seite behalten, lass sie anfangen!

GREGORIO. Ich will ihnen im Vorbeigehn ein Gesicht ziehen, sie mögen's nehmen, wie sie wollen.

SIMSON. Wie sie dürfen, lieber. Ich will ihnen einen Esel bohren; wenn sie es einstecken, so haben sie den Schimpf.

ABRAHAM. Bohrt Ihr uns einen Esel[2], mein Herr?

SIMSON. Ich bohre einen Esel, mein Herr.

---

1   Händel: Streit

2   Einen Esel bohren: Dies ist eine beleidigende Geste, ähnlich wie einen Vogel zeigen oder (eher noch) einen Stinkefinger zeigen.

ABRAHAM. Bohrt Ihr uns einen Esel, mein Herr?

SIMSON *beiseite zu Gregorio.* Ist das Recht auf unsrer Seite, wenn ich ja sage?

GREGORIO *beiseite zu Simson.* Nein.

SIMSON. Nein, mein Herr! Ich bohre Euch keinen Esel, mein Herr. Aber ich bohre einen Esel, mein Herr.

GREGORIO. Sucht Ihr Streit, mein Herr?

ABRAHAM. Streit, mein Herr? Nein, mein Herr?

SIMSON. Doch wenn ihr es tut, mein Herr, bin ich für euch. Ich diene ebenso einem Mann wie ihr.

ABRAHAM. Nicht besser?

SIMSON. Nun, mein Herr!

Benvolio tritt auf.

GREGORIO. Sag: »Einen bessern«; hier kommt ein Vetter meines Herrn.

SIMSON. Ja doch, einen bessern, mein Herr.

ABRAHAM. Ihr lügt!

SIMSON. Zieht, wenn ihre Kerle seid! Frisch, Gregorio! denk' mir an deinen Schwadronierhieb!

Sie fechten.

BENVOLIO. Ihr Narren, fort!
Steckt eure Schwerter ein, ihr wisst nicht, was ihr tut.

Schlägt ihre Schwerter nieder. Tybalt tritt auf.

TYBALT. Was? ziehst du unter den verzagten Knechten?
Hierher, Benvolio! Biet' die Stirn dem Tode!

BENVOLIO. Ich stifte Frieden, steck' dein Schwert nur ein!
Wo nicht, so führ' es, diese hier zu trennen!

TYBALT. Was? Ziehn und Friede rufen? Wie die Hölle
Hass' ich das Wort, wie alle Montagues
Und dich! Wehr' dich, du Memme!

Sie fechten. Drei oder vier Bürger kommen mit Schlägern und Partisanen.

BÜRGER. He! Spieß' und Stangen her! Schlagt auf sie los!
Weg mit den Capulets! Weg mit den Montagues!

Capulet im Schlafrock und Gräfin Capulet.

CAPULET. Was für ein Lärm? – Holla! mein langes Schwert!

GRÄFIN CAPULET. Nein, Krücken! Krücken! Wozu soll ein Schwert!

CAPULET. Mein Schwert, sag' ich! Der alte Montague
Kommt dort, und wetzt die Klinge mir zum Hohn.

Montague und Gräfin Montague.

MONTAGUE. Du Schurke! Capulet! – Lasst los, lass mich gewähren!

GRÄFIN MONTAGUE. Du sollst dich keinen Schritt dem Feinde nähern.

Der Prinz mit Gefolge.

PRINZ. Aufrührische Vasallen! Friedensfeinde,
  Die ihr den Stahl mit Nachbarblut entweiht! –
  Wollt ihr nicht hören? – Männer! wilde Tiere!
  Die ihr die Flammen eurer schnöden Wut
  Im Purpurquell aus euren Adern löscht!
  Zu Boden werft, bei Buß' an Leib und Leben,
  Die missgestählte Wehr aus blut'ger Hand!
  Hört eures ungehaltnen Fürsten Spruch!
  Drei Bürgerzwiste haben dreimal nun
  Aus einem luft'gen Wort von euch erzeugt,
  Du alter Capulet und Montague,
  Den Frieden unsrer Straßen schon gebrochen.
  Veronas graue Bürger mussten sich
  Entladen ihres ehrenfesten Schmucks
  Und alte Speer' in alten Händen schwingen,
  Woran der Rost des langen Friedens nagte,
  Dem Hasse, der euch nagt, zu widerstehn.
  Verstört ihr jemals wieder unsre Stadt,
  So zahl' eu'r Leben mir den Friedensbruch!
  Für jetzt begebt euch, all ihr andern, weg!
  Ihr aber, Capulet, sollt mich begleiten.
  Ihr, Montague, kommt diesen Nachmittag
  Zur alten Burg, dem Richtplatz unsres Banns,
  Und hört, was hierin fürder mir beliebt.
  Bei Todesstrafe sag' ich: alle fort!

Alle ab außer Montague, Lady Montague und Benvolio.

MONTAGUE. Wer bracht' aufs neu' den alten Zwist in Gang?
  Sagt, Neffe, wart Ihr da, wie er begann?

BENVOLIO. Die Diener Eures Gegners fochten hier
  Erhitzt mit Euren schon, eh' ich mich nahte;
  Ich zog, um sie zu trennen. Plötzlich kam
  Der wilde Tybalt mit gezücktem Schwert,
  Und schwang, indem er schnaubend Kampf mir bot,
  Es um sein Haupt, und hieb damit die Winde,
  Die unverwundet, zischend ihn verhöhnten.

Derweil wir Hieb' und Stöße wechseln, kamen
Stets mehr und mehr, und fochten mit einander;
Dann kam der Fürst und schied sie von einander.
GRÄFIN MONTAGUE. Ach, wo ist Romeo? Saht Ihr ihn heut?
Wie froh bin ich! Er war nicht bei dem Streit.
BENVOLIO. Schon eine Stunde, Gräfin, eh' im Ost
Die heil'ge Sonn' aus goldnem Fenster schaute,
Trieb mich ein irrer Sinn ins Feld hinaus.
Dort, in dem Schatten des Kastanienhains,
Der vor der Stadt gen Westen sich verbreitet,
Sah ich, so früh schon wandelnd, Euren Sohn.
Ich wollt' ihm nahn, er aber nahm mich wahr
Und stahl sich tiefer in des Waldes Dickicht.
Ich maß sein Innres nach dem meinen ab,
Das in der Einsamkeit am regsten lebt,
Ging meiner Laune nach, ließ seine gehn,
Und gern vermied ich ihn, der gern mich floh.
MONTAGUE. Schon manchen Morgen ward er dort gesehn,
Wie er den frischen Tau durch Tränen mehrte
Und, tief erseufzend, Wolk' an Wolke drängte.
Allein sobald im fernsten Ost die Sonne,
Die all' erfreu'nde, von Auroras Bett
Den Schattenvorhang wegzuziehn beginnt,
Stiehlt vor dem Licht mein finstrer Sohn sich heim,
Und sperrt sich einsam in sein Kämmerlein,
Verschließt dem schönen Tageslicht die Fenster,
Und schaffet künstlich Nacht um sich herum.
In schwarzes Missgeschick wird er sich träumen,
Weiß guter Rat den Grund nicht wegzuräumen.
BENVOLIO. Mein edler Oheim, wisset Ihr den Grund?
MONTAGUE. Ich weiß ihn nicht und kann ihn nicht erfahren.
BENVOLIO. Lagt Ihr ihm jemals schon deswegen an?
MONTAGUE. Ich selbst sowohl als mancher andre Freund.
Doch er, der eignen Neigungen Vertrauter,
Ist gegen sich, wie treu will ich nicht sagen,
Doch so geheim und in sich selbst gekehrt,
So unergründlich forschendem Bemühn,
Wie eine Knospe, die ein Wurm zernagt,
Eh' sie der Luft ihr zartes Laub entfalten
Und ihren Reiz der Sonne weihen kann.
Erführen wir, woher sein Leid entsteht,
Wir heilten es so gern, als wir's erspäht.

Romeo tritt auf.

BENVOLIO. Da kommt er, seht! Geruht uns zu verlassen!
　Galt ich ihm je was, will ich schon ihn fassen.
MONTAGUE. Oh, beichtet' er für dein Verweilen dir
　Die Wahrheit doch! – Kommt, Gräfin, gehen wir!

Montague und Gräfin Montague gehn ab.

BENVOLIO. Ha, guten Morgen, Vetter!
ROMEO. Erst so weit?
BENVOLIO. Kaum schlug es neun.
ROMEO. Weh mir! Gram dehnt die Zeit.
　War das mein Vater, der so eilig ging?
BENVOLIO. Er war's. Und welcher Gram dehnt Euch die Stunden?
ROMEO. Dass ich entbehren muss, was sie verkürzt.
BENVOLIO. Entbehrt Ihr Liebe?
ROMEO. Nein.
BENVOLIO. So ward sie Euch zu teil?
ROMEO. Nein, Lieb' entbehr' ich, wo ich lieben muss.
BENVOLIO. Ach, dass der Liebesgott, so mild im Scheine,
　So grausam in der Prob' erfunden wird!
ROMEO. Ach, dass der Liebesgott, trotz seinen Binden,
　Zu seinem Ziel stets Pfade weiß zu finden!
　Wo speisen wir? – Ach, welch ein Streit war hier?
　Doch sagt mir's nicht, ich hört' es alles schon.
　Hass gibt hier viel zu schaffen, Liebe mehr.
　Nun dann: liebreicher Hass! streitsücht'ge Liebe!
　Du Alles, aus dem Nichts zuerst erschaffen!
　Schwermüt'ger Leichtsinn! ernste Tändelei!
　Entstelltes Chaos glänzender Gestalten!
　Bleischwinge! lichter Rauch und kalte Glut!
　Stets wacher Schlaf! dein eignes Widerspiel! –
　So fühl' ich Lieb', und hasse, was ich fühl'!
　Du lachst nicht?
BENVOLIO. Nein! das Weinen ist mir näher.
ROMEO. Warum, mein Herz?
BENVOLIO. Um deines Herzens Qual.
ROMEO. Das ist der Liebe Unbill nun einmal.
　Schon eignes Leid will mir die Brust zerpressen,
　Dein Gram um mich wird voll das Maß mir messen.
　Die Freundschaft, die du zeigst, mehrt meinen Schmerz;
　Denn, wie sich selbst, so quält auch dich mein Herz.
　Lieb' ist ein Rauch, den Seufzerdämpf' erzeugten,

Geschürt, ein Feu'r, von dem die Augen leuchten,
Gequält, ein Meer, von Tränen angeschwellt;
Was ist sie sonst? Verständ'ge Raserei,
Und ekle Gall' und süße Spezerei.
Lebt wohl, mein Freund!
BENVOLIO. Sacht! Ich will mit Euch gehen:
Ihr tut mir Unglimpf, lasst Ihr so mich stehen.
ROMEO. Ach, ich verlor mich selbst; ich bin nicht Romeo.
Der ist nicht hier: er ist – ich weiß nicht wo.
BENVOLIO. Entdeckt mir ohne Mutwill, wen Ihr liebt!
ROMEO. Bin ich nicht ohne Mut und ohne Willen?
BENVOLIO. Seufzen? Warum, nein;
Doch sagt mir ohne Scherz, wer?
ROMEO. Verscherzt ist meine Ruh': wie sollt' ich scherzen?
O überflüss'ger Rat bei so viel Schmerzen!
Hört, Vetter, denn im Ernst: ich lieb' ein Weib.
BENVOLIO. Ich traf's doch gut, da ich verliebt Euch glaubte.
ROMEO. Ein wackrer Schütz'! – Und, die ich lieb', ist schön.
BENVOLIO. Ein glänzend Ziel kann man am ersten treffen.
ROMEO. Dies Treffen traf dir fehl, mein guter Schütz':
Sie meidet Amors Pfeil, sie hat Dianens Witz.
Umsonst hat ihren Panzer keuscher Sitten
Der Liebe kindisches Geschoss bestritten.
Sie wehrt den Sturm der Liebesbitten ab,
Steht nicht dem Angriff kecker Augen, öffnet
Nicht ihren Schoß dem Gold, das Heil'ge lockt.
Oh, sie ist reich an Schönheit; arm allein,
Weil, wenn sie stirbt, ihr Reichtum hin wird sein.
BENVOLIO. Beschwor sie der Enthaltsamkeit Gesetze?
ROMEO. Sie tat's, und dieser Geiz vergeudet Schätze.
Denn Schönheit, die der Lust sich streng enthält,
Bringt um ihr Erb' die ungeborne Welt.
Sie ist zu schön und weis', um Heil zu erben,
Weil sie, mit Weisheit schön, mich zwingt zu sterben.
Sie schwor zu lieben ab, und dies Gelübd'
Ist Tod für den, der lebt, nur weil er liebt.
BENVOLIO. Folg' meinem Rat, vergiss an sie zu denken!
ROMEO. So lehre mir, das Denken zu vergessen!
BENVOLIO. Gib deinen Augen Freiheit, lenke sie
Auf andre Reize hin!
ROMEO. Das ist der Weg,
Mir ihren Reiz in vollem Licht zu zeigen.
Die Schwärze jener neidenswerten Larven,

Die schöner Frauen Stirne küssen, bringt
Uns in den Sinn, dass sie das Schöne bergen.
Der, welchen Blindheit schlug, kann nie das Kleinod
Des eingebüßten Augenlichts vergessen.
Zeigt mir ein Weib, unübertroffen schön:
Mir gilt ihr Reiz wie eine Weisung nur,
Worin ich lese, wer sie übertrifft.
Leb wohl! Vergessen lehrest du mir nie.
BENVOLIO. Dein Schuldner sterb' ich, glückt mir nicht die Müh!

Beide ab.

Zweite Szene

Capulet, Graf Paris und ein Clown, Capulets Dieners.

CAPULET. Und Montague ist mit derselben Buße
  Wie ich bedroht? Für Greise, wie wir sind,
  Ist Frieden halten, denk' ich, nicht so schwer.
PARIS. Ihr geltet beid' als ehrenwerte Männer,
  Und Jammer ist's um euren langen Zwiespalt.
  Doch, edler Graf, wie dünkt Euch mein Gesuch?
CAPULET. Es dünkt mich so, wie ich vorhin gesagt:
  Mein Kind ist noch ein Fremdling in der Welt,
  Sie hat kaum vierzehn Jahre wechseln sehn.
  Lasst noch zwei Sommer prangen und verschwinden,
  Eh' wir sie reif, um Braut zu werden, finden!
PARIS. Noch jüngre wurden oft beglückte Mütter.
CAPULET. Wer vor der Zeit beginnt, der endigt früh.
  All meine Hoffnungen verschlang die Erde;
  Mir blieb nur dieses hoffnungsvolle Kind.
  Doch werbt nur, lieber Graf! Sucht Euer Heil!
  Mein Will' ist von dem ihren nur ein Teil.
  Wenn sie aus Wahl in Eure Bitten willigt,
  So hab' ich im voraus ihr Wort gebilligt.
  Ich gebe heut ein Fest, von alters hergebracht,
  Und lud darauf der Gäste viel zu Nacht,
  Was meine Freunde sind: Ihr, der dazu gehöret,
  Sollt hoch willkommen sein, wenn Ihr die Zahl vermehret.
  In meinem armen Haus sollt Ihr des Himmels Glanz
  Heut Nacht verdunkelt sehn durch ird'scher Sterne Tanz.
  Wie muntre Jünglinge mit neuem Mut sich freuen,

Wenn auf die Fersen nun der Fuß des holden Maien
Dem lahmen Winter tritt: die Lust steht Euch bevor,
Wann Euch in meinem Haus ein frischer Mädchenflor
Von jeder Seit' umgibt. Ihr hört, Ihr seht sie alle,
Dass, die am schönsten prangt, am meisten Euch gefalle.
Dann mögt Ihr in der Zahl auch meine Tochter sehn,
Sie zählt für eine mit, gilt sie schon nicht für schön.
Kommt, geht mit mir!

Zum Diener.

Du, Bursch, nimm dies Papier mit Namen;
Trab' in der Stadt herum, such' alle Herrn und Damen,
So hier geschrieben stehn, und sag mit Höflichkeit:
Mein Haus und mein Empfang steh' ihrem Dienst bereit!

Capulet und Paris gehn ab.

DIENER. Die Leute soll ich suchen, wovon die Namen hier geschrieben
stehn? Es steht geschrieben, der Schuster soll sich um seine Elle küm-
mern, der Schneider um seinen Leisten, der Fischer um seinen Pinsel,
der Maler um seine Netze. Aber mich schicken sie, um die Leute ausfündig zu machen, wovon die Namen hier geschrieben stehn, und ich
kann doch gar nicht ausfündig machen, was für Namen der Schreiber
hier aufgeschrieben hat. Ich muss zu den Gelehrten – auf gut Glück!

Benvolio und Romeo kommen.

BENVOLIO. Pah, Freund! Ein Feuer brennt das andre nieder;
Ein Schmerz kann eines andern Qualen mindern.
Dreh' dich in Schwindel, hilf durch Drehn dir wieder!
Fühl' andres Leid, das wird dein Leiden lindern!
Saug' in dein Auge neuen Zaubersaft,
So wird das Gift des alten fortgeschafft.
ROMEO. Ein Blatt vom Weg'rich dient dazu vortrefflich ...
BENVOLIO. Ei, sag, wozu?
ROMEO. Für dein zerbrochnes Bein.
BENVOLIO. Was, Romeo, bist du toll?
ROMEO. Nicht toll, doch mehr gebunden wie ein Toller,
Gesperrt in einen Kerker, ausgehungert,
Gegeißelt und geplagt, und – Guten Abend, Freund!
DIENER. Gott grüß' Euch, Herr! Ich bitt' Euch, könnt Ihr lesen?
ROMEO. Jawohl, in meinem Elend mein Geschick.
DIENER. Vielleicht habt Ihr das auswendig gelernt.
Aber sagt: könnt Ihr alles vom Blatte weglesen?
ROMEO. Ja freilich, wenn ich Schrift und Sprache kenne.

DIENER. Ihr redet ehrlich. Gehabt Euch wohl!

ROMEO. Wart'! Ich kann lesen, Bursch. *Er liest das Verzeichnis.*
»Signor Martino und seine Frau und Tochter; Graf Anselm und seine reizenden Schwestern; die verwitwete Freifrau von Vitruvio; Signor Placentio und seine artigen Nichten; Mercutio und sein Bruder Valentio; mein Oheim Capulet seine Frau und Töchter; meine schöne Nichte Rosalinde; Livia; Signor Valentio und sein Vetter Tybalt; Lucio und die muntre Helena.«
Ein schöner Haufe! Wohin lädst du sie?

DIENER. Hinauf.

ROMEO. Wohin?

DIENER. Zum Abendessen in unser Haus

ROMEO. Wessen Haus?

DIENER. Meines Herrn.

ROMEO. Das hätt' ich freilich eher fragen sollen.

DIENER. Nun will ich's Euch ohne Fragen erklären. Meine Herrschaft ist der große, reiche Capulet, und wenn Ihr nicht vom Hause der Montagues seid, so bitt' ich Euch kommt, stecht eine Flasche Wein mit aus! Gehabt Euch wohl! *Geht ab.*

BENVOLIO. Auf diesem hergebrachten Gastgebot
Der Capulets speist deine Rosalinde
Mit allen Schönen, die Verona preist.
Geh hin, vergleich' mit unbefangnem Auge
Die andern, die du sehen sollst, mit ihr:
Was gilt's? Dein Schwan dünkt eine Krähe dir.

ROMEO. Höhnt meiner Augen frommer Glaube je
Die Wahrheit so: dann, Tränen, werdet Flammen!
Und ihr, umsonst ertränkt in manchem See,
Mag eure Lüg' als Ketzer euch verdammen!
Ein schönres Weib als sie? Seit Welten stehn,
Hat die allseh'nde Sonn' es nicht gesehn.

BENVOLIO. Ja, ja! du sahst sie schön, doch in Gesellschaft nie;
Du wogst nur mit sich selbst in jedem Auge sie.
Doch leg' einmal zugleich in die kristallnen Schalen
Der Jugendreize Bild, wovon auch andre strahlen,
Die ich dir zeigen will bei diesem Fest vereint:
Kaum leidlich scheint dir dann, was jetzt ein Wunder scheint.

ROMEO. Gut, ich begleite dich. Nicht um des Schauspiels Freuden:
An meiner Göttin Glanz will ich allein mich weiden.

Beide ab.

Dritte Szene

Gräfin Capulet und die Amme treten auf.

GRÄFIN CAPULET. Ruft meine Tochter her: wo ist sie, Amme?

AMME. Bei meiner Jungfernschaft im zwölften Jahr,
Ich rief sie schon. – He, Lämmchen! zartes Täubchen! –
Dass Gott! Wo ist das Kind? He, Juliette!

Julia kommt.

JULIA. Was ist? Wer ruft mich?

AMME. Eure Mutter.

JULIA. Hier bin ich, gnäd'ge Mutter!
Was beliebt Euch?

GRÄFIN CAPULET. Die Sach' ist diese! – Amme, geh beiseit',
Wir müssen heimlich sprechen. Amme, komm
Nur wieder her, ich habe mich besonnen:
Ich will dich mit zur Überlegung ziehn.
Du weißt, mein Kind hat schon ein hübsches Alter.

AMME. Das zähl' ich, meiner Treu, am Finger her.

GRÄFIN CAPULET. Sie ist nicht vierzehn Jahre.

AMME. Ich wette vierzehn meiner Zähne drauf –
Zwar hab' ich nur vier Zähn', ich arme Frau –
Sie ist noch nicht vierzehn. Wie lang ist's jetzt
bis Johannis?

GRÄFIN CAPULET. Ein vierzehn Tag' und drüber.

AMME. Nu, drüber oder drunter. Just den Tag,
Johannistag zu Abend wird sie vierzehn.
Suschen[3] und sie – Gott gebe jedem Christen
Das ew'ge Leben! – waren eines Alters.
Nun, Suschen ist bei Gott:
Sie war zu gut für mich. Doch wie ich sagte,
Johannistag zu Abend wird sie vierzehn.
Das wird sie, meiner Treu; ich weiß es recht gut.
Elf Jahr ist's her, seit wir 's Erdbeben hatten:
Und ich entwöhnte sie (mein Leben lang
Vergess' ich's nicht) just auf denselben Tag.
Ich hatte Wermut auf die Brust gelegt,
Und saß am Taubenschlage in der Sonne;
Die gnäd'ge Herrschaft war zu Mantua.

---

3   Suschen: Ein Kosename

17

(Ja, ja! ich habe Grütz' im Kopf!) Nun, wie ich sagte:
Als es den Wermut auf der Warze schmeckte
Und fand ihn bitter – närr'sches, kleines Ding –,
Wie's böse ward und zog der Brust ein G'sicht!
Krach! sagt der Taubenschlag; und ich, fürwahr,
Ich wusste nicht, wie ich mich tummeln sollte.
Und seit der Zeit ist's nun elf Jahre her.
Denn damals stand sie schon allein; mein' Treu',
Sie lief und watschelt' euch schon flink herum.
Denn Tags zuvor fiel sie die Stirn entzwei,
Und da hob sie mein Mann – Gott hab ihn selig!
Er war ein lust'ger Mann – vom Boden auf.
»Ei«, sagt' er, »fällst du so auf dein Gesicht?
Wirst rücklings fallen, wenn du klüger bist.
Nicht wahr, mein Kind?« Und, liebe heil'ge Frau!
Das Mädchen schrie nicht mehr, und sagte: »Ja.«
Da seh' man, wie so 'n Spaß zum Vorschein kommt!
Und lebt' ich tausend Jahre lang, ich wette,
Dass ich es nie vergess'. »Nicht wahr, mein Kind?« sagt' er,
Und 's liebe Närrchen ward still, und sagte: »Ja.«
GRÄFIN CAPULET.
    Genug davon, ich bitte, halt' dich ruhig!
AMME. Ja, gnäd'ge Frau. Doch lächert's mich noch immer.
    Wie 's Kind sein Schreien ließ und sagte: »Ja.«
    Und saß ihm, meiner Treu, doch eine Beule,
    So dick wie 'n Hühnerei, auf seiner Stirn,
    Recht g'fährlich dick! und es schrie bitterlich.
    Mein Mann, der sagte: »Ei, fällst aufs Gesicht?
    Wirst rücklings fallen, wenn du älter bist.
    Nicht wahr, mein Kind?« Still ward's, und sagte: »Ja.«
JULIA. Ich bitt' dich, Amme, sei doch auch nur still!
AMME. Gut, ich bin fertig. Gott behüte dich!
    Du warst das feinste Püppchen, das ich säugte.
    Erleb' ich deine Hochzeit noch einmal,
    So wünsch' ich weiter nichts.
GRÄFIN CAPULET. Die Hochzeit, ja! das ist der Punkt, von dem
    Ich sprechen wollte. Sag mir, liebe Tochter,
    Wie steht's mit deiner Lust, dich zu vermählen?
JULIA. Ich träumte nie von dieser Ehre noch.
AMME. Ein' Ehre! Hätt'st du eine andre Amme
    Als mich gehabt, so wollt' ich sagen: Kind,
    Du habest Weisheit mit der Milch gesogen.

GRÄFIN CAPULET. Gut, denke jetzt dran; jünger noch als du
Sind angesehne Frau'n hier in Verona
Schon Mütter worden. Ist mir recht, so war
Ich deine Mutter in demselben Alter,
Wo du noch Mädchen bist. Mit einem Wort:
Der junge Paris wirbt um deine Hand.
AMME. Das ist ein Mann, mein Fräulein! Solch ein Mann
Als alle Welt – ein wahrer Zuckermann!
GRÄFIN CAPULET. Die schönste Blume von Veronas Flor.
AMME. Ach ja, 'ne Blume! Gelt', 'ne rechte Blume!
GRÄFIN CAPULET. Was sagst du? Wie gefällt dir dieser Mann?
Heut Abend siehst du ihn bei unserm Fest.
Dann lies im Buche seines Angesichts,
In das der Schönheit Griffel Wonne schrieb;
Betrachte seiner Züge Lieblichkeit,
Wie jeglicher dem andern Zierde leiht.
Was dunkel in dem holden Buch geblieben,
Das lies in seinem Aug' am Rand geschrieben.
Und dieses Freiers ungebundner Stand,
Dies Buch der Liebe, braucht nur einen Band.
Der Fisch lebt in der See, und doppelt teuer
Wird äußres Schön' als innrer Schönheit Schleier.
Das Buch glänzt allermeist im Aug' der Welt,
Das goldne Lehr' in goldnen Spangen hält:
So wirst du alles, was er hat, genießen,
Wenn du ihn hast, ohn' etwas einzubüßen.
AMME. Einbüßen? Nein, zunehmen wird sie eher;
Die Weiber nehmen oft durch Männer zu.
GRÄFIN CAPULET. Sag kurz: fühlst du dem Grafen dich geneigt?
JULIA. Gern will ich sehn, ob Sehen Neigung zeugt:
Doch weiter soll mein Blick den Flug nicht wagen,
Als ihn die Schwingen Eures Beifalls tragen.
Ein Diener kommt.
DIENER. Gnädige Frau, die Gäste sind da, das Abendessen auf dem
Tisch, Ihr werdet gerufen, das Fräulein gesucht, die Amme in der
Speisekammer zum Henker gewünscht, und alles geht drunter und
drüber. Ich muss fort, aufwarten: ich bitte Euch, kommt unverzüg-
lich! *Ab.*
GRÄFIN CAPULET. Gleich! – Paris wartet. Julia, komm geschwind!
AMME. Such' frohe Nächt' auf frohe Tage, Kind! *Ab.*

Vierte Szene

Romeo, Mercutio, Benvolio, mit fünf oder sechs anderen Maskierten, Fackelträgern.

ROMEO. Soll diese Red' uns zur Entschuld'gung dienen?
Wie? oder treten wir nur grad' hinein?
BENVOLIO. Umschweife solcher Art sind nicht mehr Sitte.
Wir wollen keinen Amor, mit der Schärpe
Geblendet, der den bunt bemalten Bogen
Wie ein Tatar geschnitzt aus Latten trägt,
Und wie ein Vogelscheu die Frauen schreckt;
Auch keinen hergebeteten Prolog,
Wobei viel zugeblasen wird, zum Eintritt.
Lasst sie uns nur, wofür sie wollen, nehmen,
Wir nehmen ein paar Tänze mit und gehn.
ROMEO. Ich mag nicht springen; gebt mir eine Fackel!
Da ich so finster bin, so will ich leuchten.
MERCUTIO. Nein, du musst tanzen, lieber Romeo.
ROMEO. Ich wahrlich nicht. Ihr seid so leicht von Sinn
Als leicht beschuht: mich drückt ein Herz von Blei
Zu Boden, dass ich kaum mich regen kann.
MERCUTIO. Ihr seid ein Liebender: borgt Amors Flügel,
Und schwebet frei in ungewohnten Höh'n!
ROMEO. Ich bin zu tief von seinem Pfeil durchbohrt,
Auf seinen leichten Schwingen hoch zu schweben.
Gewohnte Fesseln lassen mich nicht frei;
Ich sinke unter schwerer Liebeslast.
MERCUTIO. Und wolltet Ihr denn in die Liebe sinken?
Ihr seid zu schwer für ein so zartes Ding.
ROMEO. Ist Lieb' ein zartes Ding? Sie ist zu rau,
Zu wild, zu tobend; und sie sticht wie Dorn.
MERCUTIO. Begegnet Lieb' Euch rau, so tut desgleichen!
Stecht Liebe, wenn sie sticht: das schlägt sie nieder.
Gebt ein Gehäuse für mein Antlitz mir:

Bindet die Maske vor.

'ne Larve für 'ne Larve! Nun erspähe
Die Neugier Missgestalt: was kümmert's mich?
Erröten wird für mich dies Wachsgesicht.
BENVOLIO. Fort! Klopft, und dann hinein! Und sind wir drinnen,
So rühre gleich ein jeder flink die Beine!

ROMEO. Mir eine Fackel! Leichtgeherzte Buben,
Die lasst das Estrich mit den Sohlen kitzeln:
Ich habe mich verbrämt mit einem alten
Großvaterspruch: »Wer 's Licht hält, schauet zu!«
Nie war das Spiel so schön; doch ich bin matt.
MERCUTIO. Jawohl zu matt, dich aus dem Schlamme – nein,
Der Liebe, wollt' ich sagen – dich zu ziehn,
Worin du leider steckst bis an die Ohren.
Macht fort! Wir leuchten ja dem Tage hier.
ROMEO. Das tun wir nicht.
MERCUTIO. Ich meine, wir verscherzen,
Wie Licht bei Tag', durch Zögern unsre Kerzen.
Nehmt meine Meinung nach dem guten Sinn,
Und sucht nicht Spiele des Verstandes drin!
ROMEO. Wir meinen's gut, da wir zum Balle gehen,
Doch es ist Unverstand.
MERCUTIO. Wie? lasst doch sehen!
ROMEO. Ich hatte diese Nacht 'nen Traum.
MERCUTIO. Auch ich.
ROMEO. Was war der Eure?
MERCUTIO. Dass Träume öfters lügen.
ROMEO. Sie träumen Wahres, weil sie schlafend liegen.
MERCUTIO. Nun seh' ich wohl, Frau Mab hat Euch besucht.
Sie ist der Feenwelt Entbinderin.
Sie kommt, nicht größer als der Edelstein
Am Zeigefinger eines Aldermanns,
Und fährt mit einem Spann von Sonnenstäubchen
Den Schlafenden quer auf der Nase hin.
Die Speichen sind gemacht aus Spinnenbeinen,
Des Wagens Deck' aus eines Heupferds Flügeln,
Aus feinem Spinngewebe das Geschirr,
Die Zügel aus des Mondes feuchtem Strahl;
Aus Heimchenknochen ist der Peitsche Griff,
Die Schnur aus Fasern; eine kleine Mücke
Im grauen Mantel sitzt als Fuhrmann vorn,
Nicht halb so groß als wie ein kleines Würmchen,
Das in des Mädchens müß'gem Finger nistet.
Die Kutsch' ist eine hohle Haselnuss,
Vom Tischler Eichhorn oder Meister Wurm
Zurecht gemacht, die seit uralten Zeiten
Der Feen Wagner sind. In diesem Staat
Trabt sie dann Nacht für Nacht; befährt das Hirn
Verliebter, und sie träumen dann von Liebe;

Des Schranzen Knie, der schnell von Referenzen,
Des Anwalts Finger, der von Sporteln gleich,
Der schönen Lippen, die von Küssen träumen
(Oft plagt die böse Mab mit Bläschen diese,
Weil ihren Odem Näscherei verdarb).
Bald trabt sie über eines Hofmanns Nase,
Dann wittert er im Traum sich Ämter aus.
Bald kitzelt sie mit eines Zinshahns Federn
Des Pfarrers Nase, wenn er schlafend liegt:
Von einer bessern Pfründe träumt ihm dann.
Bald fährt sie über des Soldaten Nacken:
Der träumt sofort von Niedersäbeln, träumt
Von Breschen, Hinterhalten, Damaszenern,
Von manchem klaftertiefen Ehrentrunk;
Nun trommelt's ihm ins Ohr; da fährt er auf,
Und flucht in seinem Schreck ein paar Gebete,
Und schläft von neuem. Eben diese Mab
Verwirrt der Pferde Mähnen in der Nacht,
Und flicht in strupp'ges Haar die Weichselzöpfe,
Die, wiederum entwirrt, auf Unglück deuten.
Dies ist die Hexe, welche Mädchen drückt,
Die auf dem Rücken ruhn, und ihnen lehrt,
Als Weiber einst die Männer zu ertragen.
Dies ist sie –
ROMEO. Still, o still, Mercutio!
    Du sprichst von einem Nichts.
MERCUTIO. Wohl wahr, ich rede
    Von Träumen, Kindern eines müß'gen Hirns,
    Von nichts als eitler Phantasie erzeugt,
    Die aus so dünnem Stoff als Luft besteht
    Und flücht'ger wechselt, als der Wind, der bald
    Um die erfrorne Brust des Nordens buhlt
    Und, schnell erzürnt, hinweg von dannen schnaubend,
    Die Stirn zum taubeträuften Süden kehrt.
BENVOLIO. Der Wind, von dem Ihr sprecht, entführt uns selbst.
    Man hat gespeist; wir kamen schon zu spät.
ROMEO. Zu früh, befürcht' ich; denn mein Herz erbangt,
    Und ahndet ein Verhängnis, welches, noch
    Verborgen in den Sternen, heute Nacht
    Bei dieser Lustbarkeit den furchtbar'n Zeitlauf
    Beginnen, und das Ziel des läst'gen Lebens,
    Das meine Brust verschließt, mir kürzen wird
    Durch irgendeinen Frevel frühen Todes:

Doch er, der mir zur Fahrt das Steuer lenkt,
Richt' auch mein Segel! – Auf, ihr lust'gen Freunde!
BENVOLIO. Rührt Trommeln!

Sie marschieren über die Bühne und bleiben auf einer Seite stehen.

Fünfte Szene

Und Diener treten hervor mit Tüchern.

1. DIENER. Wo ist Schmorpfanne, dass er nicht abräumen hilft? Dass dich! mit seinem Tellermausen, seinem Tellerlecken!
2. DIENER. Wenn die gute Lebensart in eines oder zweier Menschen Händen sein soll, die noch obendrein ungewaschen sind, – 's ist ein unsaubrer Handel.
1. DIENER. Die Lehnstühle fort! Rückt den Schenktisch beiseit! Seht nach dem Silberzeuge! Kamerad, heb mir ein Stück Marzipan auf, und wo du mich lieb hast, sag dem Pförtner, dass er Suse Mühlstein und Lene hereinlässt. Anton! Schmorpfanne!

Antonio und Potpan treten auf.

ANTONIO. Hier, Bursch, wir sind parat.
1. DIENER. Im großen Saale verlangt man euch, vermisst man euch, sucht man euch.
POTPAN. Wir können nicht zugleich hier und dort sein. – Lustig, Kerle! Haltet euch brav; wer am längsten lebt, kriegt den ganzen Bettel. *Ab.*

Capulet, Lady Capulet, Julia, Tybalt, Amme, Bediente mit den Gästen und Damen der Maskierten.

CAPULET. Willkommen, meine Herren! Wenn eure Füße
Kein Leichdorn plagt, ihr Damen, flink ans Werk!
He, he, ihr schönen Frau'n! Wer von euch allen
Schlägt's nun wohl ab zu tanzen? Ziert sich eine, – die,
Ich wette, die hat Hühneraugen. Nun,
Hab' ich's euch nah gelegt? Ihr Herrn, willkommen!
Ich weiß die Zeit, da ich 'ne Larve trug
Und einer Schönen eine Weis' ins Ohr
Zu flüstern wusste, die ihr wohl gefiel.
Das ist vorbei, vorbei! Willkommen, Herren!
Kommt, Musikanten, spielt!

Musik und Tanz. Zu den Bedienten.

Macht Platz da, Platz! Ihr Mädchen, frisch gesprungen!
Mehr Licht, ihr Schurken, und beiseit' die Tische!
Das Feuer weg! Das Zimmer ist zu heiß. –
Ha, recht gelegen kommt der unverhoffte Spaß.
Na, setzt Euch, setzt Euch, Vetter Capulet!
Wir beide sind ja übers Tanzen hin.
Wie lang' ist's jetzo, seit wir uns zuletzt
In Larven steckten?
2. CAPULET. Dreißig Jahr, mein' Seel'.
CAPULET. Wie, Schatz? So lang' noch nicht, so lang' noch nicht!
Denn seit der Hochzeit des Lucentio
Ist's etwa fünfundzwanzig Jahr, sobald
Wir Pfingsten haben; und da tanzten wir.
2. CAPULET. 's ist mehr, 's ist mehr! Sein Sohn ist älter, Herr:
Sein Sohn ist dreißig.
CAPULET. Sagt mir das doch nicht!
Sein Sohn war noch nicht mündig vor zwei Jahren.
ROMEO *zu einem Bedienten aus seinem Gefolge.*
Wer ist das Fräulein, welche dort den Ritter
Mit ihrer Hand beehrt?
DIENER. Ich weiß nicht, Herr.
ROMEO. Oh, sie nur lehrt den Kerzen, hell zu glühn!
Wie in dem Ohr des Mohren ein Rubin,
So hängt der Holden Schönheit an den Wangen
Der Nacht: zu hoch, zu himmlisch dem Verlangen!
Sie stellt sich unter den Gespielen dar
Als weiße Taub' in einer Krähenschar.
Schließt sich der Tanz, so nah' ich ihr: ein Drücken
Der zarten Hand soll meine Hand beglücken.
Liebt' ich wohl je? Nein, schwör' es ab, Gesicht!
Du sahst bis jetzt noch wahre Schönheit nicht.
TYBALT. Nach seiner Stimm' ist dies ein Montague.
Hol' meinen Degen, Bursch! –Was? wagt der Schurk',
Vermummt in eine Fratze herzukommen,
Zu Hohn und Schimpfe gegen unser Fest?
Fürwahr, bei meines Stammes Ruhm und Adel!
Wer tot ihn schlüg', verdiente keinen Tadel!
CAPULET. Was habt Ihr, Vetter? Welch ein Sturm? Wozu?
TYBALT. Seht, Oheim! der da ist ein Montague.
Der Schurke drängt sich unter Eure Gäste
Und macht sich einen Spott an diesem Feste.
CAPULET. Ist es der junge Romeo?
TYBALT. Der Schurke Romeo.

CAPULET. Seid ruhig, Herzensvetter! Lasst ihn gehn!
Er hält sich wie ein wackrer Edelmann:
Und in der Tat, Verona preiset ihn
Als einen sitt'gen, tugendsamen Jüngling.
Ich möchte nicht für alles Gut der Stadt
In meinem Haus ihm einen Unglimpf tun.
Drum seid geduldig: merket nicht auf ihn!
Das ist mein Will', und wenn du diesen ehrst,
So zeig' dich freundlich, streif' die Runzeln weg,
Die übel sich bei einem Feste ziemen!
TYBALT. Kommt solch ein Schurk' als Gast, so stehn sie wohl.
Ich leid' ihn nicht.
CAPULET. Er soll gelitten werden,
Er soll! – Herr Junge, hört er das? Nur zu!
Wer ist hier Herr? Er oder ich? Nur zu!
So? will er ihn nicht leiden! – Hilf' mir Gott! –
Will Hader unter meinen Gästen stiften?
Den Hahn im Korbe spielen? Seht mir doch!
TYBALT. Ist's nicht 'ne Schande, Oheim?
CAPULET. Zu! Nur zu!
Ihr seid ein kecker Bursch. Ei, seht mir doch!
Der Streich mag Euch gereun: ich weiß schon was.
Ihr macht mir's bunt! Traun, das käm' eben recht! –
Brav, Herzenskinder! – Geht, Ihr seid ein Hase!
Seid ruhig, sonst – Mehr Licht, mehr Licht, zum Kuckuck! –
Will ich zur Ruh' Euch bringen! – Lustig, Kinder!
TYBALT. Mir kämpft Geduld aus Zwang mit will'ger Wut
Im Innern und empört mein siedend Blut.
Ich gehe: doch so frech sich aufzudringen,
Was Lust ihm macht, soll bittern Lohn ihm bringen. *Geht ab.*
ROMEO *zu Julia.*
Entweihet meine Hand verwegen dich,
O Heil'genbild, so will ich's lieblich büßen.
Zwei Pilger, neigen meine Lippen sich,
Den herben Druck im Kusse zu versüßen.
JULIA. Nein, Pilger, lege nichts der Hand zu schulden
Für ihren sittsam andachtsvollen Gruß.
Der Heil'gen Rechte darf Berührung dulden,
Und Hand in Hand ist frommer Waller Kuss.
ROMEO. Hat nicht der Heil'ge Lippen wie der Waller?
JULIA. Ja, doch Gebet ist die Bestimmung aller.
ROMEO. Oh, so vergönne, teure Heil'ge, nun,
Dass auch die Lippen wie die Hände tun.

Voll Inbrunst beten sie zu dir: erhöre,
Dass Glaube nicht sich in Verzweiflung kehre!
JULIA. Du weißt, ein Heil'ger pflegt sich nicht zu regen,
Auch wenn er eine Bitte zugesteht.
ROMEO. So reg' dich, Holde, nicht, wie Heil'ge pflegen,
So von meinen Lippen, von deinen, ist meine Sünd' gebüßt.

Er küsst sie.

JULIA. So hat mein Mund zum Lohn sie für die Gunst?
ROMEO. Zum Lohn die Sünd'? O Vorwurf, süß erfunden!
Gebt sie zurück!

Küsst sie wieder.

JULIA. Ihr küsst recht nach der Kunst.
AMME. Mama will Euch ein Wörtchen sagen, Fräulein.
ROMEO. Wer ist des Fräuleins Mutter?
AMME. Ei nun, Junker,
Das ist die gnäd'ge Frau vom Hause hier,
Gar eine wackre Frau, und klug und ehrsam.
Die Tochter, die Ihr spracht, hab' ich gesäugt.
Ich sag' Euch, wer sie habhaft werden kann,
Ist wohl gebettet.
ROMEO. Sie ein' Capulet! O teurer Preis! mein Leben
Ist meinem Feind als Schuld dahingegeben.
BENVOLIO. Fort! Lasst uns gehn; die Lust ist bald dahin.
ROMEO. Ach, leider wohl! Das ängstet meinen Sinn.
CAPULET. Nein, liebe Herrn, denkt noch ans Weggehn nicht!
Ein kleines, schlechtes Mahl ist schon bereitet. –

Sie flüstern ihm ins Ohr.

Muss es denn sein? – Nun wohl, ich dank' euch allen;
Ich dank' euch, edle Herren! Gute Nacht!
Mehr Fackeln her! – Kommt nun, bringt mich zu Bett!

Zum zweiten Capulet.

Wahrhaftig, Bursche, es wird spät;
ich will zur Ruh'.

Alle ab, außer Julia und die Amme.

JULIA. Komm zu mir, Amme: wer ist dort der Herr?
AMME. Tiberios, des alten, Sohn und Erbe.
JULIA. Wer ist's, der eben aus der Türe geht?
AMME. Das, denk' ich, ist der junge Marcellin.
JULIA. Wer folgt ihm da, der gar nicht tanzen wollte?

AMME. Ich weiß nicht.
JULIA. Geh, frage, wie er heißt. – Ist er vermählt,
    So ist das Grab zum Brautbett mir erwählt.
AMME. Sein Nam ist Romeo, ein Montague,
    Und Eures großen Feindes ein'ger Sohn.
JULIA. So ein'ge Lieb' aus großem Hass entbrannt!
    Ich sah zu früh, den ich zu spät erkannt.
    Oh, Wunderwerk! ich fühle mich getrieben,
    Den ärgsten Feind aufs zärtlichste zu lieben.
AMME. Wieso? wieso?
JULIA. Es ist ein Reim, den ich von einem Tänzer
    Soeben lernte.

Jemand ruft drinnen:

    »Julia!«
AMME. Gleich! wir kommen ja.
    Kommt, lasst uns gehn; kein Fremder ist mehr da. *Ab.*

Zweiter Aufzug
Erste Szene

Romeo tritt allein auf.

ROMEO. Kann ich von hinnen, da mein Herz hier bleibt?
    Geh, frost'ge Erde, suche deine Sonne!

Benvolio und Mercutio treten auf. Romeo zieht sich zurück.

BENVOLIO. He, Romeo! he, Vetter!
MERCUTIO. Er ist klug,
    Und hat, mein' Seel', sich heim ins Bett gestohlen.
BENVOLIO. Er lief hierher und sprang die Gartenmauer
    Hinüber. Ruf' ihn, Freund Mercutio!
MERCUTIO. Ja, auch beschwören will ich. Romeo!
    Was? Grillen! Toller! Leidenschaft! Verliebter!
    Erscheine du, gestaltet wie ein Seufzer;
    Sprich nur ein Reimchen, so genügt mir's schon;
    Ein Ach nur jammre, paare Lieb' und Triebe;
    Gib der Gevatt'rin Venus ein gut Wort,
    Schimpf' eins auf ihren blinden Sohn und Erben,
    Held Amor, der so flink gezielt, als König

Kophetua das Bettlermädchen liebte.
Er höret nicht, er regt sich nicht, er rührt sich nicht.
Der Aff' ist tot; ich muss ihn wohl beschwören.
Nun wohl: Bei Rosalindens hellem Auge,
Bei ihrer Purpurlipp' und hohen Stirn,
Bei ihrem zarten Fuß, dem schlanken Bein,
Den üpp'gen Hüften und der Region,
Die ihnen nahe liegt, beschwör' ich dich,
Dass du in eigner Bildung uns erscheinest.
BENVOLIO. Wenn er dich hört, so wird er zornig werden.
MERCUTIO. Hierüber kann er's nicht; er hätte Grund,
Bannt' ich hinauf in seiner Dame Kreis
Ihm einen Geist von seltsam eigner Art,
Und ließe den da stehn, bis sie den Trotz
Gezähmt und nieder ihn beschworen hätte.
Das wär' Beschimpfung! Meine Anrufung
Ist gut und ehrbar; mit der Liebsten Namen
Beschwör' ich ihn, bloß um ihn aufzurichten.
BENVOLIO. Kommt! Er verbarg sich unter jenen Bäumen,
Und pflegt des Umgangs mit der feuchten Nacht.
Die Lieb' ist blind, das Dunkel ist ihr recht.
MERCUTIO. Ist Liebe blind, so zielt sie freilich schlecht.
Nun sitzt er wohl an einen Baum gelehnt,
Und wünscht, sein Liebchen wär' die reife Frucht,
Und fiel' ihm in den Schoß. Doch, gute Nacht,
Freund Romeo! Ich will ins Federbett,
Das Feldbett ist zum Schlafen mir zu kalt.
Kommt, gehn wir!
BENVOLIO. Ja, es ist vergeblich, ihn
Zu suchen, der nicht will gefunden sein. *Ab mit Mercutio.*

Zweite Szene

Romeo kommt.

ROMEO. Der Narben lacht, wer Wunden nie gefühlt.

Julia erscheint oben an einem Fenster.

Doch still, was schimmert durch das Fenster dort?
Es ist der Ost, und Julia die Sonne! –
Geh auf, du holde Sonn'! Ertöte Lunen,
Die neidisch ist und schon vor Grame bleich,

Dass du viel schöner bist, obwohl ihr dienend.
Oh, da sie neidisch ist, so dien' ihr nicht!
Nur Toren gehn in ihrer blassen, kranken
Vestalentracht einher: wirf du sie ab!
Sie ist es, meine Göttin! meine Liebe!
O wüsste sie, dass sie es ist! –
Sie spricht, doch sagt sie nichts: was schadet das?
Ihr Auge red't, ich will ihm Antwort geben. –
Ich bin zu kühn, es redet nicht zu mir.
Ein Paar der schönsten Stern' am ganzen Himmel
Wird ausgesandt, und bittet Juliens Augen,
In ihren Kreisen unterdes zu funkeln.
Doch wären ihre Augen dort, die Sterne
In ihrem Antlitz? Würde nicht der Glanz
Von ihren Wangen jene so beschämen,
Wie Sonnenlicht die Lampe? Würd' ihr Aug'
Aus luft'gen Höh'n sich nicht so hell ergießen,
Dass Vögel sängen, froh den Tag zu grüßen?
Oh, wie sie auf die Hand die Wange lehnt!
Wär' ich der Handschuh doch auf dieser Hand,
Und küsste diese Wange!
JULIA. Weh mir!
ROMEO. Horch!
Sie spricht! Oh, sprich noch einmal, holder Engel!
Denn über meinem Haupt erscheinest du
Der Nacht so glorreich, wie ein Flügelbote
Des Himmels dem erstaunten, über sich
Gekehrten Aug' der Menschensöhne, die
Sich rücklings werfen, um ihm nachzuschaun,
Wenn er dahin fährt auf den trägen Wolken
Und auf der Luft gewölbtem Busen schwebt.
JULIA. O Romeo! warum denn Romeo?
Verleugne deinen Vater, deinen Namen!
Willst du das nicht, schwör' dich zu meinem Liebsten,
Und ich bin länger keine Capulet!
ROMEO *für sich.* Hör' ich noch länger, oder soll ich reden?
JULIA. Dein Nam' ist nur mein Feind. Du bliebst du selbst,
Und wärst du auch kein Montague. Was ist
Denn Montague? Es ist nicht Hand, nicht Fuß,
Nicht Arm noch Antlitz, noch ein andrer Teil.
Was ist ein Name? Was uns Rose heißt,
Wie es auch hieße, würde lieblich duften;
So Romeo, wenn er auch anders hieße,

Er würde doch den köstlichen Gehalt
Bewahren, welcher sein ist ohne Titel.
O Romeo, leg' deinen Namen ab,
Und für den Namen, der dein Selbst nicht ist,
Nimm meines ganz!

ROMEO. Ich nehme dich beim Wort.
Nenn' Liebster mich, so bin ich neu getauft,
Ich will hinfort nicht Romeo mehr sein.

JULIA. Wer bist du, der du, von der Nacht beschirmt,
Dich drängst in meines Herzens Rat?

ROMEO. Mit Namen
Weiß ich dir nicht zu sagen, wer ich bin.
Mein eigner Name, teure Heil'ge, wird,
Weil er dein Feind ist, von mir selbst gehasst.
Hätt' ich ihn schriftlich, so zerriss' ich ihn.

JULIA. Mein Ohr trank keine hundert Worte noch
Von diesen Lippen, doch es kennt den Ton.
Bist du nicht Romeo, ein Montague?

ROMEO. Nein, Holde; keines, wenn dir eins missfällt.

JULIA. Wie kamst du her? o sag mir, und warum?
Die Gartenmau'r ist hoch, schwer zu erklimmen;
Die Stätt' ist Tod, bedenk' nur, wer du bist,
Wenn einer meiner Vettern dich hier findet.

ROMEO. Der Liebe leichte Schwingen trugen mich;
Kein steinern Bollwerk kann der Liebe wehren;
Und Liebe wagt, was irgend Liebe kann:
Drum hielten deine Vettern mich nicht auf.

JULIA. Wenn sie dich sehn, sie werden dich ermorden.

ROMEO. Ach, deine Augen drohn mir mehr Gefahr
Als zwanzig ihrer Schwerter; blick' du freundlich,
So bin ich gegen ihren Hass gestählt.

JULIA. Ich wollt' um alles nicht, dass sie dich sähn.

ROMEO. Vor ihnen hüllt mich Nacht in ihren Mantel.
Liebst du mich nicht, so lass sie nur mich finden:
Durch ihren Hass zu sterben wär' mir besser,
Als ohne deine Liebe Lebensfrist.

JULIA. Wer zeigte dir den Weg zu diesem Ort?

ROMEO. Die Liebe, die zuerst mich forschen hieß.
Sie lieh mir Rat, ich lieh ihr meine Augen.
Ich bin kein Steuermann; doch wärst du fern
Wie Ufer, von dem fernsten Meer bespült,
Ich wagte mich nach solchem Kleinod hin.

JULIA. Du weißt, die Nacht verschleiert mein Gesicht,
Sonst färbte Mädchenröte meine Wangen
Um das, was du vorhin mich sagen hörtest.
Gern hielt' ich streng auf Sitte, möchte gern
Verleugnen, was ich sprach: doch weg mit Förmlichkeit!
Sag, liebst du mich? Ich weiß, du wirst's bejahn,
Und will dem Worte traun; doch wenn du schwörst,
So kannst du treulos werden; wie sie sagen,
Lacht Jupiter des Meineids der Verliebten.
O holder Romeo! wenn du mich liebst:
Sag's ohne Falsch! Doch dächtest du, ich sei
Zu schnell besiegt, so will ich finster blicken,
Will widerspenstig sein, und nein dir sagen,
So du dann werben willst: sonst nicht um alles!
Gewiss, mein Montague, ich bin zu herzlich;
Du könntest denken, ich sei leichten Sinns.
Doch glaube, Mann, ich werde treuer sein
Als sie, die fremd zu tun geschickter sind.
Auch ich, bekenn' ich, hätte fremd getan,
Wär' ich von dir, eh' ich's gewahrte, nicht
Belauscht in Liebesklagen. Drum vergib!
Schilt diese Hingebung nicht Flatterliebe,
Die so die stille Nacht verraten hat!
ROMEO. Ich schwöre, Fräulein, bei dem heil'gen Mond,
Der silbern dieser Bäume Wipfel säumt ...
JULIA. O schwöre nicht beim Mond, dem Wandelbaren,
Der immerfort in seiner Scheibe wechselt,
Damit nicht wandelbar dein Lieben sei!
ROMEO. Wobei denn soll ich schwören?
JULIA. Lass es ganz!
Doch willst du, schwör' bei deinem edlen Selbst,
Dem Götterbilde meiner Anbetung!
So will ich glauben.
ROMEO. Wenn die Herzensliebe ...
JULIA. Gut, schwöre nicht: Obwohl ich dein mich freue,
Freu' ich mich nicht des Bundes dieser Nacht.
Er ist zu rasch, zu unbedacht, zu plötzlich;
Gleicht allzu sehr dem Blitz, der nicht mehr ist,
Noch eh' man sagen kann: »Es blitzt.« – Schlaf' süß!
Des Sommers warmer Hauch kann diese Knospe
Der Liebe wohl zur schönen Blum' entfalten,
Bis wir das nächste Mal uns wiedersehn.

Nun gute Nacht! So süße Ruh' und Frieden,
Als mir im Busen wohnt, sei dir beschieden!
ROMEO. Ach, du verlässest mich so unbefriedigt?
JULIA. Was für Befriedigung begehrst du noch?
ROMEO. Gib deinen treuen Liebesschwur für meinen!
JULIA. Ich gab ihn dir, eh' du darum gefleht:
Und doch, ich wollt', er stünde noch zu geben.
ROMEO. Wollt'st du ihn mir entziehn? Wozu das, Liebe?
JULIA. Um unverstellt ihn dir zurückzugeben.
Allein ich wünsche, was ich habe, nur.
So grenzenlos ist meine Huld, die Liebe
So tief ja wie das Meer. Je mehr ich gebe,
Je mehr auch hab' ich: beides ist unendlich.

Die Amme ruft hinter der Szene.

Ich hör' im Haus Geräusch; leb wohl, Geliebter!
Gleich, Amme! Holder Montague, sei treu!
Wart' einen Augenblick: ich komme wieder.

Geht nach oben ab.

ROMEO. O sel'ge, sel'ge Nacht! Nur fürcht' ich, weil
Mich Nacht umgibt, dies alles sei nur Traum,
Zu schmeichelnd süß, um wirklich zu bestehn.

Julia erscheint oben.

JULIA. Drei Worte, Romeo; dann gute Nacht!
Wenn deine Liebe, tugendsam gesinnt,
Vermählung wünscht, so lass mich morgen wissen
Durch jemand, den ich zu dir senden will,
Wo du und wann die Trauung willst vollziehn.
Dann leg' ich dir mein ganzes Glück zu Füßen,
Und folge durch die Welt dir als Gebieter. –
AMME *hinter der Szene. Fräulein!*
JULIA. Ich komme; gleich! – Doch meinst du es nicht gut,
So bitt' ich dich ...
AMME *hinter der Szene. Fräulein!*
JULIA. Im Augenblick: ich komme! –
Hör' auf zu werben, lass mich meinem Gram!
Ich sende morgen früh –
ROMEO. Beim ew'gen Heil –
JULIA. Nun tausend gute Nacht!

Geht oben ab.

ROMEO. Raubst du dein Licht ihr, wird sie bang durchwacht.
Wie Knaben aus der Schul', eilt Liebe hin zum Lieben,
Wie Knaben an ihr Buch, wird sie hinweg getrieben.

Er entfernt sich. Julia erscheint wieder oben.

JULIA. St! Romeo, st! – Oh, eines Jägers Stimme,
Den edlen Falken wieder herzulocken!
Abhängigkeit ist heiser, wagt nicht laut
Zu reden, sonst zersprengt' ich Echos Kluft,
Und machte heis'rer ihre luft'ge Kehle,
Als meine, mit dem Namen Romeo.
ROMEO. Mein Leben ist's, das meinen Namen ruft.
Wie silbersüß tönt bei der Nacht die Stimme
Der Liebenden, gleich lieblicher Musik
Dem Ohr des Lauschers!
JULIA. Romeo!
ROMEO. Mein Fräulein?
JULIA. Um welche Stunde
Soll ich morgen schicken?
ROMEO. Um neun.
JULIA. Ich will nicht säumen: zwanzig Jahre
Sind's bis dahin. Doch ich vergaß, warum
Ich dich zurückgerufen.
ROMEO. Lass hier mich stehn, derweil du dich bedenkst.
JULIA. Auf dass du stets hier weilst, werd' ich vergessen,
Bedenkend, wie mir deine Näh' so lieb.
ROMEO. Auf dass du stets vergessest, werd' ich weilen,
Vergessend, dass ich irgend sonst daheim.
JULIA. Es tagt beinah', ich wollte nun, du gingst:
Doch weiter nicht, als wie ein tändelnd Mädchen
Ihr Vögelchen der Hand entschlüpfen lässt,
Gleich einem Armen in der Banden Druck,
Und dann zurück ihn zieht am seidnen Faden;
So liebevoll missgönnt sie ihm die Freiheit.
ROMEO. Wär' ich dein Vögelchen!
JULIA. Ach, wärst du's, Lieber!
Doch hegt' und pflegt' ich dich gewiss zu Tod.
Nun gute Nacht! So süß ist Trennungswehe,
Ich rief' wohl gute Nacht, bis ich den Morgen sähe.

Sie geht oben ab.

ROMEO. Schlaf' wohn' auf deinem Aug', Fried' in der Brust!
O wär' ich Fried' und Schlaf, und ruht' in solcher Lust!

Ich will zur Zell' des frommen Vaters gehen,
Mein Glück ihm sagen, und um Hilf' ihn flehen. *Ab.*

Dritte Szene

Bruder Lorenzo mit einem Körbchen tritt allein auf.

BRUDER LORENZO.
Der Morgen lächelt froh der Nacht ins Angesicht
Und säumet das Gewölk im Ost mit Streifen Licht.
Die matte Finsternis flieht wankend, wie betrunken,
Von Titans Pfad, besprüht von seiner Rosse Funken.
Eh' höher nun die Sonn' ihr glühend Aug' erhebt,
Den Tau der Nacht verzehrt und neu die Welt belebt,
Muss ich dies Körbchen hier voll Kraut und Blumen lesen,
Voll Pflanzen gift'ger Art, und diensam zum Genesen.
Die Mutter der Natur, die Erd', ist auch ihr Grab,
Und was ihr Schoß gebar, sinkt tot in ihn hinab.
Und Kinder mannigfalt, so all ihr Schoß empfangen,
Sehn wir, gesäugt von ihr, an ihren Brüsten hangen;
An vielen Tugenden sind viele drunter reich,
Ganz ohne Wert nicht eins, doch keins dem andern gleich.
Oh, große Kräfte sind's, weiß man sie recht zu pflegen,
Die Pflanzen, Kräuter, Stein' in ihrem Innern hegen.
Was nur auf Erden lebt, da ist auch nichts so schlecht,
Dass es der Erde nicht besondern Nutzen brächt'.
Doch ist auch nichts so gut, das, diesem Ziel entwendet,
Abtrünnig seiner Art, sich nicht durch Missbrauch schändet.
In Laster wandelt sich selbst Tugend, falsch geübt,
Wie Ausführung auch wohl dem Laster Würde gibt.

Romeo tritt auf.

Die kleine Blume hier beherbergt gift'ge Säfte
In ihrer zarten Hüll' und milde Heilungskräfte!
Sie labet den Geruch, und dadurch jeden Sinn;
Gekostet, dringt sie gleich zum Herzen tötend hin.
Zwei Feinde lagern so im menschlichen Gemüte
Sich immerdar im Kampf: verderbter Will' und Güte;
Und wo das Schlechtre herrscht mit siegender Gewalt,
Dergleichen Pflanze frisst des Todes Wurm gar bald.
ROMEO. Mein Vater, guten Morgen!

BRUDER LORENZO. Sei der Herr gesegnet!
Wes ist der frühe Gruß, der freundlich mir begegnet?
Mein junger Sohn, es zeigt, dass wildes Blut dich plagt,
Dass du dem Bett so früh schon Lebewohl gesagt.
Die wache Sorge lauscht im Auge jedes Alten,
Und Schlummer bettet nie sich da, wo Sorgen walten.
Doch da wohnt goldner Schlaf, wo mit gesundem Blut
Und grillenfreiem Hirn die frische Jugend ruht.
Drum lässt mich sicherlich dein frühes Kommen wissen,
Dass innre Unordnung vom Lager dich gerissen.
Wie? oder hätte gar mein Romeo die Nacht
(Nun rat' ich's besser) nicht im Bette hingebracht?
ROMEO. So ist's, ich wusste mir viel süßre Ruh' zu finden.
BRUDER LORENZO.
Verzeih' die Sünde Gott! Warst du bei Rosalinden?
ROMEO. Bei Rosalinden, ich? Ehrwürd'ger Vater, nein!
Vergessen ist der Nam' und dieses Namens Pein.
BRUDER LORENZO.
Das ist mein wackrer Sohn! Allein wo warst du? sage!
ROMEO. So hör': ich spare gern dir eine zweite Frage.
Ich war bei meinem Feind auf einem Freudenmahl,
Und da verwundete mich jemand auf einmal.
Desgleichen tat ich ihm, und für die beiden Wunden
Wird heil'ge Arzenei bei deinem Amt gefunden.
Ich hege keinen Groll, mein frommer, alter Freund:
Denn sieh! zu statten kommt die Bitt' auch meinem Feind.
BRUDER LORENZO.
Einfältig, lieber Sohn! Nicht Silben fein gestochen!
Wer Rätsel beichtet, wird in Rätseln losgesprochen.
ROMEO. So wiss' einfältiglich: ich wandte Seel' und Sinn
In Lieb' auf Capulets holdsel'ge Tochter hin.
Sie gab ihr ganzes Herz zurück mir für das meine,
Und uns Vereinten fehlt zum innigsten Vereine
Die heil'ge Trauung nur: doch wie und wo und wann
Wir uns gesehn, erklärt, und Schwur um Schwur getan,
Das alles will ich dir auf unserm Weg erzählen;
Nur bitt' ich, will'ge drein, noch heut uns zu vermählen!
BRUDER LORENZO.
O heiliger Sankt Franz! Was für ein Unbestand!
Ist Rosalinde schon aus deiner Brust verbannt,
Die du so heiß geliebt? Liegt junger Männer Liebe
Denn in den Augen nur, nicht in des Herzens Triebe?
O heiliger Sankt Franz! wie wuch ein salzig Nass

Um Rosalinden dir so oft die Wange blass!
Und löschen konnten doch so viele Tränenfluten
Die Liebe nimmer dir: sie schürten ihre Gluten.
Noch schwebt der Sonn' ein Dunst von deinen Seufzern vor;
Dein altes Stöhnen summt mir noch im alten Ohr.
Sieh, auf der Wange hier ist noch die Spur zu sehen
Von einer alten Trän', die noch nicht will vergehen.
Und warst du je du selbst, und diese Schmerzen dein,
So war der Schmerz und du für Rosalind' allein.
Und so verwandelt nun? Dann leide, dass ich spreche:
Ein Weib darf fallen, wohnt in Männern solche Schwäche.

ROMEO. Oft schmältest du mit mir um Rosalinden schon.

BRUDER LORENZO.
Weil sie dein Abgott war; nicht weil du liebtest, Sohn.

ROMEO. Und mahntest oft mich an, die Liebe zu besiegen.

BRUDER LORENZO.
Nicht um in deinem Sieg der zweiten zu erliegen.

ROMEO. Ich bitt' dich, schmäl' nicht! Sie, der jetzt mein Herz gehört,
Hat Lieb' um Liebe mir und Gunst um Gunst gewährt.
Das tat die andre nie.

BRUDER LORENZO. Sie wusste wohl, dein Lieben
Sei zwar ein köstlich Wort, doch nur in Sand geschrieben.
Komm, junger Flattergeist! Komm nur, wir wollen gehn;
Ich bin aus einem Grund geneigt, dir beizustehn:
Vielleicht, dass dieser Bund zu großem Glück sich wendet,
Und eurer Häuser Groll durch ihn in Freundschaft endet.

ROMEO. O lass uns fort von hier! Ich bin in großer Eil'.

BRUDER LORENZO.
Wer hastig läuft, der fällt: drum eile nur mit Weil'! *Beide ab.*

Vierte Szene

Benvolio und Mercutio treten auf.

MERCUTIO. Wo Teufel kann der Romeo stecken?
Kam er heute Nacht nicht zu Hause?

BENVOLIO. Nach seines Vaters Hause nicht; ich sprach seinen Bedienten.

MERCUTIO. Ja, dies hartherz'ge Frauenbild, die Rosalinde,
Sie quält ihn so, er wird gewiss verrückt.

BENVOLIO. Tybalt, des alten Capulet Verwandter,
Hat dort ins Haus ihm einen Brief geschickt.

MERCUTIO. Eine Ausforderung, so wahr ich lebe.

BENVOLIO. Romeo wird ihm die Antwort nicht schuldig bleiben.

MERCUTIO. Auf einen Brief kann ein jeder antworten, wenn er schreiben kann.

BENVOLIO. Nein, ich meine, er wird dem Briefsteller zeigen, dass er Mut hat, wenn man ihm so was zumutet.

MERCUTIO. Ach, der arme Romeo! Er ist ja schon tot! durchbohrt von einer weißen Dirne schwarzem Auge; durchs Ohr geschossen mit einem Liebesliedchen; seine Herzensscheibe durch den Pfeil des kleinen blinden Schützen mitten entzwei gespalten! Ist er der Mann darnach, es mit dem Tybalt aufzunehmen?

BENVOLIO. Nun, was ist Tybalt denn Großes?

MERCUTIO. Kein papierner Held, das kann ich dir sagen. Oh, er ist ein beherzter Zeremonienmeister der Ehre. Er ficht, wie Ihr ein Liedlein singt: hält Takt und Maß und Ton. Er beobachtet seine Pausen: eins – zwei – drei: – dann sitz Euch der Stoß in der Brust. Er bringt Euch einen seidnen Knopf unfehlbar ums Leben. Ein Raufer! ein Raufer! Ein Ritter vom ersten Range, der Euch alle Gründe eines Ehrenstreits an den Fingern herzuzählen weiß: Ach, die göttliche Passade! die doppelte Finte! Der! –

BENVOLIO. Der – was?

MERCUTIO. Der Henker hole diese phantastischen, gezierten, lispelnden Eisenfresser! Was sie für neue Töne anstimmen! – »Eine sehr gute Klinge! – Ein sehr wohl gewachsner Mann! – Eine sehr gute Hure!« – Ist das nicht ein Elend, Urältervater, dass wir mit diesen ausländischen Schmetterlingen heimgesucht werden, mit diesen Modenarren, diesen Pardonnez-moi, die so stark auf neue Weise halten, ohne jemals weise zu werden?

Romeo tritt auf.

BENVOLIO. Da kommt Romeo, da kommt er!

MERCUTIO. Ohne seinen Rogen, wie ein gedörrter Hering. O Fleisch! Fleisch! wie bist du verfischt worden! Nun liebt er die Melodien, in denen sich Petrarca ergoss; gegen sein Fräulein ist Laura nur eine Küchenmagd-Wetter! sie hatte doch einen bessern Liebhaber, um sie zu bereimen; – Dido, eine Trutschel; Kleopatra, eine Zigeunerin; Helena und Hero, Metzen und lose Dirnen; Thisbe, ein artiges Blauauge oder sonst so was, will aber nichts vorstellen. Signor Romeo, bon jour! Da habt Ihr einen französischen Gruß für Eure französischen Pumphosen! Ihr spieltet uns diese Nacht einen schönen Streich.

ROMEO. Guten Morgen, meine Freunde! Was für einen Streich?

MERCUTIO. Einen Diebesstreich. Ihr stahlt Euch unversehens davon.

ROMEO. Verzeihung, guter Mercutio: Ich hatte etwas Wichtiges vor, und in einem solchen Falle tut man wohl einmal der Höflichkeit Gewalt an.

MERCUTIO. So viel man sagen kann, in einem Fall wie deinem ist ein Mann gezwungen, sich zum Hintern zu beugen[4].

ROMEO. Du meinst verneigen.

MERCUTIO. Du hast es sehr freundlich getroffen.

ROMEO. Die höflichste Darstellung.

MERCUTIO. Nein, ich bin die höchste Blüte aller Höflichkeit.

ROMEO. So blumig wie die Blume.

MERCUTIO. So ist es.

ROMEO. Warum ist mein Schuh so schön geblüht.

MERCUTIO. Ein schöner Scherz! Scherze jetzt nur mit mir, bis dein Schuh ganz abgetragen ist, denn wenn die Sohle ganz abgelatscht ist, darf der Witz[5] weiterleben, einzig und allein.

ROMEO. O du schwacher Witz, wegen deiner Schlichtheit bis du allein.

MERCUTIO. Komm zwischen uns, guter Benvolio, mein Witz fällt in Ohnmacht.

ROMEO. Peitsche und Sporen, Peitsche und Sporen, oder ich erklär' mich zum Sieger.

MERCUTIO. Nun, wenn unsere Scherze auf Dummenfang gehen, bin ich fertig. Du hast mehr Dummheit in einem deiner Sinne als ich in fünfen von mir. Hab' ich nicht recht, wenn ich dich einen Dummkopf nenne?

ROMEO. Du warst noch niemals einig mit mir bei einer Sache, es sei denn als Dummkopf.

MERCUTIO. Ich werde dich ins Ohr beißen für diesen Witz.

ROMEO. Nein, lieber Dummkopf, beiß mich nicht.

MERCUTIO. Dein Witz ist wie ein bittrer Apfel, er hat die schärfste Sauce.

ROMEO. Dann ist es wohl nicht das richtige Gericht für einen süßen Dummkopf?

---

4   in den Schinken zu beugen: eine Anspielung auf eine Geschlechtskrankheit

5   Witz: Geist, Verstand

MERCUTIO. Oh, das ist ein Scherz aus Leder, der einen Zoll dick und eine Elle lang ist!

ROMEO. Ich erweiter' meinen Witz mit dem Wort »dick«. Wenn du dieses Wort zu dem Wort »Dummkopf« hinzufügst, weiß du, dass du ein dicker Dummkopf bist.

MERCUTIO. Warum, ist dies nicht besser jetzt als all dies Seufzen über die Liebe? Jetzt bist du kontaktfreudig, jetzt bist du Romeo; jetzt bist du, was du bist, so gut wie von Natur. Mit deinem Liebesgekrächze bist du wie ein Idiot, der räkelnd auf und ab läuft, um sein Ding in einem Loch zu versenken.

BENVOLIO: Haltet ein, haltet ein.

MERCUTIO. Du willst, dass ich aufhöre, mein Geschichte geht dir gegen den Strich.

BENVOLIO. Du würdest deine Geschichte sonst so aufbauschen.

MERCUTIO. Oh, du täuschst dich; ich hätt' sie kurz gemacht, denn ich wäre zur tiefsten Passage meiner Geschichte gekommen, und ich dachte nicht daran, das Thema noch länger zu beanspruchen.

ROMEO. Seht den prächtigen Aufzug!

Die Amme und ihr Mann, Peter.

Ein Segel, ein Segel!

MERCUTIO. Zwei, zwei: ein Hemd und ein Rock.

AMME. Peter!

PETER. Was beliebt?

AMME. Meinen Fächer, Peter!

MERCUTIO. Gib ihn ihr, guter Peter, um ihr Gesicht zu verstecken: Ihr Fächer ist viel hübscher wie ihr Gesicht.

AMME. Schönen guten Morgen, ihr Herren!

MERCUTIO. Schönen guten Abend, schöne Dame!

AMME. Warum guten Abend?

MERCUTIO. Euer Brusttuch deutet auf Sonnenuntergang.

AMME. Pfui, was ist das für ein Mensch?

ROMEO. Einer, den der Teufel plagt, um andre zu plagen.

AMME. Schön gesagt, bei meiner Seele! Um andre zu plagen! Ganz recht! Aber, ihr Herren, kann mir keiner von euch sagen, wo ich den jungen Romeo finde?

ROMEO. Ich kann's Euch sagen; aber der junge Romeo wird älter sein, wenn Ihr ihn gefunden habt, als er war, da Ihr ihn suchtet. Ich bin der Jüngste, der den Namen führt, weil kein schlechterer da war.

AMME. Gut gesagt!

MERCUTIO. So? ist das Schlechteste gut gesagt? Nun wahrhaftig: gut begriffen! sehr vernünftig!

AMME. Wenn Ihr Romeo seid, mein Herr, so wünsche ich Euch insgeheim zu sprechen.

BENVOLIO. Sie wird ihn irgendwohin auf den Abend bitten.

MERCUTIO. Eine Kupplerin! eine Kupplerin! Ho, ho!

BENVOLIO. Was witterst du?

MERCUTIO. Keinen Hasen, mein Herr, es sei denn ein Hase in einem Fastenzeit-Pastete, mein Herr, der etwas schal und ehrwürdig ist, ehe er ausgegeben wird.

Er geht zu ihnen und singt.

> Ein alter ehrwürdiger Hase,
> Und ein alter ehrwürdiger Hase,
> Ist sehr gutes Fleisch zur Fastenzeit;
> Doch ein Hase, der ehrwürdig ist
> Man verschmäht ihn,
> Wenn er reif ist, ehe man ihn gekostet.

Romeo, kommt zu Eures Vaters Hause? Wir wollen zu Mittag da essen.

ROMEO. Ich komme euch nach.

MERCUTIO. Lebt wohl, alte Schöne! Lebt wohl, o Schöne! – Schöne! – Schöne!

Benvolio und Mercutio gehn ab.

AMME. Sagt mir doch, was war das für ein unverschämter Gesell, der nichts als Schelmstücke im Kopf hatte?

ROMEO. Jemand, der sich selbst gern reden hört, meine gute Frau, und der in einer Minute mehr spricht, als er in einem Monate verantworten kann.

AMME. Ja, und wenn er auf mich was zu sagen hat, so will ich ihn bei den Ohren kriegen, und wäre er auch noch vierschrötiger, als er ist, und zwanzig solcher Hasenfüße obendrein; und kann ich's nicht, so können's andre. So 'n Lausekerl! Ich bin keine von seinen Kreaturen, ich bin keine von seinen Karnuten. Zu Peter. Und du musst auch dabei stehen und leiden, dass jeder Schuft sich nach Belieben über mich hermacht!

PETER. Ich habe nicht gesehn, dass sich jemand über Euch hergemacht hätte; sonst hätte ich geschwind vom Leder gezogen, das könnt Ihr glauben. Ich kann so gut ausziehen wie ein andrer, wo es einen ehrlichen Zank gibt und das Recht auf meiner Seite ist.

AMME. Nu, weiß Gott, ich habe mich so geärgert, dass ich am ganzen Leibe zittre. So 'n Lausekerl! – Seid so gütig, mein Herr, auf ein Wort! Und was ich Euch sagte: mein junges Fräulein befal mir, Euch zu suchen. Was sie mir befal, Euch zu sagen, das will ich

40

für mich behalten; aber erst lasst mich Euch sagen, wenn Ihr sie wolltet bei der Nase herum führen, so zu sagen, das wäre eine unartige Aufführung, so zu sagen. Denn seht! das Fräulein ist jung; und also, wenn Ihr falsch gegen sie zu Werke gingt, das würde sich gar nicht gegen ein Fräulein schicken, und wäre ein recht nichtsnutziger Handel.

ROMEO. Empfiehl mich deinem Fräulein! Ich beteure dir –

AMME. Du meine Zeit! Gewiss und wahrhaftig, das will ich ihr wieder sagen. O Jemine! sie wird sich vor Freude nicht zu lassen wissen.

ROMEO. Was willst du ihr sagen, gute Frau? Du gibst nicht Achtung.

AMME. Ich will ihr sagen, dass Ihr beteuert, und ich meine, das ist recht wie ein Kavalier gesprochen.

ROMEO. Sag ihr, sie mög' ein Mittel doch ersinnen,
Zur Beichte diesen Nachmittag zu gehn.
Dort in Lorenzos Zelle soll alsdann,
Wenn sie gebeichtet, unsre Trauung sein.
Hier ist für deine Müh'.

AMME. Nein, wahrhaftig, Herr! keinen Pfennig!

ROMEO. Nimm, sag' ich dir; du musst!

AMME. Heut Nachmittag? Nun gut, sie wird Euch treffen.

ROMEO. Du, gute Frau, wart' hinter der Abtei;
Mein Diener soll dir diese Stunde noch,
Geknüpft aus Seilen, eine Leiter bringen,
Die zu dem Gipfel meiner Freuden ich
Hinan will klimmen in geheimer Nacht.
Leb wohl! Sei treu, so lohn' ich deine Müh',
Leb wohl, empfiehl mich deinem Fräulein!

AMME. Nun, Gott der Herr gesegn' es! – Hört, noch eins!

ROMEO. Was willst du, gute Frau?

AMME. Schweigt Euer Diener? Habt Ihr nie vernommen:
Wo zwei zu Rate gehn, lasst keinen Dritten kommen?

ROMEO. Verlass' dich drauf, der Mensch ist treu wie Gold.

AMME. Nun gut, Herr! Meine Herrschaft ist ein allerliebstes Fräulein. O Jemine! als sie noch so ein kleines Dingelchen war – Oh, da ist ein Edelmann in der Stadt, einer, der Paris heißt, der gern einhaken möchte; aber das gute Herz mag eben so lieb eine Kröte sehn, eine rechte Kröte, als ihn. Ich ärgre sie zuweilen und sag' ihr: Paris wär' doch der hübscheste; aber Ihr könnt mir's glauben, wenn ich das sage, so wird sie so blass wie ein Tischtuch. Fängt nicht Rosmarin und Romeo mit demselben Buchstaben an?

ROMEO. Ja, gute Frau; beide mit einem R.

AMME. Ach, Spaßvogel, warum nicht gar? Das schnurrt ja wie 'n Spinnrad. Nein, ich weiß wohl, es fängt mit einem andern Buch-

41

staba an, und sie hat die prächtigsten Reime und Sprichwörter darauf, dass Euch das Herz im Leibe lachen tät', wenn Ihr's hörtet.

ROMEO. Empfiehl mich Eurem Fräulein!

AMME. Jawohl, vieltausendmal! *Romeo ab.* Peter!

PETER. Was beliebt?

AMME *gibt ihm ihren Fächer.* Geh voraus! *Geht nach Peter ab.*

Fünfte Szene

Julia tritt auf.

JULIA. Neun schlug die Glock', als ich die Amme sandte.
In einer halben Stunde wollte sie
Schon wieder hier sein. Kann sie ihn vielleicht
Nicht treffen? Nein, das nicht. Oh, sie ist lahm!
Zu Liebesboten taugen nur Gedanken,
Die zehnmal schneller fliehn als Sonnenstrahlen,
Wenn sie die Nacht von finstern Hügeln scheuchen.
Deswegen ziehn ja leichtbeschwingte Tauben
Der Liebe Wagen, und Cupido hat
Windschnelle Flügel. Auf der steilsten Höh'
Der Tagereise steht die Sonne jetzt;
Von neun bis zwölf, drei lange Stunden sind's;
Und dennoch bleibt sie aus. O hätte sie
Ein Herz und warmes jugendliches Blut,
Sie würde wie ein Ball behände fliegen,
Es schnellte sie mein Wort dem Trauten zu,
Und seines mir.
Doch Alte tun, als lebten sie nicht mehr,
Träg', unbehilflich, und wie Blei so schwer.

Die Amme und Peter kommen.

O Gott, sie kommt! Was bringst du, goldne Amme?
Trafst du ihn an? Schick' deinen Diener weg!

AMME. Wart' vor der Türe, Peter!

Peter ab.

JULIA. Nun, Mütterchen? Gott, warum blickst du traurig?
Ist dein Bericht schon traurig, gib ihn fröhlich;
Und klingt er gut, verdirb die Weise nicht,
Indem du sie mit saurer Miene spielst!

AMME. Ich bin ermattet; lasst ein Weilchen mich!
Das war 'ne Jagd! das reißt in Gliedern mir!
JULIA. Ich wollt', ich hätte deine Neuigkeit,
Du meine Glieder. Nun, so sprich geschwind!
Ich bitt' dich, liebe, liebe Amme, sprich!
AMME. Was für 'ne Hast! Könnt Ihr kein Weilchen warten?
Seht Ihr nicht, dass ich außer Atem bin?
JULIA. Wie außer Atem, wenn du Atem hast,
Um mir zu sagen, dass du keinen hast?
Der Vorwand deines Zögerns währt ja länger,
Als der Bericht, den du dadurch verzögerst.
Gib Antwort: bringst du Gutes oder Böses?
Nur das, so wart' ich auf das Näh're gern.
Beruh'ge mich! Ist's Gutes oder Böses?
AMME. Ei, Ihr habt mir eine recht einfältige Wahl getroffen; Ihr ver-
steht auch einen Mann auszulesen! Romeo – ja, das ist der rechte! –
Er hat zwar ein hübscher Gesicht wie andre Leute; aber seine Beine
gehn über alle Beine, und Hand, und Fuß, und die ganze Positur:
– es lässt sich eben nicht viel davon sagen, aber man kann sie mit
nichts vergleichen. Er ist kein Ausbund von feinen Manieren, doch
wett' ich drauf, wie ein Lamm so sanft. – Treib's nur so fort, Kind,
und fürchte Gott! – Habt ihr diesen Mittag zu Hause gegessen?
JULIA. Nein, nein! Doch all' dies wusst' ich schon zuvor.
Was sagt er von der Trauung? Hurtig: was?
AMME. O je, wie schmerzt der Kopf mir! Welch ein Kopf!
Er schlägt, als wollt' er gleich in Stücke springen.
Da hier mein Rücken, o mein armer Rücken!
Gott sei Euch gnädig, dass Ihr hin und her
So viel mich schickt, mich bald zu Tode hetzt!
JULIA. Im Ernst, dass du nicht wohl bist, tut mir leid.
Doch, beste, beste Amme, sage mir: Was macht mein Liebster?
AMME. Eu'r Liebster sagt, so wie ein wackrer Herr, – und ein artiger,
und ein freundlicher, und ein hübscher Herr, und, auf mein Wort,
ein tugendsamer Herr. – Wo ist denn Eure Mutter?
JULIA. Wo meine Mutter ist? Nun, sie ist drinnen;
Wo wär' sie sonst? Wie seltsam du erwiderst:
»Eu'r Liebster sagt, so wie ein wackrer Herr –
Wo ist denn Eure Mutter?«
AMME. Jemine!
Seid Ihr so hitzig? Seht doch! kommt mir nur!
Ist das die Bähung für mein Gliederweh?
Geht künftig selbst, wenn Ihr 'ne Botschaft habt!
JULIA. Das ist 'ne Not! Was sagt er? Bitte, sprich!

AMME. Habt Ihr Erlaubnis, heut zu beichten?

JULIA. Ja.

AMME. So macht Euch auf zu Eures Paters Zelle,
Da harrt ein Mann, um Euch zur Frau zu machen.
Nun steigt das lose Blut Euch in die Wangen;
Gleich sind sie Scharlach, wenn's was Neues gibt.
Eilt Ihr ins Kloster: ich muss sonst wohin,
Die Leiter holen, die der Liebste bald
Zum Nest hinan, wenn's Nacht wird, klimmen soll.
Ich bin das Lasttier, muss für Euch mich plagen,
Doch Ihr sollt Eure Last zu Nacht schon tragen.
Ich will zur Mahlzeit erst; eilt Ihr zur Zelle hin!

JULIA. Zu hohem Glücke, treue Pflegerin! *Beide ab.*

Sechste Szene

Bruder Lorenzo und Romeo treten auf.

BRUDER LORENZO. Der Himmel lächle so dem heil'gen Bund,
Dass künft'ge Tag' uns nicht durch Kummer schelten!

ROMEO. Amen! So sei's! Doch lass den Kummer kommen,
So sehr er mag: wiegt er die Freuden auf,
Die mir in ihrem Anblick eine flücht'ge
Minute gibt? Füg' unsre Hände nur
Durch deinen Segensspruch in eins, dann tue
Sein Äußerstes der Liebeswürger Tod:
Genug, dass ich nur mein sie nennen darf.

BRUDER LORENZO. So wilde Freude nimmt ein wildes Ende,
Und stirbt im höchsten Sieg, wie Feu'r und Pulver
Im Kusse sich verzehrt. Die Süßigkeit
Des Honigs widert durch ihr Übermaß,
Und im Geschmack erstickt sie unsre Lust.
Drum liebe mäßig; solche Lieb' ist stät:
Zu hastig und zu träge kommt gleich spät.

Julia tritt auf.

Hier kommt das Fräulein, sieh!
Mit leichtem Tritt, der keine Blume biegt;
Sieh, wie die Macht der Lieb' und Wonne siegt!

JULIA. Ehrwürd'ger Herr! ich sag' Euch guten Abend.

BRUDER LORENZO. Für mich und sich dankt Romeo, mein
Kind.

JULIA. Es gilt ihm mit, sonst wär' sein Dank zu viel.

ROMEO. Ach, Julia! Ist deiner Freude Maß
Gehäuft wie meins, und weißt du mehr die Kunst,
Ihr Schmuck zu leihn, so würze rings die Luft
Durch deinen Hauch; lass des Gesanges Mund
Die Seligkeit verkünden, die wir beide
Bei dieser teuren Näh' im andern finden.

JULIA. Gefühl, an Inhalt reicher als an Worten,
Ist stolz auf seinen Wert und nicht auf Schmuck.
Nur Bettler wissen ihres Guts Betrag.
Doch meine treue Liebe stieg so hoch,
Dass keine Schätzung ihre Schätz' erreicht.

BRUDER LORENZO.
Kommt, kommt mit mir! wir schreiten gleich zur Sache.
Ich leide nicht, dass ihr allein mir bleibt,
Bis euch die Kirch' einander einverleibt. *Alle ab.*

Dritter Aufzug
Erste Szene

Mercutio, Benvolio, Page und Männer treten auf.

BENVOLIO. Ich bitt' dich, Freund, lass uns nach Hause gehn!
Der Tag ist heiß, die Capulets sind draußen,
Und treffen wir, so gibt es sicher Zank:
Denn bei der Hitze tobt das tolle Blut.

MERCUTIO. Du bist mir so ein Zeisig, der, sobald er die Schwelle eines Wirtshauses betritt, mit dem Degen auf den Tisch schlägt und ausruft: »Gebe Gott, dass ich dich nicht nötig habe!«, und wenn ihm das zweite Glas im Kopfe spukt, so zieht er gegen den Kellner, wo er es freilich nicht nötig hätte.

BENVOLIO. Bin ich so ein Zeisig?

MERCUTIO. Ja, ja! Du bist in deinem Zorn ein so hitziger Bursch, als einer in ganz Italien; ebenso ungestüm in deinem Zorn, und ebenso zornig in deinem Ungestüm.

BENVOLIO. Nun, was weiter?

MERCUTIO. Ei, wenn es euer zwei gäbe, so hätten wir bald gar keinen, sie brächten sich untereinander um. Du! Wahrhaftig, du zankst mit einem, weil er ein Haar mehr oder weniger im Barte hat wie du. Du zankst mit einem, der Nüsse knackt, aus keinem andern Grunde, als weil du nussbraune Augen hast. Dein Kopf ist so voll Zänkereien, wie ein Ei voll Dotter, und doch ist dir der Kopf für dein Zanken schon dotterweich geschlagen. Du hast mit einem angebunden, der auf der Straße hustete, weil er deinen Hund aufgeweckt, der in der Sonne schlief. Hast du nicht mit einem Schneider Händel gehabt, weil er sein neues Wams vor Ostern trug? Mit einem andern, weil er neue Schuhe mit einem alten Bande zuschnürte? Und doch willst du mich über Zänkereien hofmeistern!

BENVOLIO. Ja, wenn ich so leicht zankte wie du, so würde niemand eine Leibrente auf meinen Kopf nur für anderthalb Stunden kaufen wollen.

MERCUTIO. Auf deinen Kopf? O Tropf!

Tybalt, Petruchio und andre kommen.

BENVOLIO. Bei meinem Kopf! Da kommen die Capulets.

MERCUTIO. Bei meiner Sohle! Mich kümmert's nicht.

TYBALT. Schließt euch mir an, ich will mit ihnen reden. – Guten Tag, ihr Herren! Ein Wort mit euer einem!

MERCUTIO. Nur ein Wort mit einem von uns? Gebt noch was zu: lasst es ein Wort und einen Schlag sein!

TYBALT. Dazu werdet Ihr mich bereit genug finden, wenn Ihr mir Anlass gebt.

MERCUTIO. Könntet Ihr ihn nicht nehmen, ohne dass wir ihn gäben?

TYBALT. Mercutio, du harmonierst mit Romeo.

MERCUTIO. Harmonierst? Was? Machst du uns zu Musikanten? Wenn du uns zu Musikanten machen willst, so sollst du auch nichts als Dissonanzen zu hören kriegen. Hier ist mein Fiedelbogen; wart'! der soll euch tanzen lehren. Alle Wetter! Über das Harmonieren!

BENVOLIO. Wir reden hier auf öffentlichem Markt:
Entweder sucht euch einen stillern Ort,
Wo nicht, besprecht euch kühl von eurem Zwist!
Sonst geht! Hier gafft ein jedes Aug' auf uns.

MERCUTIO. Zum Gaffen hat das Volk die Augen: lasst sie!
Ich weich' und wank' um keines willen, ich!

Romeo tritt auf.

TYBALT. Herr, zieht in Frieden! Hier kommt mein Gesell.

MERCUTIO. Ich will gehängt sein, Herr! wenn Ihr sein Meister seid.
Doch stellt Euch nur, er wird sich zu Euch halten;
In dem Sinn mögen Eure Gnaden wohl
Gesell ihn nennen.

TYBALT. Hör', Romeo! Der Hass, den ich dir schwur,
Gönnt diesen Gruß dir nur: du bist ein Schurke!
ROMEO. Tybalt, die Ursach', die ich habe, dich
Zu lieben, mildert sehr die Wut, die sonst
Auf diesen Gruß sich ziemt': Ich bin kein Schurke,
Drum lebe wohl! Ich seh', du kennst mich nicht.
TYBALT. Nein, Knabe, dies entschuldigt nicht den Hohn,
Den du mir angetan; kehr' um und zieh'!
ROMEO. Ich schwöre dir, nie tat ich Hohn dir an.
Ich liebe mehr dich, als du denken kannst,
Bis du die Ursach' meiner Liebe weißt.
Drum, guter Capulet, dein Name, den
Ich wert wie meinen halte, – sei zufrieden!
MERCUTIO. O zahme, schimpfliche, verhasste Demut!
Die Kunst des Raufers trägt den Sieg davon. –

Er zieht.

Tybalt, du Ratzenfänger! willst du dran?
TYBALT. Was willst du denn von mir?
MERCUTIO. Wollt Ihr bald Euren Degen bei den Ohren aus der
Scheide ziehn? Macht zu, sonst habt Ihr meinen um die Ohren, eh'
er heraus ist.
TYBALT. Ich steh' zu Dienst.

Er zieht.

ROMEO. Lieber Mercutio, steck' den Degen ein!
MERCUTIO. Kommt, Herr! Lasst Eure Finten sehn!

Sie fechten.

ROMEO. Zieh', Benvolio!
Schlag' zwischen ihre Degen! Schämt euch doch,
Und haltet ein mit Wüten! Tybalt! Mercutio!
Der Prinz verbot ausdrücklich solchen Aufruhr
In Veronas Gassen.

Romeo tritt zwischen sie.

Halt, Tybalt! Freund Mercutio!

Tybalt entfernt sich mit seinen Anhängern.

MERCUTIO. Ich bin verwundet. –
Zum Teufel beider Sippschaft! Ich bin hin.
Und ist er fort? und hat nichts abgekriegt?
BENVOLIO. Bist du verwundet? wie?

MERCUTIO. Ja, ja! geritzt! geritzt! – Wetter, 's ist genug. –
Wo ist mein Bursch? – Geh, Schurk'! hol' einen Wundarzt!

Der Page geht ab.

ROMEO. Sei guten Muts, Freund! Die Wunde kann nicht beträcht-
lich sein.

MERCUTIO. Nein, nicht so tief wie ein Brunnen, noch so weit wie
eine Kirchtüre; aber es reicht eben hin: Fragt morgen nach mir,
und Ihr werdet einen stillen Mann an mir finden. Für diese Welt,
glaubt's nur, ist mir der Spaß versalzen. – Hol' der Henker eure
beiden Häuser! – Was? von einem Hunde, einer Maus, einer Rat-
ze, einer Katze zu Tode gekratzt zu werden! Von so einem Prahler,
einem Schuft, der nach dem Rechenbuche ficht! – Warum Teufel!
kamt Ihr zwischen uns? Unter Eurem Arm wurde ich verwundet.

ROMEO. Ich dacht' es gut zu machen.

MERCUTIO. O hilf mir in ein Haus hinein, Benvolio,
Sonst sink' ich hin. – Zum Teufel eure Häuser!
Sie haben Würmerspeis' aus mir gemacht.
Ich hab' es tüchtig weg: verdammte Sippschaft!

Mercutio und Benvolio ab.

ROMEO. Um meinetwillen wurde dieser Ritter,
Dem Prinzen nah verwandt, mein eigner Freund,
Verwundet auf den Tod; mein Ruf befleckt
Durch Tybalts Lästerungen, Tybalts, der
Seit einer Stunde mir verschwägert war.
O süße Julia! deine Schönheit hat
So weibisch mich gemacht; sie hat den Stahl
Der Tapferkeit in meiner Brust erweicht.

Benvolio kommt zurück.

BENVOLIO. O Romeo! der wackre Freund ist tot.
Sein edler Geist schwang in die Wolken sich,
Der allzu früh der Erde Staub verschmäht.

ROMEO. Nichts kann den Unstern dieses Tages wenden;
Er hebt das Weh an, andre müssen's enden.

Tybalt kommt.

BENVOLIO. Da kommt der grimm'ge Tybalt wieder her.

ROMEO. Am Leben! siegreich! und mein Freund erschlagen!
Nun flieh gen Himmel, schonungsreiche Milde!
Entflammte Wut, sei meine Führerin!
Nun, Tybalt, nimm den Schurken wieder, den du

Mir eben gabst! Der Geist Mercutios
Schwebt nah noch über unsern Häuptern hin
Und harrt, dass deiner sich ihm zugeselle.
Du oder ich! sonst folgen wir ihm beide.
TYBALT. Elendes Kind! hier hieltest du's mit ihm,
Und sollst mit ihm von hinnen!
ROMEO. Dies entscheide!

Sie fechten, Tybalt fällt.

BENVOLIO. Flieh', Romeo! Die Bürger sind in Wehr
Und Tybalt tot. Steh so versteinert nicht!
Flieh', flieh'! Der Prinz verdammt zum Tode dich,
Wenn sie dich greifen. Fort! Hinweg mit dir!
ROMEO. Weh mir, ich Narr des Glücks!
BENVOLIO. Was weilst du noch?

Romeo ab. Bürger treten auf.

1. BÜRGER. Wo lief er hin, der den Mercutio tot schlug?
Der Mörder Tybalt? – Hat ihn wer gesehn?
BENVOLIO. Da liegt der Tybalt.
1. BÜRGER. Herr, gleich müsst Ihr mit mir gehn.
Gehorcht! Ich mahn' Euch von des Fürsten wegen.

Der Prinz, der alte Montague, Capulet, ihre Gemahlinnen und andre.

PRINZ. Wer durfte freventlich hier Streit erregen?
BENVOLIO. O edler Fürst, ich kann verkünden, recht
Nach seinem Hergang, dies unselige Gefecht.
Der deinen wackern Freund Mercutio
Erschlagen, liegt hier tot, entleibt vom Romeo.
GRÄFIN CAPULET. Mein Vetter! Tybalt! Meines Bruders Kind! –
O Fürst! O mein Gemahl! O seht, noch rinnt
Das teure Blut! – Mein Fürst, bei Ehr' und Huld,
Im Blut der Montagues tilg' ihre Schuld! –
O Vetter, Vetter!
PRINZ. Benvolio, sprich! Wer hat den Streit erregt? –
BENVOLIO. Der tot hier liegt, vom Romeo erlegt.
Viel gute Worte gab ihm Romeo,
Hieß ihn bedenken, wie gering der Anlass,
Wie sehr zu fürchten Euer höchster Zorn.
Dies alles, vorgebracht mit sanftem Ton,
Gelassnem Blick, bescheidner Stellung, konnte
Nicht Tybalts ungezähmte Wut entwaffnen.
Dem Frieden taub, berennt mit scharfem Stahl

Er die entschlossne Brust Mercutios;
Der kehrt gleich rasch ihm Spitze gegen Spitze
Und wehrt mit Kämpfertrotz mit einer Hand
Den kalten Tod ab, schickt ihn mit der andern
Dem Gegner wieder, des Behändigkeit
Zurück ihn schleudert. Romeo ruft laut:
»Halt Freunde! auseinander!« Und geschwinder
Als seine Zunge schlägt sein rüst'ger Arm,
Dazwischen stürzend, beider Mordstahl nieder.
Recht unter diesem Arm traf des Mercutio Leben
Ein falscher Stoß vom Tybalt. Der entfloh,
Kam aber gleich zum Romeo zurück,
Der eben erst der Rache Raum gegeben.
Nun fallen sie mit Blitzeseil' sich an;
Denn eh' ich ziehen konnt', um sie zu trennen,
War der beherzte Tybalt umgebracht.
Er fiel, und Romeo, bestürzt, entwich.
Ich rede wahr, sonst führt zum Tode mich!
GRÄFIN CAPULET. Er ist verwandt mit Montagues Geschlecht.
Aus Freundschaft spricht er falsch, verletzt das Recht.
Die Fehd' erhoben sie zu ganzen Horden,
Und alle konnten nur ein Leben morden.
Ich fleh' um Recht; Fürst, weise mich nicht ab:
Gib Romeon, was er dem Tybalt gab!
PRINZ. Er hat Mercutio, ihn Romeo erschlagen:
Wer soll die Schuld des teuren Blutes tragen?
GRÄFIN MONTAGUE.
Fürst, nicht mein Sohn, der Freund Mercutios;
Was dem Gesetz doch heimfiel, nahm er bloß,
Das Leben Tybalts.
PRINZ. Weil er das verbrochen,
Sei über ihn sofort der Bann gesprochen.
Mich selber trifft der Ausbruch eurer Wut,
Um euren Zwiespalt fließt mein eignes Blut;
Allein ich will dafür so streng euch büßen,
Dass mein Verlust euch ewig soll verdrießen.
Taub bin ich jeglicher Beschönigung;
Kein Flehn, kein Weinen kauft Begnadigung;
Drum spart sie: Romeo flieh' schnell von hinnen!
Greift man ihn, soll er nicht dem Tod entrinnen.
Tragt diese Leiche weg! Vernehmt mein Wort:
Wenn Gnade Mörder schont, verübt sie Mord! *Alle ab.*

Zweite Szene

Julia tritt allein auf.

JULIA. Hinab, du flammenhufiges Gespann,
  Zu Phöbus' Wohnung! Solch ein Wagenlenker
  Wie Phaeton jagt' euch gen Westen wohl,
  Und brächte schnell die wolk'ge Nacht herauf. –
  Verbreite deinen dichten Vorhang, Nacht!
  Du Liebespflegerin! damit das Auge
  Der Neubegier sich schließ', und Romeo
  Mir unbelauscht in diese Arme schlüpfe. –
  Verliebten g'nügt zu der geheimen Weihe
  Das Licht der eignen Schönheit; oder wenn
  Die Liebe blind ist, stimmt sie wohl zur Nacht. –
  Komm, ernste Nacht, du züchtig stille Frau,
  Ganz angetan mit Schwarz, und lehre mir
  Ein Spiel, wo jedes reiner Jugend Blüte
  Zum Pfande setzt, gewinnend zu verlieren!
  Verhülle mit dem schwarzen Mantel mir
  Das wilde Blut, das in den Wangen flattert,
  Bis scheue Liebe kühner wird und nichts
  Als Unschuld sieht in inn'ger Liebe Tun.
  Komm, Nacht! – Komm, Romeo, du Tag in Nacht!
  Denn du wirst ruhn auf Fittigen der Nacht
  Wie frischer Schnee auf eines Raben Rücken. –
  Komm, milde, liebevolle Nacht! Komm, gib
  Mir meinen Romeo! Und stirbt er einst,
  Nimm ihn, zerteil' in kleine Sterne ihn:
  Er wird des Himmels Antlitz so verschönen,
  Dass alle Welt sich in die Nacht verliebt
  Und niemand mehr der eiteln Sonne huldigt. –
  Ich kaufte einen Sitz der Liebe mir,
  Doch ach! besaß ihn nicht; ich bin verkauft,
  Doch noch nicht übergeben. Dieser Tag
  Währt so verdrießlich lang mir, wie die Nacht?
  Vor einem Fest dem ungeduld'gen Kinde,
  Das noch sein neues Kleid nicht tragen durfte.
  Da kommt die Amme ja:

Die Amme wringt ihre Hände, mit einer Strickleiter in ihrem Schoß.

Die bringt Bericht; und jede Zunge, die nur Romeo
Beim Namen nennt, spricht so beredt wie Engel.
Nun, Amme? Sag, was gibt's, was hast du da?
Die Stricke, die dich Romeo hieß holen?
AMME. Ja, ja, die Stricke!

Sie wirft sie auf die Erde.

JULIA. Weh mir! Was gibt's? Was ringst du so die Hände?
AMME. Dass Gott erbarm'! Er ist tot, er ist tot, er ist tot!
Wir sind verloren, Fräulein, sind verloren!
O weh uns! Er ist hin! ermordet! tot!
JULIA. So neidisch kann der Himmel sein?
AMME. Ja, das kann Romeo; der Himmel nicht.
O Romeo, wer hätt' es je gedacht?
O Romeo! Romeo!
JULIA. Wer bist du, Teufel, der du so mich folterst?
Die grause Hölle nur brüllt solche Qual.
Hat Romeo sich selbst ermordet? Doch sagst du ja,
Dies blanke Wort mich mehr vergiften wird
Als der tödlich stechend Blick des Basilisken.
Ich bin nicht ich, wenn dort ein solches Ja besteht,
Oder diese Augen schließen sich, dies macht dein ja.
Ist er entleibt: sag ja! wo nicht: sag nein!
Ein kurzer Laut entscheidet Wonn' und Pein.
AMME. Ich sah die Wunde, meine Augen sahn sie –
Gott hilf' ihm! – hier auf seiner tapfern Brust;
Die blut'ge Leiche, jämmerlich und blutig,
Bleich, bleich wie Asche, ganz mit Blut besudelt –
Ganz starres Blut – weg schwiemt' ich, da ich's sah.
JULIA. O brich, mein Herz! verarmt auf einmal, brich!
Ihr Augen, ins Gefängnis! Blicket nie
Zur Freiheit wieder auf! Elende Erde, kehre
Zur Erde wieder! Pulsschlag, hemme dich!
Ein Sarg empfange Romeo und mich!
AMME. O Tybalt, Tybalt! O mein bester Freund!
Leutsel'ger Tybalt! wohlgesinnter Herr!
So musst' ich leben, um dich tot zu sehn?
JULIA. Was für ein Sturm tobt so von jeder Seite?
Ist Romeo erschlagen? Tybalt tot?
Mein teurer Vetter? teuerster Gemahl? –
Dann töne nur des Weltgerichts Posaune!
Wer lebt noch, wenn dahin die beiden sind?

AMME. Dahin ist Tybalt, Romeo verbannt;
Verbannt ist Romeo, der ihn erschlug.
JULIA. Gott! seine Hand, vergoss sie Tybalts Blut?
AMME. Sie tat's! sie tat's! O weh uns, weh! Sie tat's!
JULIA. O Schlangenherz, von Blumen überdeckt!
Wohnt' in so schöner Höhl' ein Drache je?
Holdsel'ger Wüt'rich! engelgleicher Unhold!
Ergrimmte Taube! Lamm mit Wolfesgier!
Verworfne Art in göttlicher Gestalt!
Das rechte Gegenteil des, was mit Recht
Du scheinest: ein verdammter Heiliger!
Ein ehrenwerter Schurke! – O Natur!
Was hattest du zu schaffen in der Hölle,
Als du des holden Leibes Paradies
Zum Lustsitz einem Teufel übergabst?
War je ein Buch, so arger Dinge voll,
So schön gebunden? Oh, dass Falschheit doch
Solch herrlichen Palast bewohnen kann!
AMME. Kein Glaube, keine Treu', noch Redlichkeit
Ist unter Männern mehr. Sie sind meineidig;
Falsch sind sie, lauter Schelme, lauter Heuchler! –
Wo ist mein Diener? Gebt mir Aquavit! –
Die Not, die Angst, der Jammer macht mich alt.
Zuschanden werde Romeo!
JULIA. Die Zunge
Erkranke dir für einen solchen Wunsch!
Er war zur Schande nicht geboren; Schande
Weilt mit Beschämung nur auf seiner Stirn.
Sie ist ein Thron, wo man die Ehre mag
Als Allbeherrscherin der Erde krönen.
O wie unmenschlich war ich, ihn zu schelten!
AMME. Von Eures Vetters Mörder sprecht Ihr Gutes?
JULIA. Soll ich von meinem Gatten Übles reden?
Ach, armer Gatte! Welche Zunge wird
Wohl deinem Namen Liebes tun, wenn ich,
Dein Weib von wenig Stunden, ihn zerrissen?
Doch, Arger, was erschlugst du meinen Vetter? –
Der Arge wollte den Gemahl erschlagen.
Zurück zu eurem Quell, verkehrte Tränen!
Dem Schmerz gebühret eurer Tropfen Zoll,
Ihr bringt aus Irrtum ihn der Freude dar.
Mein Gatte lebt, den Tybalt fast getötet,
Und tot ist Tybalt, der ihn töten wollte.

Dies alles ist ja Trost: was wein' ich denn?
Ich hört' ein schlimmres Wort als Tybalts Tod,
Das mich erwürgte; ich vergäß' es gern;
Doch ach! es drückt auf mein Gedächtnis schwer,
Wie Freveltaten auf des Sünders Seele.
»Tybalt ist tot, und Romeo verbannt!«
O dies »verbannt«, dies eine Wort »verbannt«
Erschlug zehntausend Tybalts. Tybalts Tod
War g'nug des Wehes, hätt' es da geendet!
Und liebt das Leid Gefährten, reiht durchaus
An andre Leiden sich: warum denn folgte
Auf ihre Botschaft: »tot ist Tybalt«, nicht:
Dein Vater, deine Mutter, oder beide?
Das hätte sanft're Klage wohl erregt.
Allein dies Wort: »verbannt ist Romeo«,
Aus jenes Todes Hinterhalt gesprochen,
Bringt Vater, Mutter, Tybalt, Romeo
Und Julien um! »Verbannt ist Romeo!«
Nicht Maß noch Ziel kennt dieses Wortes Tod,
Und keine Zung' erschöpfet meine Not. –
Wo mag mein Vater, meine Mutter sein?
AMME. Bei Tybalts Leiche heulen sie und schrein.
Wollt Ihr zu ihnen gehn? Ich bring' Euch hin.
JULIA. So waschen sie die Wunden ihm mit Tränen?
Ich spare meine für ein bängres Sehnen.
Nimm diese Seile auf! – Ach, armer Strick,
Getäuscht wie ich! wer bringt ihn uns zurück?
Zum Steg der Liebe knüpft' er deine Bande,
Ich aber sterb' als Braut im Witwenstande.
Komm, Amme, komm! Ich will ins Brautbett! fort!
Nicht Romeo, den Tod umarm' ich dort.
AMME. Geht nur ins Schlafgemach! Zum Tröste find' ich
Euch Romeon: ich weiß wohl, wo er steckt.
Hört! Romeo soll Euch zu Nacht erfreuen;
Ich geh' zu ihm: beim Pater wartet er.
JULIA. O such' ihn auf! Gib diesen Ring dem Treuen;
Bescheid' aufs letzte Lebewohl ihn her! *Alle ab.*

Dritte Szene

Bruder Lorenzo tritt auf.

BRUDER LORENZO.
 Komm, Romeo! Hervor, du Mann der Furcht!
 Bekümmernis hängt sich mit Lieb' an dich,
 Und mit dem Missgeschick bist du vermählt.

Romeo tritt auf.

ROMEO. Vater, was gibt's? Wie heißt des Prinzen Spruch?
 Wie heißt der Kummer, der sich zu mir drängt,
 Und noch mir fremd ist?
BRUDER LORENZO. Zu vertraut, mein Sohn,
 Bist du mit solchen widrigen Gefährten.
 Ich bring' dir Nachricht von des Prinzen Spruch.
ROMEO. Und hat sein Spruch mir nicht den Stab gebrochen?
BRUDER LORENZO. Ein mildres Urteil floss von seinen Lippen:
 Nicht Leibes Tod, nur leibliche Verbannung.
ROMEO. Verbannung? Sei barmherzig! Sage: Tod!
 Verbannung trägt der Schrecken mehr im Blick,
 Weit mehr als Tod! – O sage nicht »Verbannung«!
BRUDER LORENZO. Hier aus Verona bist du nur verbannt:
 Sei ruhig, denn die Welt ist groß und weit.
ROMEO. Die Welt ist nirgends außer diesen Mauern;
 Nur Fegefeuer, Qual, die Hölle selbst.
 Von hier verbannt ist aus der Welt verbannt,
 Und solcher Bann ist Tod: drum gibst du ihm
 Den falschen Namen. – Nennst du Tod Verbannung,
 Enthauptest du mit goldnem Beile mich,
 Und lächelst zu dem Streich, der mich ermordet.
BRUDER LORENZO. O schwere Sünd'! O undankbarer Trotz!
 Dein Fehltritt heißt nach unsrer Satzung Tod;
 Doch dir zu Lieb' hat sie der güt'ge Fürst
 Beiseit' gestoßen, und Verbannung nur
 Statt jenes schwarzen Wortes ausgesprochen.
 Und diese teure Gnad' erkennst du nicht?
ROMEO. Nein, Folter – Gnade nicht. Hier ist der Himmel,
 Wo Julia lebt, und jeder Hund und Katze
 Und kleine Maus, das schlechteste Geschöpf,
 Lebt hier im Himmel, darf ihr Antlitz sehn;
 Doch Romeo darf nicht. Mehr Würdigkeit,

Mehr Ansehn, mehr gefäll'ge Sitte lebt
In Fliegen, als in Romeo. Sie dürfen
Das Wunderwerk der weißen Hand berühren
Und Himmelswonne rauben ihren Lippen,
Die sittsam, in Vestalenunschuld, stets
Erröten, gleich als wäre Sund' ihr Kuss.
Dies dürfen Fliegen tun, ich muss entfliehn;
Sie sind ein freies Volk, ich bin verbannt:
Und sagst du noch: Verbannung sei nicht Tod?
So hattest du kein Gift gemischt, kein Messer
Geschärft, kein schmählich Mittel schnellen Todes,
Als dies »verbannt«, zu töten mich? »Verbannt«!
O Mönch! Verdammte sprechen in der Hölle
Dies Wort mit Heulen aus: hast du das Herz,
Da du ein heil'ger Mann, ein Beicht'ger bist,
Ein Sündenlöser, mein erklärter Freund,
Mich zu zermalmen mit dem Wort »Verbannung«?
BRUDER LORENZO.
Du kindisch blöder Mann, hör' doch ein Wort!
ROMEO. Oh, du willst wieder von Verbannung sprechen!
BRUDER LORENZO. Ich will dir eine Wehr dagegen leihn,
Der Trübsal süße Milch, Philosophie,
Um dich zu trösten, bist du gleich verbannt.
ROMEO. Und noch »verbannt«? Hängt die Philosophie!
Kann sie nicht schaffen eine Julia,
Aufheben eines Fürsten Urteilsspruch,
Verpflanzen eine Stadt: so hilft sie nicht,
So taugt sie nicht; so rede länger nicht!
BRUDER LORENZO. Nun seh' ich wohl, Wahnsinnige sind taub.
ROMEO. Wär's anders möglich? Sind doch Weise blind.
BRUDER LORENZO. Lass über deinen Fall mit dir mich rechten!
ROMEO. Du kannst von dem, was du nicht fühlst, nicht reden
Wärst du so jung wie ich, und Julia dein,
Vermählt seit einer Stund', erschlagen Tybalt,
Wie ich von Lieb' entglüht, wie ich verbannt:
Dann möchtest du nur reden, möchtest nur
Das Haar dir raufen, dich zu Boden werfen
Wie ich, und so dein künft'ges Grab dir messen.

Amme tritt auf und klopft draußen.

BRUDER LORENZO.
Steh auf, man klopft; verbirg dich, lieber Freund.

ROMEO. O nein, wo nicht des bangen Stöhnens Hauch,
Gleich Nebeln, mich vor Späheraugen schirmt.

Es klopft.

BRUDER LORENZO.
Horch, wie man klopft! – Wer da? – Fort, Romeo!
Man wird dich fangen. – Wartet doch ein Weilchen! –
Steh auf und rett' ins Lesezimmer dich! –

Lautes Klopfen.

Ja, ja! im Augenblick! – Gerechter Gott,
Was für ein starrer Sinn! – Ich komm', ich komme:

Es klopft.

Wer klopft so stärk? Wo kommt Ihr her? Was wollt Ihr?
AMME *draußen.* Lasst mich hinein, so sag' ich Euch die Botschaft.
Das Fräulein Julia schickt mich.
BRUDER LORENZO. Seid willkommen!

Schließt die Tür auf. Die Amme tritt herein.

AMME. O heil'ger Herr! o sagt mir, heil'ger Herr:
Des Fräuleins Liebster, Romeo, wo ist er?
BRUDER LORENZO.
Am Boden dort, von eignen Tränen trunken.
AMME. Oh, es ergeht wie meiner Herrschaft ihm,
Ganz so wie ihr! O Sympathie des Wehs!
Klägliches Dilemma! Gerade so liegt sie,
Winselnd und wehklagend, wehklagend und winselnd.
Steht auf! steht auf! Wenn Ihr ein Mann seid, steht!
Um Juliens willen, ihr zu Lieb', steht auf!
Wer wollte so sich niederwerfen lassen?
ROMEO. Gute Frau!

Er erhebt sich.

AMME. Ach, Herr! Herr! Mit dem Tod ist alles aus.
ROMEO. Sprachst du von Julien? Wie steht's mit ihr?
Hält sie mich nicht für einen alten Mörder,
Da ich mit Blut, dem ihrigen so nah,
Die Kindheit unsrer Wonne schon befleckt?
Wo ist sie? und was macht sie? und was sagt
Von dem zerstörten Bund die kaum Verbundne?
AMME. Ach, Herr! sie sagt kein Wort, sie weint und weint.
Bald fällt sie auf ihr Bett; dann fährt sie auf,

Ruft: »Tybalt!« aus, schreit dann nach Romeo,
Und fällt dann wieder hin.
ROMEO. Als ob der Name,
Aus tödlichem Geschütz auf sie gefeuert,
Sie mordete, wie sein unsel'ger Arm
Den Vetter ihr gemordet. Sag mir, Mönch,
O sage mir: in welchem schnöden Teil
Beherbergt dies Gerippe meinen Namen?
Sag, dass ich den verhassten Sitz verwüste!

Er bietet an, sich selbst zu erstechen, die Amme reißt den Dolch weg.

BRUDER LORENZO. Halt' ein die tolle Hand! Bist du ein Mann?
Dein Äußres ruft, du seist es: deine Tränen
Sind weibisch, deine wilden Taten zeugen
Von eines Tieres unvernünft'ger Wut.
Entartet Weib in äußrer Mannesart!
Entstelltes Tier, in beide nur verstellt!
Ich staun' ob dir: bei meinem heil'gen Orden!
Ich glaubte, dein Gemüt sei bessern Stoffs.
Erschlugst du Tybalt? Willst dich selbst erschlagen?
Auch deine Gattin, die in dir nur lebt,
Durch so verruchten Hass, an dir verübt?
Was schiltst du auf Geburt, auf Erd' und Himmel?
In dir begegnen sie sich alle drei,
Die du auf einmal von dir schleudern willst.
Du schändest deine Bildung, deine Liebe
Und deinen Witz. O pfui! Gleich einem Wuch'rer
Hast du an allem Überfluss, und brauchst
Doch nichts davon zu seinem echten Zweck,
Der Bildung, Liebe, Witz erst zieren sollte.
Ein Wachsgepräg' ist deine edle Bildung,
Wenn sie der Kraft des Manns abtrünnig wird;
Dein teurer Liebesschwur ein hohler Meineid,
Wenn du die tötest, der du Treu' gelobt;
Dein Witz, die Zier der Bildung und der Liebe,
Doch zum Gebrauche beider missgeartet,
Fängt Feuer durch dein eignes Ungeschick,
Wie Pulver in nachläss'ger Krieger Flasche;
Und was dich schirmen soll, zerstückt dich selbst.
Auf, sei ein Mann! denn deine Julia lebt,
Sie, der zu Lieb' du eben tot hier lagst:
Das ist ein Glück. Dich wollte Tybalt töten,
Doch du erschlugst ihn: das ist wieder Glück.

Dein Freund wird das Gesetz, das Tod dir drohte,
Und mildert ihn in Bann: auch das ist Glück.
Auf deine Schultern lässt sich eine Last
Von Segen nieder, und es wirbt um dich
Glückseligkeit in ihrem besten Schmuck;
Doch wie ein ungezognes, laun'sches Mädchen
Schmollst du mit deinem Glück und deiner Liebe;
O hüte dich! denn solche sterben elend.
Geh hin zur Liebsten, wie's beschlossen war;
Ersteig' ihr Schlafgemach: fort! tröste sie!
Nur weile nicht, bis man die Wachen stellt,
Sonst kommst du nicht mehr durch nach Mantua.
Dort lebst du dann, bis wir die Zeit ersehn,
Die Freunde zu versöhnen, euren Bund
Zu offenbaren, von dem Fürsten Gnade
Für dich zu flehn, und dich zurück zu rufen
Mit zwanzig hunderttausend Mal mehr Freude,
Als du mit Jammer jetzt von hinnen ziehst.
Geh, Wärterin, voraus, grüß' mir dein Fräulein;
Heiß' sie das ganze Haus zu Bette treiben,
Wohin der schwere Gram von selbst sie treibt:
Denn Romeo soll kommen.
AMME. O je! ich blieb' hier gern die ganze Nacht,
Und hörte gute Lehr'. Da sieht man doch,
Was die Gelehrtheit ist! Nun, gnäd'ger Herr,
Ich will dem Fräulein sagen, dass Ihr kommt.
ROMEO. Tu' das, und sag der Holden, dass sie sich
Bereite, mich zu schelten!

Amme will gehen, wendet sich erneut um.

AMME. Gnäd'ger Herr,
Hier ist ein Ring, den sie für Euch mir gab.
Eilt Euch, macht fort! sonst wird es gar zu spät.
ROMEO. Wie ist mein Mut nun wieder neu belebt!

Amme ab.

BRUDER LORENZO.
Geh! gute Nacht! Und hieran hängt dein Los:
Entweder geh, bevor man Wachen stellt,
Wo nicht, verkleidet in der Frühe fort:
Verweil' in Mantua; ich forsch' indessen
Nach deinem Diener, und er meldet dir
Von Zeit zu Zeit ein jedes gute Glück,

Das hier begegnet. – Gib mir deine Hand!
Es ist schon spät: fahr wohl denn! Gute Nacht!
ROMEO. Mich rufen Freuden über alle Freuden,
Sonst wär's ein Leid, von dir so schnell zu scheiden.
Leb wohl! *Beide ab.*

Vierte Szene

Der alte Capulet, seine Gemahlin und Paris treten auf.

CAPULET. Es ist so schlimm ergangen, Graf, dass wir
Nicht Zeit gehabt, die Tochter anzumahnen.
Denn seht, sie liebte herzlich ihren Vetter;
Das tat ich auch: nun, einmal stirbt man doch. –
Es ist schon spät, sie kommt nicht mehr herunter;
Ich sag' Euch, wär's nicht der Gesellschaft wegen,
Seit einer Stunde läg' ich schon im Bett.
PARIS. So trübe Zeit gewährt nicht Zeit zum Frein;
Gräfin, schlaft wohl, empfehlt mich Eurer Tochter!
GRÄFIN. Ich tu's, und forsche morgen früh sie aus:
Heut Nacht verschloss sie sich mit ihrem Gram.

Paris will gehen und Capulet spricht ihn erneut an.

CAPULET. Graf Paris, ich vermesse mich zu stehn
Für meines Kindes Lieb'; ich denke wohl,
Sie wird von mir in allen Stücken sich
Bedeuten lassen, ja ich zweifle nicht.
Frau, geh noch zu ihr, eh' du schlafen gehst,
Tu' meines Sohnes Paris Lieb' ihr kund
Und sag ihr, merk' es wohl: auf nächsten Mittwoch –
Still, was ist heute?
PARIS. Montag, edler Herr.
CAPULET. Montag? So so! Gut, Mittwoch ist zu früh.
Sei's Donnerstag! – Sag ihr: am Donnerstag
Wird sie vermählt mit diesem edlen Grafen.
Wollt Ihr bereit sein? Liebt Ihr diese Eil'?
Wir tun's im Stillen ab; nur ein paar Freunde.
Denn seht, weil Tybalt erst erschlagen ist,
So dächte man, er läg' uns nicht am Herzen
Als unser Blutsfreund, schwärmten wir zu viel.
Drum lasst uns ein halb Dutzend Freunde laden,
Und damit gut. Wie dünkt Euch Donnerstag?

PARIS. Mein Graf, ich wollte, Donnerstag wär' morgen.
CAPULET. Gut, geht nur heim! Sei's denn am Donnerstag!
Geh, Frau, zu Julien, eh' du schlafen gehst,
Bereite sie auf diesen Hochzeittag!
Lebt wohl, mein Graf! Licht auf meine Kammer!
Nach meiner Weise ist's so spät, dass wir
Bald früh es nennen können. Gute Nacht! *Alle ab.*

Fünfte Szene

Romeo und Julia treten auf.

JULIA. Willst du schon gehn? Der Tag ist ja noch fern.
Es war die Nachtigall, und nicht die Lerche,
Die eben jetzt dein banges Ohr durchdrang;
Sie singt des Nachts auf dem Granatbaum dort.
Glaub', Lieber, mir: es war die Nachtigall.
ROMEO. Die Lerche war's, die Tagverkünderin,
Nicht Philomele; sieh den neid'schen Streif,
Der dort im Ost der Frühe Wolken säumt:
Die Nacht hat ihre Kerzen ausgebrannt,
Der muntre Tag erklimmt die dunst'gen Höh'n:
Nur Eile rettet mich, Verzug ist Tod.
JULIA. Trau' mir, das Licht ist nicht des Tages Licht,
Die Sonne hauchte dieses Luftbild aus,
Dein Fackelträger diese Nacht zu sein,
Dir auf dem Weg nach Mantua zu leuchten;
Drum bleibe noch: zu gehn ist noch nicht Not.
ROMEO. Lass sie mich greifen, ja, lass sie mich töten!
Ich gebe gern mich drein, wenn du es willst.
Nein, jenes Grau ist nicht des Morgens Auge,
Der bleiche Abglanz nur von Cynthias Stirn.
Das ist auch nicht die Lerche, deren Schlag
Hoch über uns des Himmels Wölbung trifft.
Ich bleibe gern: zum Gehn bin ich verdrossen.
Willkommen, Tod! hat Julia dich beschlossen. –
Nun, Herz? Noch tagt es nicht, noch plaudern wir.
JULIA. Es tagt, es tagt! Auf! eile! fort von hier!
Es ist die Lerche, die so heiser singt
Und falsche Weisen, rauen Misston gurgelt.
Man sagt, der Lerche Harmonie sei süß;
Nicht diese: sie zerreißt die unsre ja.

Die Lerche, sagt man, wechselt mit der Kröte
Die Augen: möchte sie doch auch die Stimme!
Die Stimm' ist's ja, die Arm aus Arm uns schreckt,
Dich von mir jagt, da sie den Tag erweckt.
Stets hell und heller wird's: wir müssen scheiden.
ROMEO. Hell? Dunkler stets und dunkler unsre Leiden!

Die Amme kommt hastig herein.

AMME. Fräulein!
JULIA. Amme?
AMME. Die gnäd'ge Gräfin kommt in Eure Kammer;
Seid auf der Hut: schon regt man sich im Haus. *Amme ab.*
JULIA. Tag, schein' herein! und Leben, flieh' hinaus!
ROMEO. Ich steig' hinab: lass dich noch einmal küssen!

Er steigt aus dem Fenster.

JULIA. Freund! Gatte! Trauter! Bist du mir entrissen?
Gib Nachricht jeden Tag zu jeder Stunde;
Schon die Minut' enthält der Tage viel.
Ach, so zu rechnen, bin ich hoch in Jahren,
Eh' meinen Romeo ich wiederseh'.
ROMEO *außerhalb.* Leb wohl!
Kein Mittel lass' ich aus den Händen,
Um dir, du Liebe, meinen Gruß zu senden.
JULIA. O denkst du, dass wir je uns wiedersehn?
ROMEO. Ich zweifle nicht, und all dies Leiden dient
In Zukunft uns zu süßerem Geschwätz.
JULIA. O Gott! ich hab' ein Unglück ahndend Herz.
Mir deucht, ich säh' dich, da du unten bist,
Als lägst du tot in eines Grabes Tiefe.
Mein Auge trügt mich oder du bist bleich.
ROMEO. So, Liebe, scheinst du meinen Augen auch.
Der Schmerz trinkt unser Blut. Leb wohl! leb wohl! *Ab.*
JULIA. O Glück! ein jeder nennt dich unbeständig;
Wenn du es bist: was tust du mit dem Treuen?
Sei unbeständig, Glück! Dann hältst du ihn
Nicht lange, hoff' ich, sendest ihn zurück.
GRÄFIN CAPULET *hinter der Szene.* He, Tochter, bist du auf?
JULIA. Wer ruft mich? Ist es meine gnäd'ge Mutter?
Wacht sie so spät noch, oder schon so früh?
Welch ungewohnter Anlass bringt sie her?

Sie tritt vom Fenster zurück. Die Gräfin Capulet kommt herein.

GRÄFIN CAPULET. Nun, Julia! wie geht's?

JULIA. Mir ist nicht wohl.

GRÄFIN CAPULET. Noch immer weinend um des Vetters Tod?
Willst du mit Tränen aus der Gruft ihn waschen?
Und könntest du's, das rief' ihn nicht ins Leben:
Drum lass das; trauern zeugt von vieler Liebe,
Doch zu viel trauern zeugt von wenig Witz.

JULIA. Um einen Schlag, der so empfindlich traf.
Erlaubt zu weinen mir!

GRÄFIN CAPULET. So trifft er dich;
Der Freund empfindet nichts, den du beweinst.

JULIA. Doch ich empfind', und muss den Freund beweinen.

GRÄFIN CAPULET.
Mein Kind, nicht seinen Tod so sehr beweinst du,
Als dass der Schurke lebt, der ihn erschlug.

JULIA. Was für ein Schurke?

GRÄFIN CAPULET. Nun, der Romeo.

JULIA *beiseit.* Er und ein Schurk' sind himmelweit entfernt.
Vergeb' ihm Gott! Ich tu's von ganzem Herzen;
Und dennoch kränkt kein Mann, wie er, mein Herz.

GRÄFIN CAPULET. Ja freilich, weil der Meuchelmörder lebt.

JULIA. Ja, wo ihn diese Hände nicht erreichen! –
O rächte niemand doch als ich den Vetter!

GRÄFIN CAPULET. Wir wollen Rache nehmen, sorge nicht:
Drum weine du nicht mehr! Ich send' an jemand
Zu Mantua, wo der Verlaufne lebt;
Der soll ein kräftig Tränkchen ihm bereiten,
Das bald ihn zum Gefährten Tybalts macht:
Dann wirst du hoffentlich zufrieden sein.

JULIA. Fürwahr, ich werde nie mit Romeo
Zufrieden sein, erblick' ich ihn nicht – tot –,
Wenn so mein Herz um einen Blutsfreund leidet.
Ach, fändet Ihr nur jemand, der ein Gift
Ihm reichte, gnäd'ge Frau: ich wollt' es mischen,
Dass Romeo, wenn er's genommen, bald
In Ruhe schliefe. – Wie mein Herz es hasst,
Ihn nennen hören – und nicht zu ihm können –,
Die Liebe, die ich zu dem Vetter trug,
An dem, der ihn erschlagen hat, zu büßen!

GRÄFIN CAPULET. Findst du das Mittel, find' ich wohl den Mann.
Doch bring' ich jetzt dir frohe Zeitung, Mädchen.

JULIA. In so bedrängter Zeit kommt Freude recht.
Wie lautet sie? Ich bitt' Euch, gnäd'ge Mutter!

GRÄFIN CAPULET. Nun, Kind, du hast' nen aufmerksamen Vater:
  Um dich von deinem Trübsinn abzubringen,
  Ersann er dir ein plötzlich Freudenfest,
  Des ich so wenig mich versah, wie du.
JULIA. Ei, wie erwünscht! Was wär' das, gnäd'ge Mutter?
GRÄFIN CAPULET.
  Ja, denk' dir, Kind! Am Donnerstag früh morgens
  Soll der hochedle, wackre junge Herr,
  Graf Paris, in Sankt Peters Kirche dich
  Als frohe Braut an den Altar geleiten.
JULIA. Nun, bei Sankt Peters Kirch' und Petrus selbst!
  Er soll mich nicht als frohe Braut geleiten.
  Mich wundert diese Eil', dass ich vermählt
  Muss werden, eh' mein Freier kommt zu werben.
  Ich bitt' Euch, gnäd'ge Frau, sagt meinem Vater
  Und Herrn, ich wolle noch mich nicht vermählen;
  Und wenn ich's tue, schwör' ich: Romeo,
  Von dem Ihr wisst, ich hass' ihn, soll es lieber
  Als Paris sein. – Fürwahr, das ist wohl Zeitung!
GRÄFIN CAPULET. Da kommt dein Vater: sag du selbst ihm das;
  Sieh, wie er sich's von dir gefallen lässt.

Capulet und die Amme kommen.

CAPULET. Die Luft sprüht Tau beim Sonnenuntergang,
  Doch bei dem Untergange meines Neffen,
  Da gießt der Regen recht.
  Was? Eine Traufe, Mädchen? Stets in Tränen?
  Stets Regenschauer? In so kleinem Körper
  Spielst du auf einmal See und Wind und Kahn,
  Denn deine Augen ebben stets und fluten
  Von Tränen wie die See; dein Körper ist der Kahn
  Der diese salze Flut befährt; die Seufzer
  Sind Winde, die, mit deinen Tränen tobend,
  Wie die mit ihnen, wenn nicht Stille plötzlich
  Erfolgt, den hin- und hergeworfnen Körper
  Zertrümmern werden. – Nun, wie steht es, Frau?
  Hast du ihr unsern Ratschluss hinterbracht?
GRÄFIN CAPULET. Ja, doch sie will es nicht, sie dankt Euch sehr.
  Wär' doch die Törin ihrem Grab vermählt!
CAPULET. Sacht, nimm mich mit dir, nimm mich mit dir, Frau.
  Was? Will sie nicht? Weiß sie uns keinen Dank?
  Ist sie nicht stolz? Schätzt sie sich nicht beglückt,

Dass wir solch einen würd'gen Herrn vermocht,
Trotz ihrem Unwert, ihr Gemahl zu sein?
JULIA. Nicht stolz darauf, doch dankbar, dass Ihr's tatet.
Stolz kann ich nie auf das sein, was ich hasse;
Doch dankbar selbst für Hass, gemeint wie Liebe.
CAPULET. Ei, seht mir! seht mir! Kramst du Weisheit aus?
Stolz – und ich dank' Euch – und ich dank' Euch nicht –
Und doch nicht stolz – Hör' Fräulein Zierlich du,
Nichts da gedankt von Dank, stolziert von Stolz!
Rück' nur auf Donnerstag dein zart Gestell zurecht,
Mit Paris nach Sankt Peters Kirch' zu gehn,
Sonst schlepp' ich dich auf einer Schleife hin.
Pfui, du bleichsücht'ges Ding! du lose Dirne!
Du Talggesicht!
GRÄFIN CAPULET. O pfui! seid Ihr von Sinnen?
JULIA. Ich fleh' Euch auf den Knie'n, mein guter Vater:
Hört mit Geduld ein einzig Wort nur an!

Sie kniet nieder.

CAPULET. Geh mir zum Henker, widerspenst'ge Dirne!
Ich sage dir's: zur Kirch' auf Donnerstag,
Sonst komm mir niemals wieder vor 's Gesicht!
Sprich nicht! erwidre nicht! gib keine Antwort!
Die Finger jucken mir. O Weib! Wir glaubten
Uns kaum genug gesegnet, weil uns Gott
Dies eine Kind nur sandte; doch nun seh' ich,
Dies eine war um eines schon zu viel,
Und nur ein Fluch ward uns in ihr beschert.
Du Hexe!
AMME. Gott im Himmel segne sie!
Eu'r Gnaden tun nicht wohl, sie so zu schelten.
CAPULET. Warum, Frau Weisheit? Haltet Euren Mund,
Prophetin! Schnattert mit Gevatterinnen!
AMME. Ich sage keine Schelmstück'.
CAPULET. Geht mit Gott!
AMME. Darf man nicht sprechen?
CAPULET. Still doch, altes Waschmaul,
Spart Eure Predigt zum Gevatterschmaus:
Hier brauchen wir sie nicht.
GRÄFIN CAPULET. Ihr seid zu hitzig.
CAPULET. Gotts Sakrament! es macht mich toll. Bei Tag,
Bei Nacht, spät, früh, allein und in Gesellschaft,
Zu Hause, draußen, wachend und im Schlaf,

War meine Sorge stets, sie zu vermählen.
Nun, da ich einen Herrn ihr ausgemittelt,
Von fürstlicher Verwandtschaft, schönen Gütern,
Jung, edel auferzogen, ausstaffiert,
Wie man wohl sagt, mit ritterlichen Gaben:
Und dann ein albern, winselndes Geschöpf,
Ein weinerliches Püppchen da zu haben,
Die, wenn ihr Glück erscheint, zur Antwort gibt:
»Heiraten will ich nicht, ich kann nicht lieben,
Ich bin zu jung, – ich bitt', entschuldigt mich!« –
Gut, wollt Ihr nicht, Ihr sollt entschuldigt sein:
Grast, wo Ihr wollt, Ihr sollt bei mir nicht hausen.
Seht zu! bedenkt: ich pflege nicht zu spaßen.
Der Donnerstag ist nah: die Hand aufs Herz!
Und bist du mein, so soll mein Freund dich haben;
Wo nicht: geh, bettle, hungre, stirb am Wege!
Denn nie, bei meiner Seel', erkenn' ich dich,
Und nichts, was mein, soll dir zu gute kommen.
Bedenk' dich! glaub', ich halte, was ich schwur! *Ab.*
JULIA. Und wohnt kein Mitleid droben in den Wolken,
Das in die Tiefe meines Jammers schaut?
O süße Mutter, stoß' mich doch nicht weg!
Nur einen Monat, eine Woche Frist!
Wo nicht, bereite mir das Hochzeitbette
In jener düstern Gruft, wo Tybalt liegt!
GRÄFIN CAPULET. Sprich nicht zu mir, ich sage nicht ein Wort:
Tu', was du willst, du gehst mich nichts mehr an. *Ab.*
JULIA. O Gott! wie ist dem vorzubeugen, Amme?
Mein Gatt' auf Erden, meine Treu' im Himmel –
Wie soll die Treu' zur Erde wiederkehren,
Wenn sie der Gatte nicht, der Erd' entweichend,
Vom Himmel sendet? –Tröste! rate! hilf!
Weh, weh mir, dass der Himmel solche Tücken
An einem sanften Wesen übt wie ich!
Was sagst du? hast du kein erfreund Wort,
Kein Wort des Trostes?
AMME. Meiner Seel', hier ist's.
Er ist verbannt, und tausend gegen eins,
Dass er sich nimmer wieder her getraut,
Euch anzusprechen; oder tät' er es,
So müsst' es schlechterdings verstohlen sein.
Nun, weil denn so die Sachen stehn, so denk' ich,
Das beste wär', dass Ihr den Grafen nähmt.

Ach, er ist solch ein allerliebster Herr!
Ein Lump ist Romeo nur gegen ihn.
Ein Adlersauge, Fräulein, ist so grell,
So schön, so feurig nicht, wie Paris seins.
Ich will verwünscht sein, ist die zweite Heirat
Nicht wahres Glück für Euch; weit vorzuziehn
Ist sie der ersten. Oder wär' sie's nicht?
Der erste Mann ist tot, so gut als tot;
Denn lebt er schon, habt Ihr doch nichts von ihm.
JULIA. Sprichst du von Herzen?
AMME. Und von ganzer Seele, sonst möge Gott mich strafen!
JULIA. Amen!
AMME. Was?
JULIA. Nun ja, du hast mich wunderbar getröstet.
    Geh, sag der Mutter, weil ich meinen Vater
    Erzürnt, so woll' ich nach Lorenzos Zelle,
    Zu beichten und Vergebung zu empfahn.
AMME. Gewiss, das will ich. Ihr tut weislich dran. *Ab.*
JULIA *sieht der Amme nach.* O alter Erzfeind! höllischer Versucher!
    Ist's ärgre Sünde, so zum Meineid mich
    Verleiten, oder meinen Gatten schmähn
    Mit eben dieser Zunge, die zuvor
    Vieltausendmal ihn ohne Maß und Ziel
    Gepriesen hat? – Hinweg, Ratgeberin!
    Du und mein Busen sind sich künftig fremd. –
    Ich will zum Mönch, ob er nicht Hilfe schafft:
    Schlägt alles fehl, hab' ich zum Sterben Kraft. *Ab.*

Vierter Aufzug
Erste Szene

Bruder Lorenzo und Graf Paris treten auf.

BRUDER LORENZO.
Auf Donnerstag? Die Frist ist kurz, mein Graf.
PARIS. Mein Vater Capulet verlangt es so,
Und meine Säumnis soll die Eil' nicht hemmen.
BRUDER LORENZO.
Ihr sagt, Ihr kennt noch nicht des Fräuleins Sinn:
Das ist nicht grade Bahn; so lieb' ich's nicht.
PARIS. Unmäßig weint sie über Tybalts Tod,
Und darum sprach ich wenig noch von Liebe:
Im Haus der Tränen lächelt Venus nicht.
Nun hält's ihr Vater, würd'ger Herr, gefährlich,
Dass sie dem Grame so viel Herrschaft gibt,
Und treibt in weiser Vorsicht auf die Heirat,
Um ihrer Tränen Ströme zu vertrocknen.
(Das nimmt vielleicht Geselligkeit von ihr,
Worein sie Einsamkeit zu tief versenkt.)
Jetzt wisst Ihr um die Ursach' dieser Eil'.
BRUDER LORENZO *für sich.*
Wüsst' ich nur nicht, was ihr im Wege steht!
Seht, Graf! das Fräulein kommt in meine Zelle.

Julia tritt auf.

PARIS. Ha, schön getroffen, meine liebe Braut!
JULIA. Das werd' ich dann erst sein, wenn man uns traut.
PARIS. Man wird, man soll uns Donnerstag vermählen.
JULIA. Was sein soll, wird geschehn.
BRUDER LORENZO. Das kann nicht fehlen.
PARIS. Kommt Ihr, die Beicht' dem Vater abzulegen?
JULIA. Gäb' ich Euch Antwort, legt' ich Euch sie ab.
PARIS. Verleugnet es ihm nicht, dass Ihr mich liebt!
JULIA. Bekennen will ich Euch, ich liebe ihn.
PARIS. Gewiss bekennt Ihr auch, Ihr liebet mich.
JULIA. Tu' ich's, so hat es, hinter Eurem Rücken
Gesprochen, höhern Wert als ins Gesicht.
PARIS. Du Arme! dein Gesicht litt sehr von Tränen.
JULIA. Die Tränen dürfen sich des Siegs nicht rühmen:
Es taugte wenig, eh' sie's angefochten.

PARIS. Dies Wort tut, mehr als Tränen, ihm zu nah.

JULIA. Doch kann die Wahrheit nicht Verleumdung sein.
 Was ich gesagt, sagt' ich mir ins Gesicht.

PARIS. Doch mein ist das Gesicht, das du verleumdest.

JULIA. Das mag wohl sein, denn es ist nicht mein eigen. –
 Ehrwürd'ger Vater, habt Ihr Muße jetzt?
 Wie, oder soll ich um die Vesper kommen?

BRUDER LORENZO. Jetzt hab' ich Muße, meine ernste Tochter.
 Vergönnt Ihr uns, allein zu bleiben, Graf?

PARIS. Verhüte Gott, dass ich die Andacht störe!
 Früh Donnerstags will ich Euch wecken, Fräulein:
 So lang' lebt wohl! Nehmt diesen heil'gen Kuss! *Ab.*

JULIA. O schließ' die Tür, und wenn du das getan,
 Komm, wein' mit mir: Trost, Hoffnung, Hilf' ist hin!

BRUDER LORENZO. Ach, Julia! ich kenne schon dein Leid,
 Es drängt aus allen Sinnen mich heraus;
 Du musst, und nichts, so hör' ich, kann's verzögern,
 Am Donnerstag dem Grafen dich vermählen.

JULIA. Sag mir nicht, Vater, dass du das gehört,
 Wofern du nicht auch sagst, wie ich's verhindre:
 Kann deine Weisheit keine Hilfe leihn,
 So nenne weise meinen Vorsatz nur,
 Und dieses Messer hilft mir auf der Stelle.
 Gott fügt' in eins mein Herz und Romeos,
 Die Hände du; und ehe diese Hand,
 Die du dem Romeo versiegelt, dient
 Zur Urkund' eines andern Bundes, oder
 Mein treues Herz von ihm zu einem andern
 Verrät'risch abfällt, soll dies beide töten.
 Drum gib aus der Erfahrung langer Zeiten
 Mir augenblicklich Rat; wo nicht, so sieh,
 Wie dieses blut'ge Messer zwischen mir
 Und meiner Drangsal richtet, das entscheidend,
 Was deiner Jahr' und deiner Kunst Gewicht
 Zum Ausgang nicht mit Ehren bringen konnte.
 O zaudre nicht so lang'! Den Tod verlang' ich,
 Wenn deine Antwort nicht von Hilfe spricht.

BRUDER LORENZO.
 Halt, Tochter! Ich erspähe was wie Hoffnung:
 Allein es auszuführen heischt Entschluss,
 Verzweifelt, wie das Übel, das wir fliehn.
 Hast du die Willensstärke, dich zu töten,
 Eh' du dem Grafen Paris dich vermählst,

Dann zweifl' ich nicht, du unternimmst auch wohl
Ein Ding wie Tod, die Schmach hinwegzutreiben,
Der zu entgehn du selbst den Tod umarmst;
Und wenn du's wagst, so biet' ich Hilfe dir.
JULIA. Oh, lieber als dem Grafen mich vermählen,
Heiß' von der Zinne jenes Turms mich springen,
Da gehn, wo Räuber streifen, Schlangen lauern,
Und kette mich an wilde Bären fest;
Birg bei der Nacht mich in ein Totenhaus
Voll rasselnder Gerippe, Moderknochen
Und gelber Schädel mit entzahnten Kiefern;
Heiß' in ein frisch gemachtes Grab mich gehn
Und in das Leichentuch des Toten hüllen!
Sprach man sonst solche Dinge, bebt' ich schon;
Doch tu' ich ohne Furcht und Zweifel sie,
Des süßen Gatten reines Weib zu bleiben.
BRUDER LORENZO.
Wohl denn! Geh heim, sei fröhlich, will'ge drein,
ich zu vermählen: morgen ist es Mittwoch;
Sieh, wie du morgen Nacht allein magst ruhn;
Lass nicht die Amm' in deiner Kammer schlafen:
Nimm dieses Fläschchen dann mit dir zu Bett,
Und trink' den Kräutergeist, den es verwahrt.
Dann rinnt alsbald ein kalter, matter Schauer
Durch deine Adern und bemeistert sich
Der Lebensgeister; den gewohnten Gang
Hemmt jeder Puls und hört zu schlagen auf.
Kein Odem, keine Wärme zeugt von Leben;
Der Lippen und der Wangen Rosen schwinden
Zu bleicher Asche; deiner Augen Vorhang
Fällt, wie wenn Tod des Lebens Tag verschließt.
Ein jedes Glied, gelenker Kraft beraubt,
Soll steif und starr und kalt wie Tod erscheinen.
Als solch ein Ebenbild des dürren Todes
Sollst du verharren zweiundvierzig Stunden,
Und dann erwachen wie von süßem Schlaf.
Wenn nun der Bräutigam am Morgen kommt
Und dich vom Lager ruft, da liegst du tot;
Dann (wie die Sitte unsres Landes ist)
Trägt man auf einer Bahr' in Feierkleidern
Dich unbedeckt in die gewölbte Gruft,
Wo alle Capulets von Alters ruhn.
Zur selben Zeit, wenn du erwachen wirst,

Soll Romeo aus meinen Briefen wissen,
Was wir erdacht' und sich hierher begeben.
Wir wollen beid' auf dein Erwachen harren;
Und in derselben Nacht soll Romeo
Dich fort von hier nach Mantua geleiten.
Das rettet dich von dieser droh'nden Schmach,
Wenn schwacher Unbestand und weib'sche Furcht
Dir in der Ausführung den Mut nicht dämpft.
JULIA. Gib mir, o gib mir! Rede nicht von Furcht!
BRUDER LORENZO.
Nimm, geh mit Gott, halt' fest an dem Entschluss!
Ich send' indes mit Briefen einen Bruder
In Eil' nach Mantua zu deinem Treuen.
JULIA. Gib, Liebe, Kraft mir! Kraft wird Hilfe leihen.
Lebt wohl, mein teurer Vater! *Beide ab.*

Zweite Szene

Vater Capulet, Mutter Gräfin Capulet, Amme und zwei bis drei Bediente treten auf.

CAPULET. So viele Gäste lad', als hier geschrieben!

Ein Bedienter ab.

Du, Bursch, geh', miet' mir zwanzig tücht'ge Köche!
2. BEDIENTER. Ihr sollt gewiss keine schlechten kriegen, gnäd'ger Herr; denn ich will erst zusehn, ob sie sich die Finger ablecken können.
CAPULET. Was soll das für eine Probe sein?
2. BEDIENTER. Ei, gnädiger Herr, das wäre ein schlechter Koch, der seinen eignen Finger nicht ablecken könnte. Drum, wer das nicht kann, der geht nicht mit mir.
CAPULET. Geh, mach fort! –

2. Bedienter ab.

Die Zeit ist kurz, es wird an manchem fehlen. –
Wie ist's? Ging meine Tochter hin zum Pater?
AMME. Ja, wahrhaftig.
CAPULET. Wohl! Gutes stiftet er vielleicht bei ihr:
Sie ist ein albern, eigensinnig Ding.

Julia tritt auf.

AMME. Seht, wie sie fröhlich aus der Beichte kommt!

CAPULET. Nun, Starrkopf? Sag, wo bist herumgeschwärmt?

JULIA. Wo ich gelernt, die Sünde zu bereun
Hartnäck'gen Ungehorsams gegen Euch
Und Eu'r Gebot, und wo der heil'ge Mann
Mir auferlegt, vor Euch mich hinzuwerfen,
Vergebung zu erflehn.

Sie kniet nieder.

Vergebt, ich bitt' Euch;
Von nun an will ich stets Euch folgsam sein.

CAPULET. Schickt nach dem Grafen, geht und sagt ihm dies:
Gleich morgen früh will ich dies Band geknüpft sehn.

JULIA. Ich traf den jungen Grafen bei Lorenzo,
Und alle Huld und Lieb' erwies ich ihm,
So das Gesetz der Zucht nicht übertritt.

CAPULET. Nun wohl! das freut mich, das ist gut. – Steh auf!
So ist es recht. – Lasst mich den Grafen sehn!
Potztausend! Geht, sag' ich, und holt ihn her! –
So wahr Gott lebt, der würd'ge fromme Pater,
Von unsrer ganzen Stadt verdient er Dank.

JULIA. Kommt, Amme! Wollt Ihr mit mir auf mein Zimmer,
Mir helfen Putz erlesen, wie Ihr glaubt,
Dass mir geziemt, ihn morgen anzulegen?

GRÄFIN CAPULET. Nein, nicht vor Donnerstag; es hat noch Zeit.

CAPULET. Geh mit ihr, Amme! Morgen geht's zur Kirche.

Julia und die Amme ab.

GRÄFIN CAPULET. Die Zeit wird kurz zu unsrer Anstalt fallen:
Es ist fast Nacht.

CAPULET. Blitz! ich will frisch mich rühren,
Und alles soll schon gehn, Frau, dafür steh' ich.
Geh du zu Julien, hilf an ihrem Putz!
Ich gehe nicht zu Bett: lasst mich gewähren,
Ich will die Hausfrau diesmal machen. – Heda! –
Kein Mensch zur Hand? – Gut, ich will selber gehn
Zum Grafen Paris, um ihn anzutreiben
Auf morgen früh: mein Herz ist mächtig leicht,
Seit dies verkehrte Mädchen sich besonnen. *Alle ab.*

Dritte Szene

Julia und die Amme treten auf.

JULIA. Ja, dieser Anzug ist der beste. – Doch
Ich bitt' dich, liebe Amme, lass mich nun
Für diese Nacht allein; denn viel Gebete
Tun Not mir, um den Himmel zu bewegen,
Dass er auf meinen Zustand gnädig lächle,
Der, wie du weißt, verderbt und sündlich ist.

Gräfin Capulet kommt.

GRÄFIN CAPULET. Seid ihr geschäftig? Braucht ihr meine Hilfe?
JULIA. Nein, gnäd'ge Mutter, wir erwählten schon
Zur Tracht für morgen alles Zubehör.
Gefällt es Euch, so lasst mich jetzt allein,
Und lasst zu Nacht die Amme mit Euch wachen;
Denn sicher habt Ihr alle Hände voll
Bei dieser eil'gen Anstalt.
GRÄFIN CAPULET. Gute Nacht!
Geh nun zu Bett und ruh'; du hast es nötig.

Gräfin Capulet und die Amme ab.

JULIA. Lebt wohl! – Gott weiß, wann wir uns wieder sehn.
Kalt rieselt matter Schau'r durch meine Adern,
Der fast die Lebenswärm' erstarren macht.
Ich will zurück sie rufen mir zum Trost. –
Amme! – Doch was soll sie hier? –
Mein düstres Spiel muss ich allein vollenden.
Komm du, mein Kelch! –
Doch wie? wenn dieser Trank nun gar nichts wirkte,
Wird man dem Grafen mit Gewalt mich geben?
Nein, nein: dies soll's verwehren. – Lieg' du hier! –

Sie legt einen Dolch neben sich.

Wie? wär' es Gift, das mir mit schlauer Kunst
Der Mönch bereitet, mir den Tod zu bringen,
Auf dass ihn diese Heirat nicht entehre,
Weil er zuvor mich Romeon vermählt?
So, fürcht' ich, ist's; doch dünkt mich, kann's nicht sein,
Denn er ward stets ein frommer Mann erfunden.
Ich will nicht Raum so bösem Argwohn geben. –
Wie aber? wenn ich, in die Gruft gelegt,

73

Erwache vor der Zeit, da Romeo
Mich zu erlösen kommt? Furchtbarer Fall!
Werd' ich dann nicht in dem Gewölb' ersticken,
Des gift'ger Mund nie reine Lüfte einhaucht,
Und so erwürgt da liegen, wann er kommt?
Und leb' ich auch, könnt' es nicht leicht geschehn,
Dass mich das grause Bild von Tod und Nacht,
Zusammen mit den Schrecken jenes Ortes,
Dort im Gewölb' in alter Katakombe,
Wo die Gebeine aller meiner Ahnen
Seit vielen hundert Jahren aufgehäuft,
Wo frisch beerdigt erst der blut'ge Tybalt
Im Leichentuch verwest; wo, wie man sagt,
In mitternächt'ger Stunde Geister hausen –
Weh, weh! könnt' es nicht leicht geschehn, dass ich,
Zu früh erwachend, – und nun ekler Dunst,
Gekreisch wie von Alraunen, die man aufwühlt,
Das Sterbliche, die's hören, sinnlos macht –
Oh, wach' ich auf, werd' ich nicht rasend werden,
Umringt von all den gräuelvollen Schrecken,
Und toll mit meiner Väter Glieder spielen?
Und Tybalt aus dem Leichentuche zerren?
Und in der Wut, mit eines großen Ahnherrn
Gebein, zerschlagen mein zerrüttet Hirn?
O seht! mich dünkt, ich sehe Tybalts Geist!
Er späht nach Romeo, der seinen Leib
Auf einen Degen spießte. – Weile, Tybalt! –
Ich komme, Romeo! Dies trink' ich dir.

Sie wirft sich auf das Bette.

Vierte Szene

Hausherrin Gräfin Capulet und die Amme mit Kräutern treten auf.

GRÄFIN CAPULET. Da, nehmt die Schlüssel, holt noch mehr
    Gewürz!
AMME. Sie wollen Quitten und Orangen haben
    In der Konditorei.

Capulet kommt.

CAPULET.
Kommt, rührt euch! Frisch! Schon kräht der zweite Hahn,
Die Morgenglocke läutet; 's ist drei Uhr.
Sieh nach dem Backwerk, Frau Angelica,
Spar' nichts daran!
AMME. Topfgucker! Geht nur, geht!
Macht Euch zu Bett! – Gelt, Ihr seid morgen krank,
Wenn Ihr die ganze Nacht nicht schlaft.
CAPULET. Kein bisschen! Was? Ich hab' um Kleiners wohl
Die Nächte durchgewacht, und war nie krank.
GRÄFIN CAPULET. Ja, ja! Ihr wart ein feiner Vogelsteller
Zu Eurer Zeit! Nun aber will ich Euch
Vor solchem Wachen schon bewachen.

Gräfin und Amme ab.

CAPULET. O Ehestand! o Wehestand! Nun, Kerl',

Drei bis vier Bediente mit Bratspießen, Scheiten und Körben treten auf.

Was bringt ihr da?
1. BEDIENTE. s' ist für den Koch, Herr; was, das weiß ich nicht.
CAPULET. Macht zu, macht zu!

1. Bedienter ab.

Hol' trockne Klötze, Bursch!
Ruf' Petern, denn der weiß es, wo sie sind.
2. BEDIENTE. Braucht Ihr 'nen Klotz, Herr, bin ich selber da,
Und hab' nicht nötig, Petern anzugehn.
CAPULET. Blitz! gut gesagt! Ein lust'ger Teufel! Ha,
Du sollst das Haupt der Klötze sein.

2. Bedienter ab.

Wahrhaftig, s' ist Tag:
der Graf wird mit Musik gleich kommen.
Das wollt' er, sagt' er ja.

Musik hinter der Szene.

Ich hör' ihn schon.
Frau! Wärterin! He, sag' ich, Wärterin!

Die Amme kommt.

Weckt Julien auf! Geht, putzt mir sie heraus;
Ich geh' indes und plaudre mit dem Grafen.
Eilt Euch, macht fort! Der Bräut'gam ist schon da.
Fort! sag' ich Euch. *Ab.*

Fünfte Szene

AMME. Fräulein! Nun, Fräulein! – Julia! – Nun, das schläft! –
He, Lamm! He, Fräulein! – Pfui, Langschläferin! –
Mein Schätzchen, sag' ich! Süßes Herz! Mein Bräutchen! –
Was? nicht ein Laut? – Ihr nehmt Eu'r Teil voraus,
Schlaft für 'ne Woche, denn ich steh' dafür,
Auf nächste Nacht hat seine Ruh' Graf Paris
Daran gesetzt, dass Ihr nicht ruhen sollt. –
Behüt' der Herr sie! Wie gesund sie schläft!
Ich muss sie aber wecken. – Fräulein! Fräulein!
Lasst Euch den Grafen nur im Bett ertappen,
Der wird Euch schon ermuntern: meint Ihr nicht?

Zieht die Vorhänge zurück.

Was? schon in vollen Kleidern? und so wieder
Sich hingelegt? Ich muss durchaus Euch wecken.
He, Fräulein! Fräulein! Fräulein! –
Dass Gott! dass Gott! Zu Hilfe! sie ist tot!
Ach, liebe Zeit! musst' ich den Jammer sehn! –
Holt Spiritus! He, gnäd'ger Herr! Frau Gräfin!

Gräfin Capulet kommt.

GRÄFIN CAPULET. Was ist das für ein Lärm?
AMME. O Unglückstag!
GRÄFIN CAPULET. Was gibt's?
AMME. Seht, seht nur! O betrübter Tag!
GRÄFIN CAPULET. O weh! o weh! Mein Kind! mein einzig Leben!
Erwach'! Leb' auf! Ich sterbe sonst mit dir.
O Hilfe! Hilfe! Ruft doch Hilfe!

Vater Capulet kommt.

CAPULET. Schämt Euch! Bringt Julien her! Der Graf ist da.
AMME. Ach, sie ist tot! verblichen! tot! O Wehe!
GRÄFIN CAPULET. O Wehe! Wehe! Sie ist tot, tot, tot!
CAPULET. Lasst mich sie sehn! – Gott hilf' uns! Sie ist kalt,
Ihr Blut steht still, die Glieder sind ihr starr;
Von diesen Lippen schied das Leben längst,
Der Tod liegt auf ihr, wie ein Maienfrost
Auf des Gefildes schönster Blume liegt.
Fluch dieser Stund'! Ich armer, alter Mann!
AMME. O Unglückstag!
GRÄFIN CAPULET. O jammervolle Stunde!

CAPULET. Der Tod, der mir sie nahm, mir Klagen auszupressen,
Er bindet meine Zung' und macht sie stumm.

Bruder Lorenzo, Graf Paris und Musikanten treten auf.

BRUDER LORENZO.
Kommt! Ist die Braut bereit, zur Kirch' zu gehn?
CAPULET. Bereit zu gehn, um nie zurück zu kehren.
O Sohn! die Nacht vor deiner Hochzeit buhlte
Der Tod mit deiner Braut. Sieh, wie sie liegt,
Die Blume, die in seinem Arm verblühte.
Mein Eidam ist der Tod, der Tod mein Erbe;
Er freite meine Tochter. Ich will sterben,
Ihm alles lassen: wer das Leben lässt,
Verlässt dem Tode alles.
PARIS. Hab' ich nach dieses Morgens Licht geschmachtet,
Und bietet es mir solchen Anblick dar?
GRÄFIN CAPULET. Unseliger, verhasster, schwarzer Tag!
Der Stunden jammervollste, so die Zeit
Seit ihrer langen Pilgerschaft gesehn!
Nur eins, ein einzig armes, liebes Kind,
Ein Wesen nur, mich dran zu freun, zu laben;
Und grausam riss es mir der Tod hinweg!
AMME. O Weh! O Jammer – Jammer – Jammertag!
Höchst unglücksel'ger Tag! betrübter Tag!
Wie ich noch nimmer, nimmer einen sah!
O Tag! O Tag! O Tag! Verhasster Tag!
Solch schwarzen Tag wie diesen gab es nie:
O Jammertag! o Jammertag!
PARIS. Berückt! geschieden! schwer gekränkt! erschlagen!
Fluchwürd'ger, arger Tod, durch dich berückt!
Durch dich so grausam, grausam hingestürzt!
O Lieb'! o I eben! Nein, nur Lieb' im Tode!
CAPULET. Verhöhnt! bedrängt! gehasst! zermalmt! getötet! –
Trostlose Zeit! weswegen kamst du jetzt,
Zu morden, morden unser Freudenfest? –
O Kind! Kind! – meine Seel' und nicht mein Kind! –
Tot bist du? – Wehe mir! mein Kind ist tot,
Und mit dem Kinde starben meine Freuden!
BRUDER LORENZO.
Still! Hegt doch Scham! Solch Stürmen stillet nicht
Des Leidens Sturm. Ihr teiltet mit dem Himmel
Dies schöne Mädchen, nun hat er sie ganz,
Und um so besser ist es für das Mädchen.

Ihr konntet euer Teil nicht vor dem Tod
Bewahren; seins bewahrt im ew'gen Leben
Der Himmel. Sie erhöhn, war euer Ziel;
Eu'r Himmel war's, wenn sie erhoben würde:
Und weint ihr nun, erhoben sie zu sehn
Hoch über Wolken, wie der Himmel hoch?
Oh, wie verkehrt doch euer Lieben ist!
Verzweifelt ihr, weil ihr sie glücklich wisst?
Die lang' vermählt lebt, ist nicht wohl vermählet;
Wohl ist vermählt, die früh der Himmel wählet.
Hemmt eure Tränen, streuet Rosmarin
Auf diese schöne Leich', und, nach der Sitte,
Tragt sie zur Kirch' in ihrem besten Staat:
Denn heischt gleich die Natur ein schmerzlich Sehnen,
So lacht doch die Vernunft bei ihren Tränen.
CAPULET. Was wir nur irgend festlich angestellt,
Kehrt sich von seinem Dienst zu schwarzer Trauer:
Das Spiel der Saiten wird zum Grabgeläut',
Die Hochzeitlust zum ernsten Leichenmahl,
Aus Feierliedern werden Totenmessen,
Der Brautkranz dient zum Schmucke für die Bahre,
Und alles wandelt sich ins Gegenteil.
BRUDER LORENZO.
Verlasst sie, Herr; geht mit ihm, gnäd'ge Frau;
Auch Ihr, Graf Paris: macht euch alle fertig,
Der schönen Leiche hin zur Gruft zu folgen!
Der Himmel zürnt mit euch um sünd'ge Tat;
Reizt ihn nicht mehr, gehorcht dem hohen Rat!

Alle ab, außer die Amme und die Musikanten, tritt vor, wirft Rosmarin über sie und schließt die Vorhänge.

1. MUSIKANT. Mein' Seel'! wir können unsre Pfeifen auch nur
einstecken und uns packen.
AMME. Ihr guten Leute, ja, steckt ein! steckt ein!
Die Sachen hier sehn gar erbärmlich aus. *Ab.*
1. MUSIKANT. Ja, meiner Treu, die Sachen hier könnten wohl besser
aussehen, aber sie klingen doch gut.

Peter tritt auf.

PETER. O Musikanten! Musikanten! Spielt: »Frisch auf, mein Herz!
frisch auf, mein Herz, und singe!« O spielt, wenn euch mein Leben
lieb ist, spielt: »Frisch auf, mein Herz!«
1. MUSIKANT. Warum: »Frisch auf, mein Herz?«

PETER. O Musikanten, weil mein Herz selber spielt: »Mein Herz voll Angst und Nöten.« O spielt mir eine lustige Litanei, um mich aufzurichten!

1. MUSIKANT. Nichts da von Litanei! Es ist jetzt nicht Spielens Zeit.

PETER. Ihr wollt es also nicht?

1. MUSIKANT. Nein.

PETER. Nun, so will ich es Euch schon tüchtig geben.

1. MUSIKANT. Was wollt Ihr uns geben?

PETER. Kein Geld, glaubt mir, doch einen Tritt. Ich nenn Euch einen Bänkelsänger.

1. MUSIKANT. Dann nenn' ich Euch Dienst-Ungeheuer.

PETER. Dann bor' ich des Dienst-Ungeheuers Dolch in Euren Schädel. Ich ertrag' keine Viertelnote. Ich lass Euch die Tonleiter rauf und runter beten. Beherzigt das?

1. MUSIKANT. Wenn Ihr uns die Tonleiter beten lasst, dann beherzigt Ihr uns.

2. MUSIKANT. Bete selbst, nehmt Euren Dolch fort und benutzt Euren Verstand.

PETER. Dann kommt mein Verstand über Euch! Ich werd' Euch windelweich prügeln mit meinem eisernen Verstand, und meinen eisernen Dolch fort nehmen. Antwortet mir wie Männer:
»Wenn in der Leiden hartem Drang
Das bange Herze will erliegen,
Musik mit ihrem Silberklang« –
Warum »Silberklang«? Warum »Musik mit ihrem Silberklang«? Was sagt Ihr, Hans Kolophonium?

1. MUSIKANT. Ei nun, Musje, weil Silber einen feinen Klang hat.

PETER. Recht artig! Was sagt Ihr, Michel Hackebrett?

2. MUSIKANT. Ich sage »Silberklang«, weil Musik nur für Silber klingt.

PETER. Auch recht artig! Was sagt Ihr, Jakob Gellohr?

3. MUSIKANT. Mein' Seel', ich weiß nicht, was ich sagen soll.

PETER. Oh, ich bitte Euch um Vergebung! Ihr seid der Sänger, Ihr singt nur; so will ich es denn für Euch sagen. Es heißt »Musik mit ihrem Silberklang«, weil solche Kerle, wie ihr, kein Gold fürs Spielen kriegen.
»Musik mit ihrem Silberklang
Weiß hilfreich ihnen obzusiegen.«

Geht ab.

1. MUSIKANT. Was für ein Schalksnarr ist der Kerl!

2. MUSIKANT. Hol' ihn der Henker! Kommt, wir wollen hier hineingehn auf die Trauerleute warten, und sehen, ob es nichts zu essen gibt. *Alle ab.*

Fünfter Aufzug
Erste Szene

Romeo tritt auf.

ROMEO. Darf ich dem Schmeichelblick des Schlafes traun,
So deuten meine Träum' ein nahes Glück.
Leicht auf dem Thron sitzt meiner Brust Gebieter;
Mich hebt ein ungewohnter Geist mit frohen
Gedanken diesen ganzen Tag empor.
Mein Mädchen, träumt' ich, kam und fand mich tot
(Seltsamer Traum, der Tote denken lässt!)
Und hauchte mir solch Leben ein mit Küssen,
Dass ich vom Tod erstand und Kaiser war.
Ach Herz! wie süß ist Liebe selbst begabt,
Da schon so reich an Freud' ihr Schatten ist!

Romeos getreuer Balthasar tritt auf.

Ha, Neues von Verona! Sag, wie steht's?
Bringst du vom Pater keine Briefe mit?
Was macht mein teures Weib? Wie lebt mein Vater?
Ist meine Julia wohl? das frag' ich wieder;
Denn nichts kann übel stehn, geht's ihr nur wohl.
BALTHASAR. Nun, ihr geht's wohl, und nichts kann übel stehn.
Ihr Körper schläft in Capulets Begräbnis,
Und ihr unsterblich Teil lebt bei den Engeln.
Ich sah sie senken in der Väter Gruft,
Und ritt in Eil' hierher, es Euch zu melden.
O Herr, verzeiht die schlimme Botschaft mir,
Weil Ihr dazu den Auftrag selbst mir gabt.
ROMEO. Ist es denn so? Ich biet' euch Trotz, ihr Sterne! –
Du kennst mein Haus: hol' mir Papier und Tinte
Und miete Pferde; ich will fort zu Nacht.
BALTHASAR. Verzeiht, ich darf Euch so nicht lassen, Herr!
Ihr seht so blass und wild, und Eure Blicke
Weissagen Unglück.
ROMEO. Nicht doch, du betrügst dich.
Lass mich, und tu', was ich dich heiße tun!
Hast du für mich vom Pater keine Briefe?
BALTHASAR. Nein, bester Herr.
ROMEO. Es tut nichts; mach' dich auf
Und miete Pferd', ich komme gleich zu Haus.

Balthasar ab.

Wohl, Julia, heute Nacht ruh' ich bei dir!
Ich muss auf Mittel sinnen. – Oh, wie schnell
Drängt Unheil sich in der Verzweiflung Rat!
Mir fällt ein Apotheker ein; er wohnt
Hier irgendwo herum. – Ich sah ihn neulich,
Zerlumpt, die Augenbrauen überhangend;
Er suchte Kräuter aus; hohl war sein Blick,
Ihn hatte herbes Elend ausgemergelt;
Ein Schildpatt hing in seinem dürft'gen Laden,
Ein ausgestopftes Krokodil und Häute
Von missgestalten Fischen: auf dem Sims
Ein bettelhafter Prunk von leeren Büchsen
Und grüne Töpfe, Blasen, müff'ger Samen,
Bindfadenendchen, alte Rosenkuchen,
Das alles dünn verteilt, zur Schau zu dienen.
Betrachtend diesen Mangel, sagt' ich mir:
Bedürfte jemand Gift hier, des Verkauf
In Mantua sogleich zum Tode führt,
Da lebt ein armer Schelm, der's ihm verkaufte.
Oh, der Gedanke zielt' auf mein Bedürfnis,
Und dieser dürft'ge Mann muss mir's verkaufen
So viel ich mich entsinn', ist dies das Haus:
Weil's Festtag ist, schloss seinen Kram der Bettler.
He! holla! Apotheker!

Der Apotheker tritt auf.

APOTHEKER. Wer ruft so laut?
ROMEO. Mann, komm hierher! – Ich sehe, du bist arm.
Nimm, hier sind vierzig Stück Dukaten: gib
Mir eine Dose Gift; solch scharfen Stoff,
Der schnell durch alle Adern sich verteilt,
Dass tot der lebensmüde Trinker hinfällt,
Und dass die Brust den Odem von sich stößt
So ungestüm, wie schnell entzündet Pulver
Aus der Kanone furchtbar'm Schlunde blitzt.
APOTHEKER. So tödliche Arzneien hab' ich wohl,
Doch Mantuas Gesetz ist Tod für jeden,
Der feil sie gibt.
ROMEO. Bist du so nackt und bloß,
Von Plagen so bedrückt, und scheust den Tod?
Der Hunger sitzt in deinen hohlen Backen,

Not und Bedrängnis darbt in deinem Blick,
Auf deinem Rücken hängt zerlumptes Elend,
Die Welt ist nicht dein Freund, noch ihr Gesetz;
Die Welt hat kein Gesetz, dich reich zu machen:
Drum sei nicht arm, brich das Gesetz und nimm!
APOTHEKER. Nur meine Armut, nicht mein Wille weicht.
ROMEO. Nicht deinem Willen, deiner Armut zahl' ich.
APOTHEKER. Tut dies in welche Flüssigkeit Ihr wollt,
Und trinkt es aus; und hättet Ihr die Stärke
Von Zwanzigen, es hilf' Euch gleich davon.
ROMEO. Da ist dein Gold, ein schlimmres Gift den Seelen
Der Menschen, das in dieser eklen Welt
Mehr Mord verübt, als diese armen Tränkchen,
Die zu verkaufen dir verboten ist.
Ich gebe Gift dir; du verkaufst mir keins.
Leb wohl, kauf' Speis' und füttre dich heraus!

Apotheker ab.

Komm, Stärkungstrank, nicht Gift! Begleite mich
Zu Juliens Grab: denn da bedarf ich dich. *Ab.*

Zweite Szene

Bruder John tritt auf.

BRUDER JOHN. Ehrwürd'ger Bruder Franziskaner! he!

Bruder Lorenzo tritt auf.

BRUDER LORENZO.
Das ist ja wohl des Bruders Marcus Stimme –
Willkommen mir von Mantua! Was sagt
Denn Romeo? Fasst' er es schriftlich ab,
So gib den Brief!
BRUDER JOHN. Ich ging, um einen Bruder
Barfüßer unsers Ordens, der den Kranken
In dieser Stadt hier zuspricht, zum Geleit
Mir aufzusuchen; und da ich ihn fand,
Argwöhnten die dazu bestellten Späher,
Wir wären beid' in einem Haus, in welchem
Die böse Seuche herrschte, siegelten
Die Türen zu und ließen uns nicht gehn.
Dies hielt mich ab, nach Mantua zu eilen.

BRUDER LORENZO. Wer trug denn meinen Brief zum Romeo?
BRUDER JOHN. Da hast du ihn, ich könnt' ihn nicht bestellen:
Ihn dir zu bringen, fand kein Bote sich,
So bange waren sie vor Ansteckung.
BRUDER LORENZO. Unsel'ges Missgeschick! Bei meinem Orden,
Nicht eitel war der Brief: sein Inhalt war
Von teuren Dingen, und die Säumnis kann
Gefährlich werden. Bruder Marcus, geh,
Hol' ein Brecheisen mir und bring's sogleich
In meine Zell'!
BRUDER JOHN. Ich geh' und bring's dir, Bruder. *Ab.*
BRUDER LORENZO. Ich muss allein zur Gruft nun. Innerhalb
Drei Stunden wird das schöne Kind erwachen;
Verwünschen wird sie mich, weil Romeo
Vom ganzen Vorgang nichts erfahren hat.
Doch schreib' ich gleich aufs neu' nach Mantua,
Und berge sie so lang' in meiner Zell',
Bis ihr Geliebter kommt. Die arme Seele!
Lebend'ge Leich' in dumpfer Grabeshöhle! *Ab.*

Dritte Szene

Paris und sein Page, mit Blumen, parfümiertem Wasser und einer Fackel, treten auf.

PARIS. Gib mir die Fackel, Knab', und halt' dich fern. –
Nein, lisch sie aus: man soll mich hier nicht sehn.
Dort unter jenen Ulmen streck' dich hin,
Und leg' dein Ohr dicht an den hohlen Grund:
So kann kein Fuß auf diesen Kirchhof treten,
Der locker aufgewühlt von vielen Gräbern,
Dass du's nicht hörest; pfeife dann mir zu,
Zum Zeichen, dass du etwas nahen hörst!
Gib mir die Blumen, tu', wie ich dir sagte!
PAGE *für sich.* Fast grauet mir, so auf dem Kirchhof hier
Allein zu bleiben; doch ich will es wagen.

Zieht sich zurück. Paris verstreut Blumen im Grabgewölbe.

PARIS. Dein bräutlich Bett bestreu' ich, süße Blume,
Mit Blumen dir; du schließest, holdes Grab,
Der sel'gen Welt vollkommnes Muster ein.
O schöne Julia! Engeln zugesellt,

Nimm diese letzte Gab' aus dessen Händen,
Der dich im Leben ehrte, und im Tod
Mit Preis und Klage deine Ruh'statt ziert.

Der Knabe pfeift.

Der Bube gibt ein Zeichen: jemand naht.
Welch ein verdammter Fuß kommt dieses Wegs
Und stört die Leichenfeier frommer Liebe?
Mit einer Fackel? wie? Verhülle, Nacht,
Ein Weilchen mich!

Zieht sich zurück. Romeo und Balthasar treten auf mit einer Fackel, Hacke und Brecheisen.

ROMEO. Gib mir das Eisen und die Haue her!
Nimm diesen Brief: früh morgens siehe zu,
Dass du ihn meinem Vater überreichst.
Gib mir das Licht! Aufs Leben bind' ich's dir:
Was du auch hörst und siehst, bleib' in der Ferne,
Und unterbrich mich nicht in meinem Tun!
Ich steig' in dieses Todesbett hinab,
Teils meiner Gattin Angesicht zu sehn,
Vornehmlich aber einen kostbar'n Ring
Von ihren toten Fingern abzuziehn,
Den ich zu einem wicht'gen Werk bedarf.
Drum auf und geh! Und kehrest du zurück,
Vorwitzig meiner Absicht nachzuspähn,
Bei Gott! so reiß ich dich in Stücke, säe
Auf diesen gier'gen Boden deine Glieder.
Die Nacht und mein Gemüt sind wütend-wild.
Viel grimmer und viel unerbittlicher
Als durst'ge Tiger und die wüste See.
BALTHASAR. So will ich weggehn, Herr, und Euch nicht stören.
ROMEO. Dann tust du als mein Freund. Nimm, guter Mensch,
Leb' und sei glücklich, und gehab' dich wohl!
BALTHASAR *für sich*. Trotz allem dem will ich mich hier verstecken:
Ich trau' ihm nicht, sein Blick erregt mir Schrecken.

Zieht sich zurück.

ROMEO. O du verhasster Schlund! du Bauch des Todes!
Der du der Erde Köstlichstes verschlangst,
So brech' ich deine morschen Kiefern auf
Und will, zum Trotz, noch mehr dich überfüllen.

Er beginnt, das Grabgewölbe aufzubrechen.

PARIS. Ha! der verbannte, stolze Montague,
   Der Juliens Vetter mordete; man glaubt,
   An diesem Grame starb das holde Wesen;
   Hier kommt er nun, um niederträcht'gen Schimpf
   Den Leichen anzutun: ich will ihn greifen. –

Tritt hervor.

   Lass dein verruchtes Werk, du Montague!
   Wird Rache übern Tod hinaus verfolgt?
   Verdammter Bube! ich verhafte dich:
   Gehorch' und folge mir, denn du musst sterben.
ROMEO. Fürwahr, das muss ich: darum kam ich her.
   Versuch' nicht, guter Jüngling, den Verzweifelnden!
   Entflieh' und lass mich; denke dieser Toten!
   Lass sie dich schrecken! – Ich beschwör' dich, Jüngling,
   Lad' auf mein Haupt nicht eine neue Sünde,
   Wenn du zur Wut mich reizest; geh, o geh!
   Bei Gott, ich liebe mehr dich als mich selbst,
   Denn gegen mich gewaffnet komm' ich her.
   Fort! eile! leb' und nenn barmherzig ihn,
   Den Rasenden, der dir gebot zu fliehn!
PARIS. Ich kümmre mich um dein Beschwören nicht
   Und greife dich als Missetäter hier.
ROMEO. Willst du mich zwingen? Knabe, sieh dich vor!

Sie fechten.

PAGE. Sie fechten! Gott! Ich will die Wache rufen. *Ab.*
PARIS. Oh, ich bin hin! – *Fällt.*
   Hast du Erbarmen, öffne
   Die Gruft und lege mich zu Julien! *Er stirbt.*
ROMEO. Auf Ehr', ich will's. – Lasst sein Gesicht mich schaun:
   Mercutios edler Vetter ist's, Graf Paris!
   Was sagte doch mein Diener, weil wir ritten,
   Als die bestürmte Seel' es nicht vernahm? –
   Ich glaube: Julia habe sich mit Paris
   Vermählen sollen; sagt' er mir nicht so?
   Wie, oder träumt' ich's? oder bild' ich's mir
   Im Wahnsinn ein, weil er von Julien sprach?
   Oh, gib mir deine Hand, du, so wie ich
   Ins Buch des herben Unglücks eingezeichnet!
   Ein siegeprangend Grab soll dich empfangen.
   Ein Grab? Nein, eine Leucht', erschlagner Jüngling!
   Denn hier liegt Julia: ihre Schönheit macht

Zur lichten Feierhalle dies Gewölb'.
Da lieg' begraben, Tod, von einem Toten! –

Er legt den Paris in das Begräbnis.

Wie oft sind Menschen, schon des Todes Raub,
Noch fröhlich worden! Ihre Wärter nennen's
Den letzten Lebensblitz. Wohl mag dann dies
Ein Blitz mir heißen. – O mein Herz! mein Weib!
Der Tod, der deines Odems Balsam sog,
Hat über deine Schönheit nichts vermocht.
Noch bist du nicht besiegt: der Schönheit Fahne
Weht purpurn noch auf Lipp' und Wange dir;
Hier pflanzte nicht der Tod sein bleiches Banner. –
Liegst du da, Tybalt, in dem blut'gen Tuch?
Oh, welchen größern Dienst kann ich dir tun,
Als mit der Hand, die deine Jugend fällte,
Des Jugend, der dein Feind war, zu zerreißen?
Vergib mir, Vetter! – Liebe Julia,
Warum bist du so schön noch? Soll ich glauben –
Ja, glauben will ich komm, lieg' mir im Arm!,
Der körperlose Tod entbrenn' in Liebe,
Und der verhasste, hagre Unhold halte
Als seine Buhle hier im Dunkel dich.
Aus Furcht davor will ich dich nie verlassen,
Und will aus diesem Palast dichter Nacht
Nie wieder weichen. Hier, hier will ich bleiben
Mit Würmern, so dir Dienerinnen sind.
Oh, hier bau' ich die ew'ge Ruh'statt mir,
Und schüttle von dem lebensmüden Leibe
Das Joch feindseliger Gestirne. – Augen,
Blickt euer Letztes! Arme, nehmt die letzte
Umarmung! und, o Lippen, ihr, die Tore
Des Odems, siegelt mit rechtmäß'gem Kusse
Den ewigen Vertrag dem Wuch'rer Tod!
Komm, bittrer Führer! widriger Gefährt'!
Verzweifelter Pilot! Nun treib' auf einmal
Dein sturmerkranktes Schiff in Felsenbrandung!
Dies auf dein Wohl, wo du auch stranden magst!
Dies meiner Lieben! –

Er trinkt.

O wackrer Apotheker!
Dein Trank wirkt schnell. – Und so im Kusse sterb' ich.

Er stirbt. Bruder Lorenzo kommt mit Laterne, Brecheisen und Spaten.

BRUDER LORENZO.
   Hilf' mir Sankt Franz! Wie oft sind über Gräber
   Nicht meine alten Füße schon gestolpert! Wer ist da?
BALTHASAR. Ein Freund, und einer, dem Ihr wohl bekannt.
BRUDER LORENZO.
   Gott segne dich! Sag mir, mein guter Freund,
   Welch eine Fackel ist's, die dort ihr Licht
   Umsonst den Würmern leiht und blinden Schädeln?
   Mir scheint, sie brennt in Capulets Begräbnis.
BALTHASAR. Ja, würd'ger Pater, und mein Herr ist dort,
   Ein Freund von Euch.
BRUDER LORENZO. Wer ist es?
BALTHASAR. Romeo.
BRUDER LORENZO. Wie lange schon?
BALTHASAR. Voll eine halbe Stunde.
BRUDER LORENZO. Geh mit mir zu der Gruft!
BALTHASAR. Ich darf nicht, Herr.
   Mein Herr weiß anders nicht, als ich sei fort,
   Und drohte furchtbarlich den Tod mir an,
   Blieb' ich, um seinen Vorsatz auszuspähn.
BRUDER LORENZO.
   So bleib': ich geh' allein. – Ein Grau'n befällt mich;
   Oh, ich befürchte sehr ein schlimmes Unglück!
BALTHASAR. Derweil ich unter dieser Ulme schlief,
   Träumt' ich, mein Herr und noch ein andrer föchten,
   Und er erschlüge jenen.
LORENZO. Romeo?

Lorenzo bückt sich und schaut auf das Blut und Waffen.

   O wehe, weh mir! Was für Blut befleckt
   Die Steine hier an dieses Grabmals Schwelle?
   Was wollen diese herrenlosen Schwerter,
   Dass sie verfärbt hier liegen an der Stätte
   Des Friedens?

Er geht in das Grabgewölbes.

   Romeo? – Ach, bleich! Wer sonst?
   Wie? Paris auch? und in sein Blut getaucht? –
   Oh, welche unmitleid'ge Stund' ist schuld
   An dieser kläglichen Begebenheit? –
   Das Fräulein regt sich.

Julia erhebt sich.

JULIA. O Trostesbringer! Wo ist mein Gemahl?
Ich weiß recht gut noch, wo ich sollte sein:
Da bin ich auch. – Wo ist mein Romeo?

Geräusche hinter der Szene.

LORENZO. Ich höre Lärm. – Kommt, Fräulein, flieht die Grube
Des Tods, der Seuchen, des erzwungnen Schlafs:
Denn eine Macht, zu hoch dem Widerspruch,
Hat unsern Rat vereitelt. Komm, o komm!
Dein Gatte liegt an deinem Busen tot,
Und Paris auch; komm, ich versorge dich
Bei einer Schwesterschaft von heil'gen Nonnen.
Verweil' mit Fragen nicht: die Wache kommt.
Geh, gutes Kind!

Erneut Geräusche.

Ich darf nicht länger bleiben. *Ab.*

JULIA. Geh nur, entweich'! denn ich will nicht von hinnen. –
Was ist das hier? Ein Becher, festgeklemmt
In meines Trauten Hand? – Gift, seh' ich, war
Sein Ende vor der Zeit. – O Böser! Alles
Zu trinken, keinen güt'gen Tropfen mir
Zu gönnen, der mich zu dir bräch'? – Ich will
Dir deine Lippen küssen. Ach, vielleicht
Hängt noch ein wenig Gift daran, und lässt mich
An einer Labung sterben.
Deine Lippen sind warm. –

1. WÄCHTER *hinter der Szene.* Wo ist es, Knabe? Führ' uns!

JULIA. Wie? Lärm? – Dann schnell nur! –

Sie ergreift Romeos Dolch.

O willkommner Dolch!
Dies werde deine Scheide!

Ersticht sich.

Roste da, und lass mich sterben!

Sie fällt auf Romeos Körper und stirbt. Wache mit dem Pagen des Paris.

PAGE. Dies ist der Ort: da, wo die Fackel brennt.

1. WÄCHTER. Der Boden ist voll Blut: sucht auf dem Kirchhof,
Ein Paar von euch; geht, greifet, wen ihr trefft!

Einige von der Wache ab.

Betrübt zu sehn! Hier liegt der Graf erschlagen,
Und Julia blutend, warm und kaum verschieden,
Die schon zwei Tage hier begraben lag. –
Geht, sagt's dem Fürsten! Weckt die Capulets!
Lauft zu den Montagues! Ihr andern sucht!

Andre Wächter ab.

Wir sehn den Grund, der diesen Jammer trägt;
Allein den wahren Grund des bittern Jammers
Erfahren wir durch näh're Kundschaft nur.

Einige von der Wache kommen mit Romeos getreuem Balthasar.

2. WÄCHTER. Hier ist der Diener Romeos; wir fanden
Ihn auf dem Kirchhof.
1. WÄCHTER. Bewahrt ihn sicher, bis der Fürst erscheint!

Ein andrer Wächter mit Bruder Lorenzo.

3. WÄCHTER. Hier ist ein Mönch, der zittert, weint und ächzt;
Wir nahmen ihm den Spaten und die Haue,
Als er von jener Seit' des Kirchhofs kam.
1. WÄCHTER. Verdächt'ges Zeichen! Haltet auch den Mönch!

Der Prinz und Gefolge treten auf.

PRINZ. Was für ein Unglück ist so früh schon wach,
Das uns aus unsrer Morgenruhe stört?

Capulet, Gräfin Capulet und andre kommen.

CAPULET. Was ist's, dass draußen so die Leute schrein?
GRÄFIN CAPULET. Das Volk ruft auf den Straßen: »Romeo«,
Und »Julia«, und »Paris«; alles rennt
Mit lautem Ausruf unserm Grabmal zu.
PRINZ. Welch Schrecken ist's, das unser Ohr betäubt?
1. WÄCHTER. Durchlaucht'ger Herr, entleibt liegt hier Graf Paris;
Tot Romeo; und Julia, tot zuvor,
Noch warm und erst getötet.
PRINZ. Sucht, späht, erforscht die Täter dieser Gräuel!
1. WÄRTER. Hier ist ein Mönch und Romeos Bedienter.
Man fand Gerät bei ihnen, das die Gräber
Der Toten aufzubrechen dient.
CAPULET. O Himmel! O Weib! sieh hier, wie unsre Tochter blutet!
Der Dolch hat sich verirrt; sieh, seine Scheide
Liegt ledig auf dem Rücken Montagues,
Er selbst steckt fehl in unsrer Tochter Busen.

GRÄFIN CAPULET. O weh mir! Dieser Todesanblick mahnt
Wie Grabgeläut' mein Alter an die Grube.

Montague und andre kommen.

PRINZ. Komm, Montague! Früh hast du dich erhoben,
Um früh gefallen deinen Sohn zu sehn.
MONTAGUE. Ach, gnäd'ger Fürst, mein Weib starb diese Nacht:
Gram um des Sohnes Bann entseelte sie.
Welch neues Leid bricht auf mein Alter ein?
PRINZ. Schau hin, und du wirst sehn.
MONTAGUE. O Ungeratner! was ist das für Sitte,
Vor deinem Vater dich ins Grab zu drängen?
PRINZ. Versiegelt noch den Mund des Ungestüms,
Bis wir die Dunkelheiten aufgehellt
Und ihren Quell und wahren Ursprung wissen.
Dann will ich Eurer Leiden Hauptmann sein,
Und selbst zum Tod Euch führen. – Still indes!
Das Missgeschick sei Sklave der Geduld. –
Führt die verdächtigen Personen vor!
BRUDER LORENZO.
Mich trifft, obschon den unvermögendsten,
Am meisten der Verdacht des grausen Mordes,
Weil Zeit und Ort sich gegen mich erklärt.
Hier steh' ich, mich verdammend und verteid'gend,
Der Kläger und der Anwalt meiner selbst.
PRINZ. So sag ohn' Umschweif, was du hiervon weißt!
BRUDER LORENZO.
Kurz will ich sein, denn kurze Frist des Odems
Versagt gedehnte Reden. Romeo,
Der tot hier liegt, war dieser Julia Gatte,
Und sie, die tot hier liegt, sein treues Weib.
Ich traute heimlich sie; ihr Hochzeittag
War Tybalts letzter, des unzeit'ger Tod
Den jungen Gatten aus der Stadt verbannte;
Und Julia weint' um ihn, nicht um den Vetter.
Ihr, um den Gram aus ihrer Brust zu treiben,
Verspracht und wolltet sie dem Grafen Paris
Vermählen mit Gewalt. – Da kommt sie zu mir
Mit wildem Blick, heißt mich auf Mittel sinnen,
Um dieser zweiten Heirat zu entgehn,
Sonst wollt' in meiner Zelle sie sich töten.
Da gab ich, so belehrt durch meine Kunst,
Ihr einen Schlaftrunk; er bewies sich wirksam

Nach meiner Absicht, denn er goss den Schein
Des Todes über sie. Indessen schrieb ich
An Romeo, dass er sich herbegäbe,
Und hilf' aus dem erborgten Grab sie holen
In dieser Schreckensnacht, als um die Zeit,
Wo jenes Trankes Kraft erlösche. Doch
Den Träger meines Briefs, den Bruder Marcus,
Hielt Zufall auf, und gestern Abend bracht' er
Ihn mir zurück. Nun ging ich ganz allein
Um die bestimmte Stunde des Erwachens,
Sie zu befrein aus ihrer Ahnen Gruft,
Und dacht' in meiner Zelle sie zu bergen,
Bis ich es Romeon berichten könnte.
Doch wie ich kam, Minuten früher nur,
Eh' sie erwacht, fand ich hier tot zu früh
Den treuen Romeo, den edlen Paris.
Jetzt wacht sie auf; ich bat sie, fortzugehn
Und mit Geduld des Himmels Hand zu tragen:
Doch da verscheucht' ein Lärm mich aus der Gruft.
Sie, in Verzweiflung, wollte mir nicht folgen
Und tat, so scheint's, sich selbst ein Leides an.
Dies weiß ich nur; und ihre Heirat war
Der Wärterin vertraut. Ist etwas hier
Durch mich verschuldet, lasst mein altes Leben,
Nur wenig Stunden vor der Zeit, der Härte
Des strengsten Richterspruchs geopfert werden!
PRINZ. Wir kennen dich als einen heil'gen Mann. –
Wo ist der Diener Romeos? Was sagt er?
BALTHASAR. Ich brachte meinem Herrn von Juliens Tod
Die Zeitung, und er ritt von Mantua
In Eil' zu diesem Platz, zu diesem Grabmal.
Den Brief hier gab er mir für seinen Vater,
Und drohte Tod mir, gehend in die Gruft,
Wo ich mich nicht entfernt' und dort ihn ließe.
PRINZ. Gib mir den Brief; ich will ihn überlesen. –
Wo ist der Bub' des Grafen, der die Wache
Geholt? – Sag, Bursch, was machte hier dein Herr?
PAGE. Er kam, um Blumen seiner Braut aufs Grab
Zu streun, und hieß mich fern stehn, und das tat ich.
Drauf naht sich wer mit Licht, das Grab zu öffnen,
Und gleich zog gegen ihn mein Herr den Degen;
Und da lief ich davon und holte Wache.

PRINZ. Hier dieser Brief bewährt das Wort des Mönchs,
  Den Liebesbund, die Zeitung ihres Todes:
  Auch schreibt er, dass ein armer Apotheker
  Ihm Gift verkauft, womit er gehen wolle
  Zu Juliens Gruft, um neben ihr zu sterben. –
  Wo sind sie, diese Feinde? – Capulet! Montague!
  Seht, welch ein Fluch auf eurem Hasse ruht,
  Dass eure Freuden Liebe töten muss!
  Auch ich, weil ich dem Zwiespalt nachgesehn.
  Verlor ein paar Verwandte: – Alle büßen.
CAPULET. O Bruder Montague, gib mir die Hand:
  Das ist das Leibgedinge meiner Tochter,
  Denn mehr kann ich nicht fordern.
MONTAGUE. Aber ich
  Vermag dir mehr zu geben; denn ich will
  Aus klarem Gold ihr Bildnis fert'gen lassen.
  Solang' Verona seinen Namen trägt,
  Komm' nie ein Bild an Wert dem Bilde nah
  Der treuen, liebevollen Julia.
CAPULET. So reich will ich es Romeon bereiten:
  Die armen Opfer unsrer Zwistigkeiten!
PRINZ. Nur düstern Frieden bringt uns dieser Morgen;
  Die Sonne scheint, verhüllt vor Weh, zu weilen.
  Kommt, offenbart mir ferner, was verborgen:
  Ich will dann strafen, oder Gnad' erteilen;
  Denn niemals gab es ein so herbes Los
  Als Juliens und ihres Romeos.

Alle ab.

William Shakespeare

Die Tragödie von

Hamlet

Prinz von Dänemark

Übersetzung ins Deutsche von
August Wilhelm Schlegel

Personen

CLAUDIUS, König von Dänemark
HAMLET, Sohn des vorigen und Neffe des gegenwärtigen Königs
POLONIUS, Oberkämmerer
HORATIO, Hamlets Freund
LAERTES, Sohn des Polonius

VOLTIMAND,
CORNELIUS,
ROSENKRANZ,
GÜLDENSTERN,
OSRICK,
GENTLEMAN, Höflinge

MARCELLUS,
BERNARDO, Offiziere

FRANCISCO, ein Soldat
REINHOLD, Diener des Polonius
FORTINBRAS, Prinz von Norwegen
Ein norwegischer Hauptmann
Doktor der Theologie
Schauspieler

Zwei CLOWNS, Totengräber
Englische Botschafter

GERTRUDE, Königin von Dänemark und Hamlets Mutter
OPHELIA, Tochter des Polonius

Der GEIST von Hamlets Vater

Herren und Frauen vom Hofe, Offiziere, Soldaten, Matrosen, Boten
und Gefolge

Die Szene spielt in Dänemark.

Erster Aufzug
Erste Szene

Francisco und Bernardo treten auf, zwei Wächter, treffen sich.

BERNARDO. Wer da!

FRANCISCO. Nein, mir antwortet: steht und gebt Euch kund!

BERNARDO. Lang' lebe der König!

FRANCISCO. Bernardo?

BERNARDO. Er selbst.

FRANCISCO. Ihr kommt gewissenhaft auf Eure Stunde.

BERNARDO. Es schlug schon zwölf; mach' dich zu Bett, Francisco!

FRANCISCO. Dank für die Ablösung! ,s ist bitter kalt,
  Und mir ist schlimm zu Mut.

BERNARDO. War Eure Wache ruhig?

FRANCISCO. Alles mausestill.

BERNARDO. Nun, gute Nacht!
  Venn Ihr auf meine Wachgefährten stoßt,
  Horatio und Marcellus, heißt sie eilen!

Horatio und Marcellus treten auf.

FRANCISCO. Ich denk', ich höre sie. – He! halt! Wer da?

HORATIO. Freund dieses Bodens.

MARCELLUS. Und Vasall des Dänen.

FRANCISCO. Habt gute Nacht!

MARCELLUS. O grüß' dich, wackrer Krieger:
  Wer hat dich abgelöst?

FRANCISCO. Bernardo hat den Posten.
  Habt gute Nacht! *Ab.*

MARCELLUS. Holla, Bernardo!

BERNARDO. Sprecht!
  He, ist Horatio da?

HORATIO. Ein Stück von ihm.

BERNARDO. Willkommen Euch! Willkommen, Freund Marcellus!

HORATIO. Nun, ist das Ding heut wiederum erschienen?

BERNARDO. Ich habe nichts gesehn.

MARCELLUS. Horatio sagt, es sei nur Einbildung,
  Und will dem Glauben keinen Raum gestatten
  An dieses Schreckbild, das wir zweimal sahn.
  Deswegen hab' ich ihn hierher geladen,
  Mit uns die Stunden dieser Nacht zu wachen,

Damit, wenn wieder die Erscheinung kommt,
Er unsern Augen zeug' und mit ihr spreche.
HORATIO. Pah, pah! Sie wird nicht kommen.
BERNARDO. Setzt Euch denn,
Und lasst uns nochmals Euer Ohr bestürmen,
Das so verschanzt ist gegen den Bericht,
Was wir zwei Nächte sahn.
HORATIO. Gut, sitzen wir,
Und lasst Bernardo uns hiervon erzählen!
BERNARDO. Die allerletzte Nacht,
Als eben jener Stern, vom Pol gen Westen,
In seinem Lauf den Teil des Himmels hellte,
Wo jetzt er glüht: da sahn Marcell und ich,
Indem die Glocke eins schlug –

Der Geist kommt.

MARCELLUS. O still! halt' ein! Sieh, wie's da wieder kommt!
BERNARDO. Ganz die Gestalt wie der verstorbne König.
MARCELLUS. Du bist gelehrt: sprich du mit ihm, Horatio!
BERNARDO. Sieht's nicht dem König gleich? Schau's an, Horatio!
HORATIO. Ganz gleich; es macht mich starr vor Furcht und Staunen.
BERNARDO. Es möchte angeredet sein.
MARCELLUS. Horatio, sprich mit ihm!
HORATIO. Wer bist du, der sich dieser Nachtzeit anmaßt
Und dieser edlen krieg'rischen Gestalt,
Worin die Hoheit des begrabnen Dänemark
Weiland einherging? Ich beschwöre dich beim Himmel, sprich!
MARCELLUS. Es ist beleidigt.
BERNARDO. Seht, es schreitet weg.
HORATIO. Bleib', sprich! Sprich, ich beschwör' dich, sprich!

Geist ab.

MARCELLUS. Fort ist's und will nicht reden.
BERNARDO. Wie nun, Horatio? Ihr zittert und seht bleich:
Ist dies nicht etwas mehr als Einbildung?
Was haltet Ihr davon?
HORATIO. Bei meinem Gott, ich dürfte dies nicht glauben,
Hätt' ich die sichre, fühlbare Gewähr
Der eignen Augen nicht.
MARCELLUS. Sieht's nicht dem König gleich?
HORATIO. Wie du dir selbst.
Genauso war die Rüstung, die er trug,
Als er sich mit dem stolzen Norweg maß;

So dräut' er einst, als er in hartem Zweisprach
Aufs Eis warf den beschlitteten Pollacken.
,s ist seltsam.
MARCELLUS. So schritt er, grad' um diese dumpfe Stunde,
Schon zweimal krieg'risch unsre Wacht vorbei.
HORATIO. Wie dies bestimmt zu deuten, weiß ich nicht;
Allein so viel ich insgesamt erachte,
Verkündet's unserm Staat besondre Gärung.
MARCELLUS. Nun setzt euch, Freunde, sagt mir, wer es weiß,
Warum dies aufmerksame strenge Wachen
Den Untertan des Landes nächtlich plagt?
Warum wird Tag für Tag Geschütz gegossen
Und in der Fremde Kriegsgerät gekauft?
Warum gepresst für Werfte, wo das Volk
Den Sonntag nicht vom sauren Werktag trennt?
Was gibt's, dass diese schweißbetriefte Eil'
Die Nacht dem Tage zur Gehilfin macht?
Kann jemand mich belehren?
HORATIO. Ja, ich kann's;
Zum mind'sten heißt es so. Der letzte König
Ward, wie ihr wisst, durch Fortinbras von Norweg,
Den eifersücht'ger Stolz dazu gespornt,
Zum Kampf gefordert; unser tapfrer Hamlet
(Denn diese Seite der bekannten Welt
Hielt ihn dafür) schlug diesen Fortinbras,
Der laut dem untersiegelten Vertrag,
Bekräftiget durch Recht und Rittersitte,
Mit seinem Leben alle Länderei'n,
So er besaß, verwirkte an den Sieger;
Wogegen auch ein angemessnes Teil
Von unserm König ward zum Pfand gesetzt,
Das Fortinbras anheim gefallen wäre,
Hätt' er gesiegt; wie durch denselben Handel
Und Inhalt der besprochnen Punkte seins
An Hamlet fiel. Der junge Fortinbras
Hat nun, von wildem Feuer heiß und voll,
An Norwegs Ecken hier und da ein Heer
Landloser Abenteurer aufgerafft,
Für Brot und Kost, zu einem Unternehmen,
Das Herz hat; welches denn kein andres ist
(Wie unser Staat das auch gar wohl erkennt),
Als durch die starke Hand und Zwang der Waffen
Die vorbesagten Land' uns abzunehmen,

Die so sein Vater eingebüßt: und dies
Scheint mir der Antrieb unsrer Zurüstungen,
Die Quelle unsrer Wachen und den Grund
Von diesem Treiben und Gewühl im Lande.
BERNARDO. Nichts anders, denk' ich, ist's, als eben dies.
Wohl trifft es zu, dass diese Schreckgestalt
In Waffen unsre Wacht besucht, so ähnlich
Dem König, der der Anlass dieses Kriegs.
HORATIO. Ein Stäubchen ist's, des Geistes Aug' zu trüben.
Im höchsten palmenreichsten Stande Roms,
Kurz vor dem Fall des großen Julius, standen
Die Gräber leer, verhüllte Tote schrien
Und wimmerten die röm'schen Gassen durch.
Dann feu'rgeschweifte Sterne, blut'ger Tau,
Die Sonne fleckig; und der feuchte Stern,
Des Einfluss waltet in Neptunus' Reich,
Krankt' an Verfinst'rung wie zum Jüngsten Tag.
Und eben solche Zeichen grauser Dinge
(Als Boten, die dem Schicksal stets vorangehn,
Und Vorspiel der Entscheidung, die sich naht)
Hat Erd' und Himmel insgemein gesandt
An unsern Himmelsstrich und Landsgenossen.

Der Geist erscheint.

Doch still! Schaut, wie's da wieder kommt!

Er breitet die Arme aus.

Und sollt' es mich verderben. – Steh, Phantom!
Hast du Gebrauch der Stimm' und einen Laut:
Sprich zu mir!
Ist irgendeine gute Tat zu tun,
Die Ruh' dir bringen kann und Ehre mir:
Sprich zu mir!
Bist du vertraut mit deines Landes Schicksal,
Das etwa noch Voraussicht wenden kann:
O sprich!
Und hast du aufgehäuft in deinem Leben
Erpresste Schätze in der Erde Schoß,
Wofür ihr Geister, sagt man, oft im Tode
Umhergeht: sprich davon! verweil' und sprich!

Der Hahn kräht.

Halt' es doch auf, Marcellus!

MARCELLUS. Soll ich nach ihm mit der Hellbarde schlagen?

HORATIO. Tu's, wenn's nicht stehen will!

BERNARDO. 's ist hier.

HORATIO. 's ist hier.

MARCELLUS. 's ist fort.

Geist ab.

Wir tun ihm Schmach, da es so majestätisch,
Wenn wir den Anschein der Gewalt ihm bieten.
Denn es ist unverwundbar wie die Luft,
Und unsre Streiche nur boshafter Hohn.

BERNARDO. Es war am Reden, als der Hahn just krähte.

HORATIO. Und da fuhr's auf, gleich einem sünd'gen Wesen
Auf einen Schreckensruf. Ich hab' gehört,
Der Hahn, der als Trompete dient dem Morgen,
Erweckt mit schmetternder und heller Kehle
Den Gott des Tages, und auf seine Mahnung,
Sei's in der See, im Feu'r, Erd' oder Luft,
Eilt jeder schweifende und irre Geist
In sein Revier; und von der Wahrheit dessen
Gab dieser Gegenstand uns den Beweis.

MARCELLUS. Es schwand erblassend mit des Hahnes Kräh'n.
Sie sagen, immer wann die Jahrszeit naht,
Wo man des Heilands Ankunft feiert, singe
Die ganze Nacht durch dieser frühe Vogel.
Dann darf kein Geist umhergehn, sagen sie,
Die Nächte sind gesund, dann trifft kein Stern,
Kein Elfe faht, noch mögen Hexen zaubern:
So gnadevoll und heilig ist die Zeit.

HORATIO. So hört' auch ich und glaube dran zum Teil.
Doch seht, der Morgen, angetan mit Purpur,
Betritt den Tau des hohen Hügels dort:
Lasst uns die Wacht aufbrechen, und ich rate,
Vertraun wir, was wir diese Nacht gesehn,
Dem jungen Hamlet; denn, bei meinem Leben,
Der Geist, so stumm für uns, ihm wird er reden.
Ihr willigt drein, dass wir ihm dieses melden,
Wie Lieb' uns nötigt und der Pflicht geziemt?

MARCELLUS. Ich bitt' Euch, tun wir das; ich weiß, wo wir
Ihn am bequemsten heute finden werden. *Ab.*

Zweite Szene

Ein Staatszimmer im Schlosse. Claudius, König von Dänemark, Gertrud, die Königin; das Konzil: wie Polonius, und sein Sohn Laertes, Hamlet und andere einschließlich Voltimand und Cornelius.

KÖNIG. Wiewohl von Hamlets Tod, des werten Bruders,
    Noch das Gedächtnis frisch; und ob es userm Herzen
    Zu trauren ziemte, und dem ganzen Reich,
    In eine Stirn des Grames sich zu falten;
    So weit hat Urteil die Natur bekämpft,
    Dass wir mit weisem Kummer sein gedenken,
    Zugleich mit der Erinn'rung an uns selbst.
    Wir haben also unsre Schwester, jetzt unsre Königin,
    Und Erbin dieses kriegerischen Staats,
    Mit unterdrückter Freude, so zu sagen
    Mit einem heitern, einem nassen Aug',
    Mit Leichenjubel und mit Hochzeitklage,
    In gleichen Schalen wägend Leid und Lust,
    Zur Eh' genommen; haben auch hierin
    Nicht eurer bessern Weisheit widerstrebt,
    Die frei uns beigestimmt. – Für alles, Dank!
    Nun, wisst ihr, hat der junge Fortinbras,
    Aus Minderschätzung unsers Werts, und denkend,
    Durch unsers teuren sel'gen Bruders Tod
    Sei unser Staat verrenkt und aus den Fugen:
    Gestützt auf diesen Traum von seinem Vorteil,
    Mit Botschaft uns zu plagen nicht ermangelt
    Um Wiedergabe jener Länderei'n,
    Rechtskräftig eingebüßt von seinem Vater
    An unsern tapfern Bruder. – So viel von ihm;
    Nun von uns selbst und eurer Herberufung.
    So lautet das Geschäft: wir schreiben hier
    An Norweg, Ohm des jungen Fortinbras,
    Der schwach, bettlägrig, kaum von diesem Anschlag
    Des Neffen hört, desselben fernern Gang
    Hierin zu hemmen; sintemal die Werbung,
    Bestand und Zahl der Truppen, alles doch
    Aus seinem Volk geschieht; und senden nun
    Euch, wackrer Voltimand, und Euch, Cornelius,
    Mit diesem Gruß zum alten Norweg hin,
    Euch keine weitere Vollmacht übergebend,

Zu handeln mit dem König, als das Maß
Der hier erörterten Artikel zulässt.

Übergibt ein Papier.

Lebt wohl, und Eil' empfehle euren Eifer!
CORNELIUS UND VOLTIMAND.
　　Hier, wie in allem, wollen wir ihn zeigen.
KÖNIG. Wir zweifeln nicht daran. Lebt herzlich wohl!

Voltimand und Cornelius ab.

Und nun, Laertes, sagt, was bringt Ihr uns?
Ihr nanntet ein Gesuch: was ist's, Laertes?
Ihr könnt nicht von Vernunft dem Dänen reden,
Und Euer Wort verlieren. Kannst du bitten,
Was ich nicht gern gewährt', eh' du's verlangt?
Der Kopf ist nicht dem Herzen mehr verwandt,
Die Hand dem Munde dienstgefäll'ger nicht,
Als Dänmarks Thron es deinem Vater ist.
Was wünschest du, Laertes?
LAERTES. Hoher Herr,
　　Vergünstigung, nach Frankreich rückzukehren,
　　Woher ich zwar nach Dänmark willig kam,
　　Bei Eurer Krönung meine Pflicht zu leisten;
　　Doch nun gesteh' ich, da die Pflicht erfüllt,
　　Strebt mein Gedank' und Wunsch nach Frankreich hin
　　Und neigt sich Eurer gnädigen Erlaubnis.
KÖNIG. Erlaubt's der Vater Euch? Was sagt Polonius?
POLONIUS. Er hat, mein Fürst, die zögernde Erlaubnis
　　Mir durch beharrlich Bitten abgedrungen,
　　Dass ich zuletzt auf seinen Wunsch das Siegel
　　Der schwierigen Bewilligung gedrückt.
　　Ich bitt' Euch, gebt Erlaubnis ihm zu gehn!
KÖNIG. Nimm deine günst'ge Stunde: Zeit sei dein,
　　Und eigne Zierde; nutze sie nach Lust! –
　　Doch nun, mein Vetter Hamlet und mein Sohn –
HAMLET *beiseit.* Mehr als befreundet, weniger als Freund.
KÖNIG. Wie, hängen stets noch Wolken über Euch?
HAMLET. Nicht doch, mein Fürst, ich habe zu viel Sonne.
KÖNIGIN. Wirf, guter Hamlet, ab die nächt'ge Farbe,
　　Und lass dein Aug' als Freund auf Dänmark sehn!
　　Such' nicht beständig mit gesenkten Wimpern
　　Nach deinem edlen Vater in dem Staub:

Du weißt, es ist gemein: was lebt, muss sterben
Und Ew'ges nach der Zeitlichkeit erwerben.
HAMLET. Ja, gnäd'ge Frau, es ist gemein.
KÖNIGIN. Nun wohl,
Weswegen scheint es so besonders dir?
HAMLET. Scheint, gnäd'ge Frau? Nein, ist; mir gilt kein »scheint«.
Nicht bloß mein düstrer Mantel, gute Mutter,
Noch die gewohnte Tracht von ernstem Schwarz,
Noch stürmisches Geseufz' beklemmten Odems,
Noch auch im Auge der ergieb'ge Strom,
Noch die gebeugte Haltung des Gesichts,
Samt aller Sitte, Art, Gestalt des Grames,
Ist das, was wahr mich kund gibt; dies scheint wirklich:
Es sind Gebärden, die man spielen könnte.
Was über allen Schein, trag' ich in mir;
All dies ist nur des Kummers Kleid und Zier.
KÖNIG. Es ist gar lieb und Eurem Herzen rühmlich, Hamlet,
Dem Vater diese Trauerpflicht zu leisten.
Doch wisst, auch Eurem Vater starb ein Vater;
Dem seiner, und der Nachgelassne soll,
Nach kindlicher Verpflichtung, ein'ge Zeit
Die Leichentrauer halten. Doch zu beharren
In eigenwill'gen Klagen, ist das Tun
Gottlosen Starrsinns; ist unmännlich Leid;
Zeigt einen Willen, der dem Himmel trotzt,
Ein unverschanztes Herz und wild Gemüt;
Zeigt blöden, ungelehrigen Verstand.
Wovon man weiß, es muss sein; was gewöhnlich
Wie das Gemeinste, das die Sinne rührt:
Weswegen das in mürr'schem Widerstande
Zu Herzen nehmen? Pfui! es ist Vergehn
Am Himmel; ist Vergehen an dem Toten,
Vergehn an der Natur; vor der Vernunft
Höchst töricht, deren allgemeine Predigt
Der Väter Tod ist, und die immer rief
Vom ersten Leichnam bis zum heut verstorbnen:
»Dies muss so sein.« Wir bitten, werft zu Boden
Dies unfruchtbare Leid, und denkt von uns
Als einem Vater; denn wissen soll die Welt,
Dass Ihr an unserm Thron der Nächste seid,
Und mit nicht minder Überschwang der Liebe,
Als seinem Sohn der liebste Vater widmet,
Bin ich Euch zugetan. Was Eure Rückkehr

Zur hohen Schul' in Wittenberg betrifft,
So widerspricht sie höchlich unserm Wunsch,
Und wir ersuchen Euch, beliebt zu bleiben,
Hier in dem milden Scheine unsers Aug's,
Als unser erster Hofmann, Vetter, Sohn.
KÖNIGIN. Lass deine Mutter fehl nicht bitten, Hamlet:
Ich bitte, bleib' bei uns, geh nicht nach Wittenberg!
HAMLET. Ich will Euch gern gehorchen, gnäd'ge Frau.
KÖNIG. Wohl, das ist eine liebe, schöne Antwort.
Seid wie wir selbst in Dänmark! – Kommt, Gemahlin!
Dies will'ge, freundliche Nachgeben Hamlets
Sitzt lächelnd um mein Herz; und dem zu Ehren
Soll das Geschütz heut jeden frohen Trunk,
Den Dänmark ausbringt, an die Wolken tragen,
Und wenn der König anklingt, soll der Himmel
Nachdröhnen ird'schem Donner. – Kommt mit mir!

Alle ab außer Hamlet.

HAMLET. O schmölze doch dies allzu feste Fleisch,
Zerging', und löst' in einen Tau sich auf!
Oder hätte nicht der Ew'ge sein Gebot
Gerichtet gegen Selbstmord! – O Gott! O Gott!
Wie ekel, schal und flach und unersprießlich
Scheint mir das ganze Treiben dieser Welt!
Pfui! pfui darüber! 's ist ein wüster Garten,
Der auf in Samen schießt; verworfnes Unkraut
Erfüllt ihn gänzlich. Dazu musst' es kommen!
Zwei Mond' erst tot! – nein, nicht so viel, nicht zwei;
Solch trefflicher Monarch! der neben diesem
Apoll bei einem Satyr; so meine Mutter liebend,
Dass er des Himmels Winde nicht zu rau
Ihr Antlitz ließ berühren. Himmel und Erde!
Muss ich gedenken? Hing sie doch an ihm,
Als stieg' der Wachstum ihrer Lust mit dem,
Was ihre Kost war. Und doch, in einem Mond –
Lasst mich's nicht denken! – Schwachheit, dein Nam' ist Weib! –
Ein kurzer Mond; bevor die Schuh' verbraucht,
Womit sie meines Vaters Leiche folgte,
Wie Niobe, ganz Tränen – sie, ja sie;
O Himmel! würd' ein Tier, das nicht Vernunft hat,
Doch länger trauern. – Meinem Ohm vermählt,
Dem Bruder meines Vaters, doch ihm ähnlich
Wie ich dem Herkules: in einem Mond!

Bevor das Salz höchst frevelhafter Tränen
Der wunden Augen Röte noch verließ,
War sie vermählt! – O schnöde Hast, so rasch
In ein blutschänderisches Bett zu stürzen!
Es ist nicht, und es wird auch nimmer gut.
Doch brich, mein Herz! denn schweigen muss mein Mund.

Horatio, Bernardo und Marcellus treten auf.

HORATIO. Heil Eurer Hoheit!
HAMLET. Ich bin erfreut. Euch wohl zu sehn.
    Horatio – wenn ich nicht mich selbst vergesse?
HORATIO. Ja, Prinz, und Euer armer Diener stets.
HAMLET. Mein guter Freund; vertauscht mir jenen Namen!
    Was macht Ihr hier von Wittenberg, Horatio?
    Marcellus?
MARCELLUS. Gnäd'ger Herr –
HAMLET. Es freut mich, Euch zu sehn. Habt guten Abend!
    Im Ernst, was führt Euch weg von Wittenberg?
HORATIO. Ein müßiggängerischer Hang, mein Prinz.
HAMLET. Das möcht' ich Euren Feind nicht sagen hören,
    Noch sollt Ihr meinem Ohr den Zwang antun,
    Dass Euer eignes Zeugnis gegen Euch
    Ihm gültig wär'. Ich weiß, Ihr geht nicht müßig.
    Doch was ist Eu'r Geschäft in Helsingör?
    Ihr sollt noch trinken lernen, eh' Ihr reist.
HORATIO. Ich kam zu Eures Vaters Leichenfeier.
HAMLET. Ich bitte, spotte meiner nicht, mein Schulfreund;
    Du kamst gewiss zu meiner Mutter Hochzeit.
HORATIO. Fürwahr, mein Prinz, sie folgte schnell darauf.
HAMLET. Wirtschaft, Horatio! Wirtschaft! Das Gebackne
    Vom Leichenschmaus gab kalte Hochzeitschüsseln.
    Hätt' ich den ärgsten Feind im Himmel lieber
    Getroffen, als den Tag erlebt, Horatio!
    Mein Vater – mich dünkt, ich sehe meinen Vater.
HORATIO. Wo, mein Prinz?
HAMLET. In meines Geistes Aug', Horatio.
HORATIO. Ich sah ihn einst, er war ein wackrer König.
HAMLET. Er war ein Mann, nehmt alles nur in allem,
    Ich werde nimmer seinesgleichen sehn.
HORATIO. Mein Prinz, ich denk', ich sah ihn vor'ge Nacht.
HAMLET. Sah? wen?
HORATIO. Mein Prinz, den König, Euren Vater.
HAMLET. Den König, meinen Vater?

HORATIO. Beruhigt das Erstaunen eine Weil'
    Durch ein aufmerksam Ohr; bis ich dies Wunder,
    Auf die Bekräftigung der Männer hier,
    Euch kann berichten.
HAMLET. Um Gottes willen, lasst mich hören!
HORATIO. Zwei Nächte nach einander war's den beiden,
    Marcellus und Bernardo, auf der Wache
    In toter Stille tiefer Mitternacht
    So widerfahren. Ein Schatte wie Eu'r Vater
    (Geharnischt, ganz in Wehr, von Kopf bis Fuß,)
    Erscheint vor ihnen, geht mit ernstem Tritt
    Langsam vorbei und stattlich; schreitet dreimal
    Vor ihren starren, furchtergriffnen Augen,
    So dass sein Stab sie abreicht; während sie,
    Geronnen fast zu Gallert durch die Furcht,
    Stumm stehn, und reden nicht mit ihm. Dies nun
    In banger Heimlichkeit vertraun sie mir.
    Ich hielt die dritte Nacht mit ihnen Wache;
    Und da, wie sie berichtet, nach der Zeit,
    Gestalt des Dings, buchstäblich alles wahr,
    Kommt das Gespenst. Ich kannte Euren Vater:
    Hier diese Hände gleichen sich nicht mehr.
HAMLET. Wo ging dies aber vor?
MARCELLUS. Auf der Terrasse, wo wir Wache hielten.
HAMLET. Ihr sprachet nicht mit ihm?
HORATIO. Ich tat's, mein Prinz,
    Doch Antwort gab es nicht; nur einmal schien's,
    Es höb' sein Haupt empor und schickte sich
    Zu der Bewegung an, als wollt' es sprechen.
    Doch eben krähte laut der Morgenhahn,
    Und bei dem Tone schlüpft' es eilig weg
    Und schwand aus unserm Blick.
HAMLET. Sehr sonderbar.
HORATIO. Bei meinem Leben, edler Prinz, ,s ist wahr;
    Wir hielten's durch die Pflicht uns vorgeschrieben,
    Die Sach' Euch kund zu tun.
HAMLET. Im Ernst, im Ernst, ihr Herrn, dies ängstigt mich.
    Habt ihr die Wache heut?
MARCELLUS., BERNARDO. Ja, gnäd'ger Herr.
HAMLET. Geharnischt, sagt ihr?
MARCELLUS, BERNARDO. Geharnischt, gnäd'ger Herr.
HAMLET. Vom Wirbel bis zur Zeh'?
MARCELLUS, BERNARDO. Von Kopf zu Fuß.

HAMLET. So saht Ihr sein Gesicht nicht?
HORATIO. O ja doch, sein Visier war aufgezogen.
HAMLET. Nun, blickt' er finster?
HORATIO. Eine Miene, mehr
    Des Leidens als des Zorns.
HAMLET. Blass oder rot?
HORATIO. Nein, äußerst blass.
HAMLET. Sein Aug' auf euch geheftet?
HORATIO. Ganz fest.
HAMLET. Ich wollt', ich wär' dabei gewesen.
HORATIO. Ihr hättet Euch gewiss entsetzt.
HAMLET. Sehr glaublich, Sehr glaublich. Blieb es lang'?
HORATIO. Derweil mit mäß'ger Eil' man hundert zählen konnte.
BEIDE: MARCELLUS, BERNARDO. Länger, länger.
HORATIO. Nicht, da ich's sah.
HAMLET. Sein Bart war greis, nicht wahr?
HORATIO. Wie ich's an ihm bei seinem Leben sah,
    Ein schwärzlich Silbergrau.
HAMLET. Ich will heut wachen.
    Vielleicht wird's wieder kommen.
HORATIO. Zuverlässig.
HAMLET. Erscheint's in meines edlen Vaters Bildung,
    So red' ich's an, gähnt' auch die Hölle selbst
    Und hieß' mich ruhig sein. Ich bitt' euch alle:
    Habt ihr bis jetzt verheimlicht dies Gesicht,
    So haltet's ferner fest in eurem Schweigen;
    Und was sich sonst zu Nacht ereignen mag,
    Gebt allem einen Sinn, doch keine Zunge:
    Ich will die Lieb' euch lohnen; lebt denn wohl!
    Auf der Terrasse zwischen elf und zwölf
    Besuch' ich euch.
ALLE. Eu'r Gnaden unsre Dienste!
HAMLET. Nein, eure Liebe, so wie meine euch. Lebt wohl!

Alle ab außer Hamlet.

Meines Vaters Geist in Waffen! Es taugt nicht alles:
ich vermute was Von argen Ränken. Wär' die Nacht erst da!
Bis dahin ruhig, Seele! Schnöde Taten,
Birgt sie die Erd' auch, müssen sich verraten. *Ab.*

Dritte Szene

Laertes und Ophelia, seine Schwester, treten auf.

LAERTES. Mein Reisegut ist eingeschifft. Leb wohl,
   Und, Schwester, wenn die Winde günstig sind
   Und Schiffsgeleit sich findet, schlaf' nicht, lass
   Von dir mich hören!
OPHELIA. Zweifelst du daran?
LAERTES. Was Hamlet angeht und sein Liebsgetändel,
   So nimm's als Sitte, als ein Spiel des Bluts;
   Ein Veilchen in der Jugend der Natur,
   Frühzeitig, nicht beständig – süß, nicht dauernd,
   Nur Duft und Labsal eines Augenblicks:
   Nichts weiter.
OPHELIA. Weiter nichts?
LAERTES. Nur dafür halt es:
   Denn die Natur, aufstrebend, nimmt nicht bloß
   An Größ' und Sehnen zu; wie dieser Tempel wächst,
   So wird der innre Dienst von Seel' und Geist
   Auch weit mit ihm. Er liebt Euch jetzt vielleicht;
   Kein Arg und kein Betrug befleckt bis jetzt
   Die Tugend seines Willens: doch befürchte,
   Bei seinem Rang gehört sein Will' ihm nicht!
   Er selbst ist der Geburt ja untertan.
   Er kann nicht, wie geringe Leute tun,
   Für sich auslesen; denn an seiner Wahl
   Hängt Sicherheit und Heil des ganzen Staats.
   Deshalb muss seine Wahl beschränket sein
   Vom Beifall und der Stimme jenes Körpers,
   Von welchem er das Haupt. Wenn er nun sagt, er liebt dich,
   Geziemt es deiner Klugheit, ihm zu glauben,
   So weit er nach besonderm Recht und Stand
   Tat geben kann dem Wort; das heißt, nicht weiter
   Als Dänemarks gesamte Stimme geht.
   Bedenk', was deine Ehre leiden kann,
   Wenn du zu gläubig seinem Liede lauschest,
   Dein Herz verlierst, und deinen keuschen Schatz
   Vor seinem ungestümen Dringen öffnest.
   Fürcht' es, Ophelia! fürcht' es, liebe Schwester,
   Und halte dich im Hintergrund der Neigung,
   Fern von dem Schuss und Anfall der Begier!

Das scheuste Mädchen ist verschwend'risch noch,
Wenn sie dem Monde ihren Reiz enthüllt.
Selbst Tugend nicht entgeht Verleumdertücken,
Es nagt der Wurm des Frühlings Kinder an,
Zu oft noch eh' die Knospe sich erschließt,
Und in der Früh' und frischem Tau der Jugend
Ist gift'ger Anhauch am gefährlichsten.
Sei denn behutsam! Furcht gibt Sicherheit,
Auch ohne Feind hat Jugend innern Streit.
OPHELIA. Ich will den Sinn so guter Lehr' bewahren,
Als Wächter meiner Brust; doch, lieber Bruder,
Zeigt nicht, wie heilvergessne Pred'ger tun,
Den steilen Dornenweg zum Himmel andern,
Derweil als frecher, lockrer Wollüstling
Er selbst den Blumenpfad der Lust betritt
Und spottet seines Rats.
LAERTES. O fürchtet nichts!

Polonius kommt.

Zu lange weil' ich – doch da kommt mein Vater.
Zwiefacher Segen ist ein zwiefach Heil:
Der Zufall lächelt einem zweiten Abschied.
POLONIUS. Noch hier, Laertes? Ei, ei! an Bord, an Bord!
Der Wind sitzt in dem Nacken Eures Segels,
Und man verlangt Euch. Hier –

Indem er dem Laertes die Hand aufs Haupt legt.

mein Segen mit dir!
Und diese Regeln präg' in dein Gedächtnis:
Gib den Gedanken, die du hegst, nicht Zunge,
Noch einem ungebührlichen die Tat!
Leutselig sei, doch keineswegs gemein!
Den Freund, der dein, und dessen Wahl erprobt,
Mit ehr'nen Haken klammr' ihn an dein Herz!
Doch härte deine Hand nicht durch Begrüßung
Von jedem neugeheckten Bruder! Hüte dich,
In Händel zu geraten; bist du drin:
Führ' sie, dass sich dein Feind vor dir mag hüten!
Dein Ohr leih' jedem, wen'gen deine Stimme;
Nimm Rat von allen, aber spar' dein Urteil!
Die Kleidung kostbar, wie's dein Beutel kann,
Doch nicht ins Grillenhafte; reich, nicht bunt:
Denn es verkündigt oft die Tracht den Mann,

Und die vom ersten Rang und Stand in Frankreich
Sind darin ausgesucht und edler Sitte.
Kein Borger sei und auch Verleiher nicht:
Sich und den Freund verliert das Darlehn oft,
Und Borgen stumpft der Wirtschaft Spitze ab.
Dies über alles: sei dir selber treu,
Und daraus folgt, so wie die Nacht dem Tage,
Du kannst nicht falsch sein gegen irgend wen.
Leb wohl! mein Segen fördre dies an dir!
LAERTES. In Ehrerbietung nehm' ich Abschied, Herr.
POLONIUS. Euch ruft die Zeit; geht, Eure Diener warten.
LAERTES. Leb wohl, Ophelia, und gedenk' an das,
    Was ich dir sagte!
OPHELIA. Es ist in mein Gedächtnis fest verschlossen,
    Und Ihr sollt selbst dazu den Schlüssel führen.
LAERTES. Lebt wohl.

Laertes ab.

POLONIUS. Was ist's, Ophelia, dass er Euch gesagt?
OPHELIA. Wenn Ihr erlaubt, vom Prinzen Hamlet war's.
POLONIUS. Ha, wohl bedacht!
    Ich höre, dass er Euch seit kurzem oft
    Vertraute Zeit geschenkt; und dass Ihr selbst
    Mit Eurem Zutritt sehr bereit und frei wart.
    Wenn dem so ist – und so erzählt man mir's,
    Und das als Warnung zwar –, muss ich Euch sagen,
    Dass Ihr Euch selber nicht so klar versteht,
    Als meiner Tochter ziemt und Eurer Ehre.
    Was gibt es zwischen euch? Sagt mir die Wahrheit!
OPHELIA. Er hat seither Anträge mir getan
    Von seiner Zuneigung.
POLONIUS. Pah, Zuneigung! Ihr sprecht wie junges Blut,
    In solchen Fährlichkeiten unbewandert.
    Und glaubt Ihr den Anträgen, wie Ihr's nennt?
OPHELIA. Ich weiß nicht, Vater, was ich denken soll?
POLONIUS. So hört's denn: denkt, Ihr seid ein dummes Ding,
    Dass Ihr für bar Anträge habt genommen,
    Die ohn' Ertrag sind. Nein, betragt Euch klüger,
    Sonst (um das arme Wort nicht tot zu hetzen)
    Trägt Eure Narrheit noch Euch Schaden ein.
OPHELIA. Er hat mit seiner Lieb' in mich gedrungen,
    In aller Ehr' und Sitte.
POLONIUS. Ja, Sitte mögt Ihr's nennen: geht mir, geht!

OPHELIA. Und hat sein Wort beglaubigt, lieber Herr,
Beinah' durch jeden heil'gen Schwur des Himmels.
POLONIUS. Ja, Sprenkel für die Drosseln! Weiß ich doch,
Wenn das Blut kocht, wie das Gemüt der Zunge
Freigebig Schwüre leiht. Dies Lodern, Tochter,
Mehr leuchtend als erwärmend, und erloschen
Selbst im Versprechen, während es geschieht,
Nehmt keineswegs für Feuer! Kargt von nun an
Mit Eurer jungfräulichen Gegenwart
Ein wenig mehr; schätzt Eure Unterhaltung
Zu hoch, um auf Befehl bereit zu sein!
Und was Prinz Hamlet angeht, traut ihm so:
Er sei noch jung, und habe freiern Spielraum,
Als Euch vergönnt mag werden. Kurz, Ophelia,
Traut seinen Schwüren nicht: denn sie sind Kuppler,
Nicht von der Farbe ihrer äußern Tracht,
Fürsprecher sündlicher Gesuche bloß,
Gleich frommen, heiligen Gelübden atmend,
Um besser zu berücken. Eins für alles:
Ihr sollt mir, grad' heraus, von heute an
Die Muße keines Augenblicks so schmähn,
Dass Ihr Gespräche mit Prinz Hamlet pflöget.
Seht zu, ich sag's Euch: geht nun Eures Weges!
OPHELIA. Ich will gehorchen, Herr. *Ab.*

Vierte Szene

Hamlet, Horatio und Marcellus treten auf.

HAMLET. Die Luft geht scharf, es ist entsetzlich kalt.
HORATIO. 's ist eine schneidende und strenge Luft.
HAMLET. Was ist die Uhr?
HORATIO. Ich denke, nah an zwölf.
MARCELLUS. Nicht doch, es hat geschlagen.
HORATIO. Wirklich schon?
Ich hört' es nicht; so rückt heran die Stunde
Worin der Geist gewohnt ist umzugehn.

Trompetenstoß und Geschütz abgefeuert hinter der Szene.

Was stellt das vor, mein Prinz?
HAMLET. Der König wacht die Nacht durch, zecht vollauf,
Hält Schmaus und taumelt den geräusch'gen Walzer;

Und wie er Züge Rheinweins niedergießt,
Verkünden schmetternd Pauken und Trompeten
Den ausgebrachten Trunk.
HORATIO. Ist das Gebrauch?
HAMLET. Nun freilich wohl:
Doch meines Dünkens (bin ich eingeboren
Und drin erzogen schon) ist's ein Gebrauch,
Wovon der Bruch mehr ehrt als die Befolgung.
Dies schwindelköpf'ge Zechen macht verrufen
Bei andern Völkern uns in Ost und West;
Man heißt uns Säufer, hängt an unsre Namen
Ein schmutzig Beiwort; und fürwahr, es nimmt
Von unsern Taten, noch so groß verrichtet,
Den Kern und Ausbund unsers Wertes weg.
So geht es oft mit einzlen Menschen auch,
Dass sie durch ein Naturmal, das sie schändet,
Als etwa von Geburt (worin sie schuldlos,
Weil die Natur nicht ihren Ursprung wählt)
Ein Übermaß in ihres Blutes Mischung,
Das Dämm' und Schanzen der Vernunft oft einbricht,
Auch wohl durch Angewöhnung, die zu sehr
Den Schein gefäll'ger Sitten überrostet –
Dass diese Menschen, sag' ich, welche so
Von einem Fehler das Gepräge tragen
(Sei's Farbe der Natur, sei's Fleck des Zufalls),
Und wären ihre Tugenden so rein
Wie Gnade sonst, so zahllos wie ein Mensch
Sie tragen mag: in dem gemeinen Tadel
Steckt der besondre Fehl sie doch mit an;
Der Gran von Schlechtem zieht des edlen Wertes
Gehalt herab in seine eigne Schmach.

Der Geist kommt.

HORATIO. O seht, mein Prinz, es kommt!
HAMLET. Engel und Boten Gottes steht uns bei!
Sei du ein Geist des Segens, sei ein Kobold,
Bring' Himmelslüfte oder Dampf der Hölle,
Sei dein Beginnen boshaft oder liebreich,
Du kommst in so fragwürdiger Gestalt,
Ich rede doch mit dir; ich nenn' dich Hamlet,
Fürst, Vater, Dänenkönig: o gib Antwort!
Lass mich in Blindheit nicht vergehn! Nein, sag:
Warum dein fromm Gebein, verwahrt im Tode,

Die Leinen hat gesprengt? warum die Gruft,
Worin wir ruhig eingeurnt dich sahn,
Geöffnet ihre schweren Marmorkiefern,
Dich wieder auszuwerfen? Was bedeutet's,
Dass, toter Leichnam, du, in vollem Stahl,
Aufs neu' des Mondes Dämmerschein besuchst,
Die Nacht entstellend; dass wir Narren der Natur
So furchtbarlich uns schütteln mit Gedanken,
Die unsre Seele nicht erreichen kann?
Was ist dies? sag! Warum? Was sollen wir?

Der Geist winkt Hamlet.

HORATIO. Es winket Euch, mit ihm hinwegzugehn,
   Als ob es eine Mitteilung verlangte
   Mit Euch allein.
MARCELLUS. Seht, wie es Euch mit freundlicher Gebärde
   Hinweist an einen mehr entlegnen Ort:
   Geht aber nicht mit ihm!
HORATIO. Nein, keineswegs.
HAMLET. Es will nicht sprechen: wohl, so folg' ich ihm.
HORATIO. Tut's nicht, mein Prinz!
HAMLET. Was wäre da zu fürchten?
   Mein Leben acht' ich keine Nadel wert;
   Und meine Seele, kann es der was tun,
   Die ein unsterblich Ding ist, wie es selbst?
   Es winkt mir wieder fort, ich folg' ihm nach.
HORATIO. Wie, wenn es hin zur Flut Euch lockt, mein Prinz
   Vielleicht zum grausen Gipfel jenes Felsen,
   Der in die See nickt über seinen Fuß,
   Und dort in andre Schreckgestalt sich kleidet,
   Die der Vernunft die Herrschaft rauben könnte
   Und Euch zum Wahnsinn treiben? Oh, bedenkt!
   Der Ort an sich bringt Grillen der Verzweiflung
   Auch ohne weitern Grund in jedes Hirn,
   Der so viel Klafter niederschaut zur See
   Und hört sie unten brüllen.
HAMLET. Immer winkt es:
   Geh nur! ich folge dir.
MARCELLUS. Ihr dürft nicht gehn, mein Prinz!
HAMLET. Die Hände weg!
HORATIO. Hört uns, Ihr dürft nicht gehn!
HAMLET. Mein Schicksal ruft,
   Und macht die kleinste Ader dieses Leibes

So fest als Sehnen des Nemeer Löwen.
Es winkt mir immerfort: lasst los! Beim Himmel,
Den mach' ich zum Gespenst, der mich zurückhält! –
Ich sage, fort! – Voran! ich folge dir.

Der Geist und Hamlet ab.

HORATIO. Er kommt ganz außer sich vor Einbildung.
MARCELLUS. Ihm nach! Wir dürfen ihm nicht so gehorchen.
HORATIO. Kommt, folgen wir! Welch Ende wird dies nehmen?
MARCELLUS. Etwas ist faul im Staate Dänemarks.
HORATIO. Der Himmel wird es lenken.
MARCELLUS. Lasst uns gehn! *Ab.*

Fünfte Szene

Der Geist und Hamlet kommen.

HAMLET. Wo führst du hin mich? Red', ich geh' nicht weiter.
GEIST. Hör' an!
HAMLET. Ich will's.
GEIST. Schon naht sich meine Stunde,
    Wann ich den schweflichten, qualvollen Flammen
    Mich übergeben muss.
HAMLET. Ach, armer Geist!
GEIST. Beklag' mich nicht, doch leih' dein ernst Gehör
    Dem, was ich kund will tun.
HAMLET. Sprich! mir ist's Pflicht zu hören.
GEIST. Zu rächen auch, sobald du hören wirst.
HAMLET. Was?
GEIST. Ich bin deines Vaters Geist:
    Verdammt auf eine Zeitlang, nachts zu wandern,
    Und tags gebannt, zu fasten in der Glut,
    Bis die Verbrechen meiner Zeitlichkeit
    Hinweggeläutert sind. Wär' mir's nicht untersagt,
    Das Innre meines Kerkers zu enthüllen,
    So höb' ich eine Kunde an, von der
    Das kleinste Wort die Seele dir zermalmte,
    Dein junges Blut erstarrte, deine Augen
    Wie Stern' aus ihren Kreisen schießen machte,
    Dir die verworrnen krausen Locken trennte
    Und sträubte jedes einzle Haar empor,
    Wie Nadeln an dem zörn'gen Stacheltier:

Doch diese ew'ge Offenbarung fasst
Kein Ohr von Fleisch und Blut. – Horch, horch! o horch!
Wenn du je deinen teuren Vater liebtest –
HAMLET. O Himmel!
GEIST. Räch' seinen schnöden, unerhörten Mord!
HAMLET. Mord?
GEIST. Ja, schnöder Mord, wie er aufs beste ist,
Doch dieser unerhört und unnatürlich.
HAMLET. Eil', ihn zu melden: dass ich auf Schwingen, rasch
Wie Andacht und des Liebenden Gedanken,
Zur Rache stürmen mag.
GEIST. Du scheinst mir willig:
Auch wärst du träger als das feiste Kraut,
Das ruhig Wurzel treibt an Lethes Bord,
Erwachtest du nicht hier. Nun, Hamlet, höre:
Es heißt, dass, weil ich schlief in meinem Garten,
Mich eine Schlange stach; so wird das Ohr des Reichs
Durch den erlognen Hergang meines Todes
Schmählich getäuscht; doch wisse, edler Jüngling,
Die Schlang', die deines Vaters Leben stach,
Trägt seine Krone jetzt.
HAMLET. O mein prophetisches Gemüt! Mein Oheim?
GEIST. Ja, der blutschänderische Ehebrecher,
Durch Witzes Zauber, durch Verrätergaben
(O arger Witz und Gaben, die imstand
So zu verführen sind!) gewann den Willen
Der scheinbar tugendsamen Königin
Zu schnöder Lust. O Hamlet, welch ein Abfall!
Von mir, des Liebe von der Echtheit war,
Dass Hand in Hand sie mit dem Schwure ging,
Den ich bei der Vermählung tat; erniedert
Zu einem Sünder, von Natur durchaus
Armselig gegen mich!
Allein wie Tugend nie sich reizen lässt,
Buhlt Unzucht auch um sie in Himmelsbildung,
So Lust, gepaart mit einem lichten Engel,
Wird dennoch eines Götterbettes satt
Und hascht nach Wegwurf. –
Doch still! mich dünkt, ich wittre Morgenluft:
Kurz lass mich sein. – Da ich im Garten schlief,
Wie immer meine Sitte nachmittags,
Beschlich dein Oheim meine sichre Stunde,
Mit Saft verfluchten Bilsenkrauts im Fläschchen,

Und träufelt' in den Eingang meines Ohrs
Das schwärende Getränk; wovon die Wirkung
So mit des Menschen Blut in Feindschaft steht,
Dass es durch die natürlichen Kanäle
Des Körpers hurtig, wie Quecksilber läuft;
Und wie ein saures Lab, in Milch getropft,
Mit plötzlicher Gewalt gerinnen macht
Das leichte, reine Blut. So tat es meinem,
Und Aussatz schuppte sich mir augenblicklich,
Wie einem Lazarus, mit ekler Rinde
Ganz um den glatten Leib.
So ward ich schlafend und durch Bruderhand
(Um Leben, Krone, Weib mit eins gebracht,)
In meiner Sünden Blüte hingerafft,
Ohne Nachtmahl, ungebeichtet, ohne Ölung;
Die Rechnung nicht geschlossen, ins Gericht
Mit aller Schuld auf meinem Haupt gesandt.
O schaudervoll! o schaudervoll! höchst schaudervoll!
Hast du Natur in dir, so leid' es nicht;
Lass Dänmarks königliches Bett kein Lager
Für Blutschand' und verruchte Wollust sein!
Doch, wie du immer diese Tat betreibst,
Befleck' dein Herz nicht; dein Gemüt ersinne
Nichts gegen deine Mutter: überlass sie
Dem Himmel und den Dornen, die im Busen
Ihr stechend wohnen! Lebe wohl mit eins!
Der Glühwurm zeigt, dass sich die Frühe naht,
Und sein unwirksam Feu'r beginnt zu blassen.
Ade! Ade! Ade! Gedenke mein! *Ab.*
HAMLET. O Herr des Himmels! Erde! – Was noch sonst?
Nenn' ich die Hölle mit? – O pfui! Halt, halt mein Herz!
Ihr meine Sehnen, altert nicht sogleich,
Tragt fest mich aufrecht! – Dein gedenken? Ja,
Du armer Geist, solang' Gedächtnis haust
In dem zerstörten Ball hier. Dein gedenken?
Ja, von der Tafel der Erinn'rung will ich
Weglöschen alle törichten Geschichten,
Aus Büchern alle Sprüche, die Spuren des Vergangnen,
Welche da die Jugend einschrieb und Beobachtung;
Und dein Gebot soll leben ganz allein
Im Buche meines Hirnes, unvermischt
Mit minder würd'gen Dingen. – Ja, beim Himmel!
O höchst verderblich Weib!

O Schurke! lächelnder, verdammter Schurke!
Schreibtafel her! Ich muss mir's niederschreiben,
Dass einer lächeln kann, und immer lächeln,
Und doch ein Schurke sein, zum wenigsten
Weiß ich gewiss, in Dänmark kann's so sein.

Er schreibt.

Da steht Ihr, Oheim. Jetzt zu meiner Losung!
Sie heißt: »Ade, ade! Gedenke mein!«
Ich hab's geschworen.
HORATIO *hinter der Szene.* Mein Prinz! Mein Prinz!
MARCELLUS *hinter der Szene.* Prinz Hamlet!

Horatio und Marcellus kommen.

HORATIO. Gott beschütz' ihn!
HAMLET. So sei es!
MARCELLUS. Heda! Ho! Mein Prinz!
HAMLET. Ha! heisa, Junge! Komm, Vögelchen, komm!
MARCELLUS. Wie steht's, mein gnäd'ger Herr?
HORATIO. Was gibt's, mein Prinz?
HAMLET. Oh, wunderbar!
HORATIO. Sagt, bester, gnäd'ger Herr!
HAMLET. Nein, ihr verratet's.
HORATIO. Ich nicht, beim Himmel, Prinz.
MARCELLUS. Ich gleichfalls nicht.
HAMLET. Was sagt ihr? Sollt's 'ne Menschenseele denken? –
    Doch ihr wollt schweigen? –
BEIDE: HORATIO, MARCELLUS. Ja, beim Himmel, Prinz!
HAMLET. Es lebt kein Schurk' im ganzen Dänemark,
    Der nicht ein ausgemachter Bube wär'.
HORATIO. Es braucht kein Geist vom Grabe herzukommen,
    Um das zu sagen.
HAMLET. Richtig; Ihr habt recht.
    Und so, ohn' alle weitere Förmlichkeit,
    Denk' ich, wir schütteln uns die Händ' und scheiden;
    Ihr tut, was euch Beruf und Neigung heißt –
    Dann jeder Mensch hat Neigung und Beruf,
    Wie sie denn sind –, ich, für mein armes Teil,
    Seht ihr, will beten gehn.
HORATIO. Dies sind nur wirblichte und irre Worte, Herr.
HAMLET. Es tut mir leid, dass sie Euch ärgern, herzlich;
    Ja, mein' Treu', herzlich.
HORATIO. Kein Ärgernis, mein Prinz.

HAMLET. Doch, bei Sankt Patrick, gibt es eins, Horatio,
  Groß Ärgernis. Was die Erscheinung angeht,
  Ich sag' euch, ,s ist ein ehrliches Gespenst.
  Die Neugier, was es zwischen uns doch gibt,
  Bemeistert, wie ihr könnt! Und nun, ihr Lieben,
  Wofern ihr Freunde seid, Mitschüler, Krieger,
  Gewährt ein Kleines mir!
HORATIO. Was ist's? Wir sind bereit.
HAMLET. Macht nie bekannt, was ihr die Nacht gesehn!
BEIDE: HORATIO, MARCELLUS. Wir wollen's nicht, mein Prinz.
HAMLET. Gut, aber schwört!
HORATIO. Auf Ehre, Prinz, ich nicht!
MARCELLUS. Ich gleichfalls nicht, auf Ehre!
HAMLET. Auf mein Schwert!
MARCELLUS. Wir haben schon geschworen, gnäd'ger Herr.
HAMLET. Im Ernste, auf mein Schwert, im Ernste!
GEIST *unter der Erde.* Schwört!
HAMLET. Haha, Bursch! sagst du das? Bist du da, Grundehrlich?
  Wohlan – ihr hört im Keller den Gesellen –
  Bequemt euch zu schwören!
HORATIO. Sagt den Eid, mein Prinz!
HAMLET. Niemals von dem, was ihr gesehn, zu sprechen,
  Schwört auf mein Schwert!
GEIST *unter (der Erde).* Schwört!
HAMLET. Hic et ubique? Wechseln wir die Stelle! –
  Hierher, ihr Herren, kommt,
  Und legt die Hände wieder auf mein Schwert:
  Schwört auf mein Schwert,
  Niemals von dem, was ihr gehört, zu sprechen!
GEIST *unter (der Erde).* Schwört auf sein Schwert!
HAMLET. Brav, alter Maulwurf! Wühlst so hurtig fort?
  O trefflicher Minierer! – Nochmals weiter, Freunde!
HORATIO. Beim Sonnenlicht, dies ist erstaunlich fremd.
HAMLET. So heiß' als einen Fremden es willkommen.
  Es gibt mehr Ding' im Himmel und auf Erden,
  Als Eure Schulweisheit sich träumt, Horatio.
  Doch kommt!
  Hier, wie vorhin, schwört mir, so Gott euch helfe,
  Wie fremd und seltsam ich mich nehmen mag,
  Da mir's vielleicht in Zukunft dienlich scheint,
  Ein wunderliches Wesen anzulegen:
  Ihr wollet nie, wenn ihr alsdann mich seht,
  Die Arme so verschlingend, noch die Köpfe

So schüttelnd, noch durch zweifelhafte Reden,
Als: »Nun, nun, wir wissen« – oder: »Wir könnten, wenn wir woll-
ten« – oder: »Ja, wenn wir reden möchten«; oder:
»Es gibt ihrer, wenn sie nur dürften« –
Und solch verstohlnes Deuten mehr, verraten,
Dass ihr von mir was wisset: dieses schwört,
So Gott in Nöten und sein Heil euch helfe!
GEIST *unter (der Erde).* Schwört!

Sie schwören.

HAMLET. Ruh', ruh', verstörter Geist! – Nun, liebe Herrn,
Empfehl' ich euch mit aller Liebe mich,
Und was ein armer Mann, wie Hamlet ist,
Vermag, euch Lieb' und Freundschaft zu bezeugen,
So Gott will, soll nicht fehlen. Lasst uns gehn,
Und, bitt' ich, stets die Finger auf den Mund!
Die Zeit ist aus den Fugen: Schmach und Gram,
Dass ich zur Welt, sie einzurichten, kam!
Nun kommt, lasst uns zusammen gehn! *Alle ab.*

Zweiter Aufzug
Erste Szene

Der alte Polonius und sein Gefolgsmann Reinhold treten auf.

POLONIUS. Gib ihm dies Geld und die Papiere, Reinhold!
REINHOLD. Ja, gnäd'ger Herr.
POLONIUS. Ihr werdet mächtig klug tun, guter Reinhold,
Euch zu erkund'gen, eh' Ihr ihn besucht,
Wie sein Betragen ist.
REINHOLD. Das dacht' ich auch zu tun.
POLONIUS. Ei, gut gesagt! recht gut gesagt! Seht Ihr,
Erst fragt mir, was für Dänen in Paris sind,
Und wie, wer, auf was Art, und wo sie leben,
Mit wem, was sie verzehren; wenn Ihr dann
Durch diesen Umschweif Eurer Fragen merkt,
Sie kennen meinen Sohn, so kommt Ihr näher.
Berührt alsdann es mit besondern Fragen,
Tut gleichsam wie von fern bekannt; zum Beispiel:

»Ich kenne seinen Vater, seine Freunde,
Und auch zum Teil ihn selbst.« – Versteht Ihr, Reinhold?
REINHOLD. Vollkommen, gnäd'ger Herr.
POLONIUS. »Zum Teil auch ihn; doch«, mögt Ihr sagen, »wenig,
Und wenn's der rechte ist, der ist gar wild,
Treibt dies und das« – dann gebt ihm nach Belieben
Erlogne Dinge schuld; nun, nichts so Arges,
Das Schand' ihm brächte; davor hütet Euch!
Nein, solche wilde, ausgelassne Streiche,
Als hergebrachtermaßen die Gefährten
Der Jugend und der Freiheit sind.
REINHOLD. Als spielen.
POLONIUS. Ja, oder trinken, raufen, fluchen, zanken,
Huren – so weit könnt Ihr gehn.
REINHOLD. Das würd' ihm Schande bringen, gnäd'ger Herr.
POLONIUS. Mein' Treu' nicht, wenn Ihr's nur zu wenden wisst.
Ihr müsst ihn nicht in andern Leumund bringen,
Als übermannt' ihn Unenthaltsamkeit:
Das ist die Meinung nicht; bringt seine Fehler zierlich
Ans Licht, dass sie der Freiheit Flecken scheinen,
Der Ausbruch eines feurigen Gemüts,
Und eine Wildheit ungezähmten Bluts,
Die jeden anficht.
REINHOLD. Aber, bester Herr –
POLONIUS. Weswegen Ihr dies tun sollt?
REINHOLD. Ja, das wünscht' ich
Zu wissen, Herr.
POLONIUS. Ei nun, mein Plan ist der,
Und, wie ich denke, ist's ein Pfiff, der anschlägt:
Werft Ihr auf meinen Sohn so kleine Makeln,
Als wär' er in der Arbeit was beschmutzt
Merkt wohl!
Wenn der Mitunterredner, den Ihr aushorcht,
In vorbenannten Lastern jemals schuldig
Den jungen Mann gesehn, so seid gewiss,
Dass selb'ger folgendergestalt Euch beitritt:
»Lieber Herr«, oder so; oder »Freund«, oder »mein Wertester«,
Wie nun die Redensart und die Betitlung
Bei Land und Leuten üblich ist.
REINHOLD. Sehr wohl, mein Herr.
POLONIUS.
Und hierauf tut er dies: – Er tut – ja was wollte ich doch sagen?

Beim Sakrament, ich habe was sagen wollen.
Wo brach ich ab?

REINHOLD. Bei »folgendergestalt Euch beitritt«.

POLONIUS. Bei »folgendergestalt Euch beitritt«. – Ja,
Er tritt Euch also bei: »Ich kenn' ihn wohl, den Herrn,
Ich sah ihn gestern oder neulich ‚mal,
Oder wann es war, mit dem und dem; und wie Ihr sagt,
Da spielt' er hoch; da traf man ihn im Rausch;
Da rauft' er sich beim Ballspiel«; oder auch:
»Ich sah ihn gehn in solch ein saubres Haus«
(Will sagen: ein Bordell), und mehr dergleichen. – Seht nur,
Eu'r Lügenköder fängt den Wahrheitskarpfen;
So wissen wir, gewitzigt, helles Volk,
Mit Krümmungen und mit verstecktem Angriff
Durch einen Umweg auf den Weg zu kommen;
Und so könnt Ihr, wie ich Euch Anweisung
Und Rat erteilet, meinen Sohn erforschen.
Ihr habt's gefasst, nicht wahr?

REINHOLD. Ja, gnäd'ger Herr.

POLONIUS. Nun, Gott mit Euch! Lebt wohl!

REINHOLD. Mein bester Herr –

POLONIUS. Bemerkt mit eignen Augen seinen Wandel!

REINHOLD. Das will ich tun.

POLONIUS. Und dass er die Musik mir fleißig treibt!

REINHOLD. Gut, gnäd'ger Herr.

POLONIUS. Lebt wohl! –

Reinhold ab. Ophelia kommt.

Wie nun, Ophelia, was gibt's?

OPHELIA. O lieber Herr, ich bin so sehr erschreckt!

POLONIUS. Wodurch, ins Himmels Namen?

OPHELIA. Als ich in meinem Zimmer näht', auf einmal
Prinz Hamlet – mit ganz aufgerissnem Wams,
Kein Hut auf seinem Kopf, die Strümpfe schmutzig
Und losgebunden auf den Knöcheln hängend;
Bleich wie sein Hemde, schlotternd mit den Knien;
Mit einem Blick, von Jammer so erfüllt,
Als wär' er aus der Hölle losgelassen,
Um Gräuel kund zu tun, – so tritt er vor mich.

POLONIUS. Verrückt aus Liebe?

OPHELIA. Herr, ich weiß es nicht,
Allein ich fürcht' es wahrlich.

POLONIUS. Und was sagt er?

OPHELIA. Er griff mich bei der Hand und hielt mich fest,
Dann lehnt' er sich zurück, so lang sein Arm;
Und mit der andern Hand so überm Auge,
Betrachtet' er so prüfend mein Gesicht,
Als wollt' er's zeichnen. Lange stand er so;
Zuletzt ein wenig schüttelnd meine Hand,
Und dreimal hin und her den Kopf so wägend,
Holt' er solch einen bangen tiefen Seufzer,
Als sollt' er seinen ganzen Bau zertrümmern
Und endigen sein Dasein. Dies getan,
Lässt er mich gehn; und über seine Schultern
Den Kopf zurückgedreht, schien er den Weg
Zu finden ohne seine Augen; denn
Er ging zur Tür hinaus ohn' ihre Hilfe,
Und wandte bis zuletzt ihr Licht auf mich.
POLONIUS. Geht mit mir, kommt: ich will den König suchen.
Dies ist die wahre Schwärmerei der Liebe,
Die, ungestüm von Art, sich selbst zerstört
Und leitet zu verzweifelten Entschlüssen
So oft als irgendeine Leidenschaft,
Die unterm Mond uns quält. Es tut mir leid –
Sagt, gabt Ihr ihm seit kurzem harte Worte?
OPHELIA. Nein, bester Herr, nur, wie Ihr mir befahlt,
Wies ich die Briefe ab und weigert' ihm
Den Zutritt.
POLONIUS. Das hat ihn verrückt gemacht.
Es tut mir leid, dass ich mit besserm Urteil
Ihn nicht beachtet. Ich sorgt', er tändle nur
Und wolle dich verderben: doch verdammt mein Argwohn!
Uns Alten ist's so eigen, wie es scheint,
Mit unsrer Meinung übers Ziel zu gehn.
Als häufig bei dem jungen Volk der Mangel
An Vorsicht ist. Gehn wir zum König, komm:
Er muss dies wissen: denn es zu verstecken,
Brächt' uns mehr Gram, als Hass, die Lieb' entdecken.
Komm! *Ab.*

Zweite Szene

KÖNIG. Willkommen, Rosenkranz und Güldenstern!
Wir wünschten nicht nur sehnlich, euch zu sehn.
Auch das Bedürfnis eurer Dienste trieb
Uns zu der eil'gen Sendung an. Ihr hörtet
Von der Verwandlung Hamlets schon: so nenn' ich's,
Weil noch der äußre, noch der innre Mensch
Dem gleichet, was er war. Was es nur ist,
Als seines Vaters Tod, das ihn so weit
Von dem Verständnis seiner selbst gebracht,
Kann ich nicht raten. Ich ersuch' euch beide –
Da ihr von Kindheit auf mit ihm erzogen
Und seiner Laun' und Jugend nahe bliebt –,
Ihr wollet hier an unserm Hof verweilen
Auf ein'ge Zeit, um ihn durch euern Umgang
In Lustbarkeit zu ziehn, und zu erspähn,
So weit der Anlass auf die Spur euch bringt,
Ob irgend was, uns unbekannt, ihn drückt,
Das, offenbart, zu heilen wir vermöchten.
KÖNIGIN. Ihr lieben Herrn, er hat euch oft genannt:
Ich weiß gewiss, es gibt nicht andre zwei,
An denen er so hängt. Wenn's euch beliebt,
Uns so viel guten Willen zu erweisen,
Dass ihr bei uns hier eine Weile zubringt,
Zu unsrer Hoffnung Vorschub und Gewinn,
So wollen wir euch den Besuch belohnen,
Wie es sich ziemt für eines Königs Dank.
ROSENKRANZ. Es stände Euren Majestäten zu,
Nach herrschaftlichen Rechten über uns,
Mehr zu gebieten nach gestrengem Willen,
Als zu ersuchen.
GÜLDENSTERN. Wir gehorchen beide,
Und bieten uns hier an, nach besten Kräften,
Zu Euren Füßen unsern Dienst zu legen,
Um frei damit zu schalten.
KÖNIG. Dank, Rosenkranz und lieber Güldenstern!
KÖNIGIN. Dank, Güldenstern und lieber Rosenkranz!
Besucht doch unverzüglich meinen Sohn,

Der nur zu sehr verwandelt. Geh' wer mit,
Und bring' die Herren hin, wo Hamlet ist!
GÜLDENSTERN. Der Himmel mach' ihm unsre Gegenwart
Und unser Tun gefällig und ersprießlich!
KÖNIGIN. So sei es, Amen!

Rosenkranz, Güldenstern und einige aus dem Gefolge ab. Polonius kommt.

POLONIUS. Mein König, die Gesandten sind von Norweg
Froh wieder heimgekehrt.
KÖNIG. Du warest stets der Vater guter Zeitung.
POLONIUS. Nicht wahr? Ja, seid versichert, bester Herr,
Ich halt' auf meine Pflicht wie meine Seele,
Erst meinem Gott, dann meinem gnäd'gen König:
Und jetzo denk' ich (oder dies Gehirn
Jagt auf der Klugheit Fährte nicht so sicher,
Als es wohl pflegte), dass ich ausgefunden,
Was eigentlich an Hamlets Wahnwitz schuld.
KÖNIG. Oh, davon sprecht: das wünsch' ich sehr zu hören.
POLONIUS. Vernehmt erst die Gesandten; meine Zeitung
Soll bei dem großen Schmaus der Nachtisch sein.
KÖNIG. Tut ihnen selber Ehr' und führt sie vor!

Polonius ab.

Er sagt mir, liebe Gertrud, dass er jetzt
Den Quell vom Übel Eures Sohns gefunden.
KÖNIGIN. Ich fürcht', es ist nichts anders als das eine,
Des Vaters Tod und unsre hast'ge Heirat.

Polonius kommt mit Voltimand und Cornelius, den Botschaftern, zurück.

KÖNIG.
Gut, wir erforschen ihn. Willkommen, liebe Freunde! Voltimand,
Sagt, was Ihr bringt von unserm Bruder Norweg!
VOLTIMAND. Erwiderung der schönsten Grüß' und Wünsche.
Auf unser erstes sandt' er aus und hemmte
Die Werbungen des Neffen, die er hielt
Für Zurüstungen gegen den Pollacken;
Doch näher untersucht, fand er, sie gingen
Auf Eure Hoheit wirklich. Drob gekränkt,
Dass seine Krankheit, seines Alters Schwäche
So hintergangen sei, legt' er Verhaft
Auf Fortinbras, – worauf sich dieser stellt,
Verweis' empfängt von Norweg, und zuletzt
Vor seinem Oheim schwört, nie mehr die Waffen

Zu führen gegen Eure Majestät.
Der alte Norweg, hoch erfreut hierüber.
Gibt ihm dreitausend Kronen Jahrgehalt
Und seine Vollmacht, gegen den Pollacken
Die so geworbnen Truppen zu gebrauchen;
Nebst dem Gesuch, des weitern hier erklärt,

Übergibt ein Papier.

Ihr wollt geruhn, für dieses Unternehmen
Durch Eu' r Gebiet den Durchzug zu gestatten,
Mit solcherlei Gewähr und Einräumung,
Als abgefasst hier steht.
KÖNIG. Es dünkt uns gut,
Wir wollen bei gelegner Zeit es lesen,
Antworten und bedenken dies Geschäft.
Zugleich habt Dank für wohlgenommne Müh':
Geht auszuruhn, wir schmausen heut zusammen.
Willkommen mir zu Haus!

Botschafter samt Gefolge ab.

POLONIUS. So wäre dies Geschäft nun wohl vollbracht.
Mein Fürst, und gnäd' ge Frau, hier zu erörtern,
Was Majestät ist, was Ergebenheit,
Warum Tag, Tag; Nacht, Nacht; die Zeit, die Zeit:
Das hieße, Nacht und Tag und Zeit verschwenden.
Weil Kürze denn des Witzes Seele ist,
Weitschweifigkeit der Leib und äußre Zierrat,
Fass' ich mich kurz. Eu' r edler Sohn ist toll,
Toll nenn' ich's: denn worin besteht die Tollheit,
Als dass man gar nichts anders ist als toll?
Doch das mag sein.
KÖNIGIN. Mehr Inhalt, wen'ger Kunst!
POLONIUS. Auf Ehr', ich brauche nicht die mind'ste Kunst.
Toll ist er, das ist wahr; wahr ist's, ,s ist schade;
Und schade, dass es wahr ist. Doch dies ist
,ne törichte Figur: sie fahre wohl,
Denn ich will ohne Kunst zu Werke gehn.
Toll nehmen wir ihn also; nun ist übrig,
Dass wir den Grund erspähn von dem Effekt,
Nein, richtiger, den Grund von dem Defekt;
Denn dieser Defektiv-Effekt hat Grund.
So steht's nun, und der Sache Stand ist dies.
Erwägt!

Ich hab' ne Tochter; hab' sie, weil sie mein;
Die mir aus schuldigem Gehorsam, seht,
Dies hier gegeben; schließt und ratet nun!

Liest die Anrede des Briefes.

»An die himmlische und den Abgott meiner Seele, die liebreizende
Ophelia.« – Das ist eine schlechte Redensart, eine gemeine Redens-
art; »liebreizend« ist eine gemeine Redensart. Aber hört nur weiter:
»An ihren trefflichen zarten Busen diese Zeilen« usw.

KÖNIGIN. Hat Hamlet dies an sie geschickt?

POLONIUS. Geduld nur, gnäd'ge Frau, ich meld' Euch alles.

Liest den Brief.

»Zweifle an der Sonne Klarheit,
    Zweifle an der Sterne Licht,
Zweifl', ob lügen kann die Wahrheit,
    Nur an meiner Liebe nicht.«

»O liebe Ophelia, es gelingt mir schlecht mit dem Silbenmaße;
ich besitze die Kunst nicht, meine Seufzer zu messen: aber dass ich
dich bestens liebe, o Allerbeste, das glaube mir! Leb wohl!

    Der Deinige auf ewig, teuerstes Fräulein,
        solange diese Maschine ihm zugehört, Hamlet.«

Dies hat mir meine Tochter schuld'germaßen
Gezeigt, und überdies sein dringend Werben,
Wie sich's nach Zeit und Weis' und Ort begab,
Mir vor das Ohr gebracht.

KÖNIG. Allein wie nahm
Sie seine Liebe auf?

POLONIUS. Was denket Ihr von mir?

KÖNIG. Dass Ihr ein Mann von Treu' und Ehre seid.

POLONIUS. Gern möcht' ich's zeigen. Doch was dächtet Ihr,
Hätt' ich gesehn, wie diese heiße Liebe
Sich anspann (und ich merkt' es, müsst Ihr wissen,
Eh' meine Tochter mir's gesagt), – was dächtet
Ihr, oder meine teure Majestät,
Eu'r königlich Gemahl, hätt' ich dabei
Brieftasche oder Schreibepult gespielt,
Hätt' ich mein Herz geängstigt still und stumm,
Und müßig dieser Liebe zugeschaut?
Was dächtet Ihr? Nein, ich ging rund heraus,
Und red'te so zu meinem jungen Fräulein:
»Prinz Hamlet ist ein Fürst; zu hoch für dich;
Dies darf nicht sein«; und dann schrieb ich ihr vor,

Dass sie vor seinem Umgang sich verschlösse,
Nicht Boten zuließ', Pfänder nicht empfinge.
Drauf machte sie sich meinen Rat zu Nutz,
Und er, verstoßen (um es kurz zu machen),
Fiel in ‚ne Traurigkeit; dann in ein Fasten;
Drauf in ein Wachen; dann in eine Schwäche;
Dann in Zerstreuung, und durch solche Stufen
In die Verrücktheit, die ihn jetzt verwirrt
Und sämtlich uns betrübt.
KÖNIG. Denkt Ihr, dies sei's?
KÖNIGIN. Es kann wohl sein, sehr möglich.
POLONIUS. Habt Ihr's schon je erlebt, das möcht' ich wissen,
Dass ich mit Zuversicht gesagt: »So ist's«,
Wenn es sich anders fand?
KÖNIG. Nicht, dass ich weiß.
POLONIUS *indem er auf seinen Kopf und Schulter zeigt.*
Trennt dies von dem, wenn's anders sich verhält:
Wenn eine Spur mich leitet, will ich finden,
Wo Wahrheit steckt, und steckte sie auch recht
Im Mittelpunkt.
KÖNIG. Wie lässt sich's näher prüfen?
POLONIUS. Ihr wisst, er geht wohl Stunden auf und ab
Hier in der Galerie.
KÖNIGIN. Das tut er wirklich.
POLONIUS. Da will ich meine Tochter zu ihm lassen.
Steht Ihr mit mir dann hinter einem Teppich,
Bemerkt den Hergang: wenn er sie nicht liebt,
Und dadurch nicht um die Vernunft gekommen,
So lasst mich nicht mehr Staatsbeamten sein:
Lasst mich den Acker baun und Pferde halten!
KÖNIG. Wir wollen sehn.

Hamlet kommt lesend.

KÖNIGIN. Seht, wie der Arme traurig kommt und liest!
POLONIUS. Fort, ich ersuch' euch, beide fort von hier!
Ich mache gleich mich an ihn.

König. Königin und Gefolge ab.

O erlaubt!
Wie geht es meinem besten Prinzen Hamlet?
HAMLET. Gut, dem Himmel sei Dank.
POLONIUS. Kennt Ihr mich, gnäd'ger Herr?
HAMLET. Vollkommen. Ihr seid ein Fischhändler.

POLONIUS. Das nicht, mein Prinz.

HAMLET. So wollt' ich, dass Ihr ein so ehrlicher Mann wärt.

POLONIUS. Ehrlich, mein Prinz?

HAMLET. Ja, Herr, ehrlich sein heißt, wie es in dieser Welt hergeht, ein Auserwählter unter Zehntausenden sein.

POLONIUS. Sehr wahr, mein Prinz.

HAMLET. Denn wenn die Sonne Maden in einem toten Hunde ausbrütet: eine Gottheit, die Aas küsst – habt Ihr eine Tochter?

POLONIUS. Ja, mein Prinz.

HAMLET. Lasst sie nicht in der Sonne gehn: Gaben sind ein Segen: aber da Eure Tochter empfangen könnte – seht Euch vor, Freund!

POLONIUS *beiseit.* Wie meint Ihr das? Immer auf meine Tochter angespielt: Und doch kannte er mich zuerst nicht; er sagte, ich wäre ein Fischhändler. Es ist weit mit ihm gekommen, sehr weit! und wahrlich, in meiner Jugend brachte mich die Liebe auch in große Drangsale, fast so schlimm wie ihn. Ich will ihn wieder anreden. – Was leset Ihr, mein Prinz?

HAMLET. Worte, Worte, Worte.

POLONIUS. Aber wovon handelt es?

HAMLET. Wer handelt?

POLONIUS. Ich meine, was in dem Buche steht, mein Prinz.

HAMLET. Verleumdungen, Herr: denn der satirische Schuft da sagt, dass alte Männer graue Bärte haben; dass ihre Gesichter runzlicht sind; dass ihnen zäher Ambra und Harz aus den Augen trieft; dass sie einen überflüssigen Mangel an Witz und daneben sehr kraftlose Lenden haben. Ob ich nun gleich von allem diesem inniglich und festiglich überzeugt bin, so halte ich es doch nicht für billig, es so zu Papier zu bringen; denn Ihr selbst, Herr, würdet so alt werden wie ich, wenn Ihr wie ein Krebs rückwärts gehen könntet.

POLONIUS *beiseit.* Ist dies schon Tollheit, hat es doch Methode. – Wollt Ihr nicht aus der Luft gehn, Prinz?

HAMLET. In mein Grab?

POLONIUS. Ja, das wäre wirklich aus der Luft. *Beiseit.* Wie treffend manchmal seine Antworten sind! Dies ist ein Glück, dass die Tollheit oft hat, womit es der Vernunft und dem gesunden Sinne nicht so gut gelingen könnte. Ich will ihn verlassen und sogleich darauf denken, eine Zusammenkunft zwischen ihm und meiner Tochter zu veranstalten. – Mein gnädigster Herr, ich will ehrerbietigst meinen Abschied von Euch nehmen.

HAMLET. Ihr könnt nichts von mir nehmen, Herr, das ich lieber fahren ließe – bis auf mein Leben, bis auf mein Leben.

POLONIUS. Lebt wohl, mein Prinz!

HAMLET. Die langweiligen alten Narren!

Rosenkranz und Güldenstern kommen.

POLONIUS. Ihr sucht den Prinzen Hamlet auf; dort ist er.

ROSENKRANZ *zu Polonius.* Gott grüß' Euch, Herr.

Polonius ab.

GÜLDENSTERN. Verehrter Prinz –

ROSENKRANZ. Mein teurer Prinz –

HAMLET. Meine trefflichen guten Freunde! Was machst du, Güldenstern? Ah, Rosenkranz! Gute Bursche, wie geht's euch?

ROSENKRANZ. Wie mittelmäß'gen Söhnen dieser Erde.

GÜLDENSTERN. Glücklich, weil wir nicht überglücklich sind; Wir sind der Knopf nicht auf Fortunas Mütze.

HAMLET. Noch die Sohlen ihrer Schuhe?

ROSENKRANZ. Auch das nicht, gnäd'ger Herr.

HAMLET. Ihr wohnt also in der Gegend ihres Gürtels, oder im Mittelpunkte ihrer Gunst?

GÜLDENSTERN. Ja wirklich, wir sind mit ihr vertraut.

HAMLET. Im Schoße des Glücks? Oh, sehr wahr! sie ist eine Metze. Was gibt es Neues?

ROSENKRANZ. Nichts, mein Prinz, außer dass die Welt ehrlich geworden ist.

HAMLET. So steht der Jüngste Tag bevor; aber Eure Neuigkeit ist nicht wahr. Lasst mich euch näher befragen: worin habt ihr, meine guten Freunde, es bei Fortunen versehen, dass sie euch hierher ins Gefängnis schickt?

GÜLDENSTERN. Ins Gefängnis, mein Prinz?

HAMLET. Dänemark ist ein Gefängnis.

ROSENKRANZ. So ist die Welt auch eins.

HAMLET. Ein stattliches, worin es viele Verschläge, Löcher und Kerker gibt. Dänemark ist einer der schlimmsten.

ROSENKRANZ. Wir denken nicht so davon, mein Prinz.

HAMLET. Nun, so ist es keiner für euch; denn an sich ist nichts weder gut noch böse, das Denken macht es erst dazu. Für mich ist es ein Gefängnis.

ROSENKRANZ. Nun, so macht es Euer Ehrgeiz dazu; es ist zu eng für Euren Geist.

HAMLET. O Gott, ich könnte in eine Nussschale eingesperrt sein und mich für einen König von unermeßlichem Gebiete halten, wenn nur meine bösen Träume nicht wären.

GÜLDENSTERN. Diese Träume sind in der Tat Ehrgeiz; denn das eigentliche Wesen des Ehrgeizes ist nur der Schatten eines Traumes.

HAMLET. Ein Traum ist selbst nur ein Schatten.

ROSENKRANZ. Freilich, und mir scheint der Ehrgeiz von so luftiger und loser Beschaffenheit, dass er nur der Schatten eines Schattens ist.

HAMLET. So sind also unsre Bettler Körper, und unsre Monarchen und gespreizten Helden der Bettler Schatten. Sollen wir an den Hof? Denn, mein' Seel', ich weiß nicht zu räsonieren.

BEIDE: ROSENKRANZ, GÜLDENSTERN. Wir sind beide zu Euren Diensten.

HAMLET. Nichts dergleichen, ich will euch nicht zu meinen übrigen Dienern rechnen; denn, um wie ein ehrlicher Mann mit euch zu reden: mein Gefolge ist abscheulich. Aber um auf der ebnen Heerstraße der Freundschaft zu bleiben, was macht ihr in Helsingör?

ROSENKRANZ. Wir wollten Euch besuchen, nichts anders.

HAMLET. Ich Bettler, der ich bin, sogar an Dank bin ich arm. Aber ich danke euch, und gewiss, liebe Freunde, mein Dank ist um einen Heller zu teuer. Hat man nicht nach euch geschickt? Ist es eure eigne Neigung? Ein freiwilliger Besuch? Kommt, kommt, geht ehrlich mit mir um! Wohlan? Nun, sagt doch!

GÜLDENSTERN. Was sollen wir sagen, gnädiger Herr?

HAMLET. Was ihr wollt – außer das Rechte. Man hat nach euch geschickt, und es liegt eine Art von Geständnis in euren Blicken, welche zu verstellen eure Bescheidenheit nicht schlau genug ist. Ich weiß, der gute König und die Königin haben nach euch geschickt.

ROSENKRANZ. Zu was Ende, mein Prinz?

HAMLET. Das muss ich von euch erfahren. Aber ich beschwöre euch bei den Rechten unsrer Schulfreundschaft, bei der Eintracht unsrer Jugend, bei der Verbindlichkeit unsrer stets bewahrten Liebe, und bei allem noch Teurerem, was euch ein besserer Redner ans Herz legen könnte: geht grade heraus gegen mich, ob man nach euch geschickt hat oder nicht.

ROSENKRANZ *zu Güldenstern.* Was sagt Ihr?

HAMLET. So, nun habe ich euch schon weg. Wenn ihr mich liebt, tretet nicht zurück!

GÜLDENSTERN. Gnädiger Herr, man hat nach uns geschickt.

HAMLET. Ich will euch sagen, warum; so wird mein Erraten eurer Entdeckung zuvorkommen, und eure Verschwiegenheit gegen den König und die Königin braucht keinen Zollbreit zu wanken. Ich habe seit kurzem – ich weiß nicht wodurch – alle meine Munterkeit eingebüßt, meine gewohnten Übungen aufgegeben; und es steht in der Tat so übel um meine Gemütslage, dass die Erde, dieser treffliche Bau, mir nur ein kahles Vorgebirge scheint; seht ihr, dieser herrliche Baldachin, die Luft, dies wackre umwölbende Firmament, dies majestätische Dach mit goldnem Feuer ausgelegt: kommt es mir doch nicht anders vor, als ein fauler verpesteter Haufe von Dünsten. Welch ein Meisterwerk ist der Mensch! wie edel durch Vernunft! wie unbegrenzt an Fähigkeiten! in Gestalt und Bewegung wie bedeutend und wunderwürdig! im Handeln wie ähnlich einem Engel! im Begreifen wie ähnlich einem Gott! die Zierde der Welt! das Vorbild der Lebendigen! Und doch, was ist mir diese Quintessenz von Staube? Ich habe keine Lust am Manne- und am Weibe auch nicht, wiewohl ihr das durch euer Lächeln zu sagen scheint.

ROSENKRANZ. Mein Prinz, ich hatte nichts dergleichen im Sinne.

HAMLET. Weswegen lachtet ihr denn, als ich sagte: ich habe keine Lust am Manne?

ROSENKRANZ. Ich dachte, wenn dem so ist, welche Fastenbewirtung die Schauspieler bei Euch finden werden. Wir holten sie unterwegs ein; sie kommen her, um Euch ihre Künste anzubieten.

HAMLET. Der den König spielt, soll willkommen sein, seine Majestät soll Tribut von mir empfangen; der kühne Ritter soll seine Klinge und seine Tartsche brauchen; der Liebhaber soll nicht unentgeltlich seufzen; der Launige soll seine Rolle in Frieden endigen; der Narr soll den zu lachen machen, der ein kitzliges Zwerchfell hat; und das Fräulein soll ihre Gesinnung frei heraussagen, oder die Verse sollen dafür hinken. – Was für eine Gesellschaft ist es?

ROSENKRANZ. Dieselbe, an der Ihr so viel Vergnügen zu finden pflegtet, die Schauspieler aus der Stadt.

HAMLET. Wie kommt es, dass sie umherstreifen? Ein fester Aufenthalt war vorteilhafter sowohl für ihren Ruf als ihre Einnahme.

ROSENKRANZ. Ich glaube, diese Unterbrechung rührt von der kürzlich aufgekommenen Neuerung her.

HAMLET. Genießen sie noch dieselbe Achtung wie damals, da ich in der Stadt war? Besucht man sie eben so sehr?

ROSENKRANZ. Nein, freilich nicht.

HAMLET. Wie kommt das? werden sie rostig?

ROSENKRANZ. Nein, ihre Bemühungen halten den gewohnten Schritt; aber es hat sich da eine Brut von Kindern angefunden, kleine Nestlinge, die immer über das Gespräch hinausschreien, und höchst grausamlich dafür beklatscht werden. Diese sind jetzt Mode, und beschnattern die gemeinen Theater (so nennen sie's) dergestalt, dass viele, die Degen tragen, sich vor Gänsekielen fürchten und kaum wagen hinzugehn.

HAMLET. Wie, sind es Kinder? Wer unterhält sie? Wie werden sie besoldet? Wollen sie nicht länger bei der Kunst bleiben, als sie den Diskant singen können? Werden sie nicht nachher sagen, wenn sie zu gemeinen Schauspielern heranwachsen (wie sehr zu vermuten ist, wenn sie sich auf nichts Bessers stützen), dass ihre Komödienschreiber unrecht tun, sie gegen ihre eigne Zukunft deklamieren zu lassen?

ROSENKRANZ. Wahrhaftig, es hat an beiden Seiten viel zu tun gegeben, und das Volk macht sich kein Gewissen daraus, sie zum Streit aufzuhetzen. Eine Zeitlang war kein Geld mit einem Stück zu gewinnen, wenn Dichter und Schauspieler sich nicht darin mit ihren Gegnern herumzausten.

HAMLET. Ist es möglich?

GÜLDENSTERN. Oh, sie haben sich gewaltig die Köpfe zerschlagen.

HAMLET. Tragen die Kinder den Sieg davon?

ROSENKRANZ. Allerdings, gnädiger Herr, den Herkules und seine Last obendrein.

HAMLET. Es ist nicht sehr zu verwundern; denn mein Oheim ist König von Dänemark, und eben die, welche ihm Gesichter zogen, solange mein Vater lebte, geben zwanzig, vierzig, fünfzig bis hundert Dukaten für sein Porträt in Miniatur. Wetter, es liegt hierin etwas Übernatürliches, wenn die Philosophie es nur ausfindig machen könnte.

Trompetenstoß hinter der Szene.

GÜLDENSTERN. Da sind die Schauspieler.

HAMLET. Liebe Herren, ihr seid willkommen zu Helsingör. Gebt mir eure Hände. Wohlan! Manieren und Komplimente sind das Zubehör der Bewillkommnung. Lasst mich euch auf diese Weise begrüßen, damit nicht mein Benehmen gegen die Schauspieler (das, sag' ich euch, sich äußerlich gut ausnehmen muss) einem Empfang ähnlicher sähe, als der eurige. Ihr seid willkommen, aber mein Oheim-Vater und meine Tante-Mutter irren sich.

GÜLDENSTERN. Worin, mein teurer Prinz?

HAMLET. Ich bin nur toll bei Nordnordwest: wenn der Wind südlich ist, kann ich einen Kirchturm von einem Leuchtenpfahl unterscheiden.

Polonius kommt.

POLONIUS. Es gehe euch wohl, meine Herren!

HAMLET. Hört, Güldenstern! – und Ihr auch – an jedem Ohr ein Hörer: der große Säugling, den ihr da seht, ist noch nicht aus den Kinderwindeln.

ROSENKRANZ. Vielleicht ist er zum zweiten Mal hineingekommen, denn man sagt, alte Leute werden wieder Kinder.

HAMLET. Ich prophezeie, dass er kommt, um mir von den Schauspielern zu sagen. Gebt acht! *Laut.* Ganz richtig, Herr, am Montag Morgen, da war es eben.

POLONIUS. Gnädiger Herr, ich habe Euch Neuigkeiten zu melden.

HAMLET. Gnädiger Herr, ich habe Euch Neuigkeiten zu melden. – Als Roscius ein Schauspieler zu Rom war –

POLONIUS. Die Schauspieler sind hergekommen, gnädiger Herr.

HAMLET. Lirum, larum.

POLONIUS. Auf meine Ehre –

HAMLET. »Auf seinem Es'lein jeder kam« –

POLONIUS. Die besten Schauspieler in der Welt, sei es für Tragödie, Komödie, Historie, Pastorale, Pastoral-Komödie, Historiko-Pastorale, Tragiko-Historie, Tragiko-Komiko-Historiko-Pastorale, für unteilbare Handlung oder fortgehendes Gedicht. Seneca kann für sie nicht zu traurig, noch Plautus zu lustig sein. Für das Aufgeschriebne und für den Stegreif haben sie ihresgleichen nicht.

HAMLET. »O Jephtha, Richter Israels« – Welchen Schatz hattest du?

POLONIUS. Welchen Schatz hatte er, gnädiger Herr?

HAMLET. Nun:
»Hätt' ein schön Töchterlein, nicht mehr,
Die liebt' er aus der Maßen sehr.«

POLONIUS *beiseit.* Immer meine Tochter!

HAMLET. Habe ich nicht recht, alter Jephtha?

POLONIUS. Wenn Ihr mich Jephtha nennt, gnädiger Herr, so habe ich eine Tochter, die ich aus der Maßen sehr liebe.

HAMLET. Nein, das folgt nicht.

POLONIUS. Was folgt dann, gnädiger Herr?

HAMLET. Ei,
»Wie das Los fiel, nach Gottes Will«,
Und dann wisst Ihr:
»Hierauf geschah's, wie zu vermuten was« –
Aber Ihr könnt das im ersten Abschnitt des Weihnachtsliedes weiter nachsehn; denn seht, da kommen die Abkürzer meines Gesprächs.

Vier oder fünf Schauspieler kommen.

Seid willkommen, ihr Herren! willkommen alle! – Ich freue mich, dich wohl zu sehn. – Willkommen, meine guten Freunde! – Ach, alter Freund, wie ist dein Gesicht betroddelt, seit ich dich zuletzt sah! Du wirst doch hoffentlich nicht in den Bart murmeln? – Ei, meine schöne junge Dame! Bei unsrer Frauen, Fräulein, Ihr seid dem Himmel um die Höhe eines Absatzes näher gerückt, seit ich Euch zuletzt sah. Gebe Gott, dass Eure Stimme nicht wie ein abgenutztes Goldstück den hellen Klang verloren haben mag! – Willkommen alle, ihr Herrn! Wir wollen frisch daran, wie französische Falkeniere auf alles losfliegen, was uns vorkommt. Gleich etwas vorgestellt!

Lasst uns eine Probe eurer Kunst sehen. Wohlan! eine pathetische Rede!

ERSTER SCHAUSPIELER. Welche Rede, mein wertester Prinz?

HAMLET. Ich hörte dich einmal eine Rede vortragen – aber sie ist niemals aufgeführt, oder wenn es geschah, nicht mehr als einmal; denn ich erinnre mich, das Stück gefiel dem großen Haufen nicht, es war Kaviar für das Volk. Aber es war, wie ich es nahm, und andre, deren Urteil in solchen Dingen den Rang über dem meinigen behauptete, ein vortreffliches Stück: in seinen Szenen wohlgeordnet und mit ebenso viel Bescheidenheit als Verstand abgefasst. Ich erinnre mich, dass jemand sagte, es sei kein Salz und Pfeffer in den Zeilen, um den Sinn zu würzen, und kein Sinn in dem Ausdrucke, der an dem Verfasser Ziererei verraten könnte, sondern er nannte es eine schlichte Manier, so gesund als angenehm, und ungleich mehr schön als geschmückt. Eine Rede darin liebte ich vorzüglich: es war des Äneas Erzählung an Dido; besonders da herum, wo er von der Ermordung Priams spricht. Wenn Ihr sie im Gedächtnisse habt, so fangt bei dieser Zeile an: – Lasst sehn, lasst sehn:
»Der raue Pyrrhus, gleich Hyrkaniens Leu'n« –
    nein, ich irre mich; aber es fängt mit »Pyrrhus« an.
»Der raue Pyrrhus, er, des düstre Waffen,
Schwarz wie sein Vorsatz, glichen jener Nacht,
Wo er sich barg im unglückschwangern Ross,
Hat jetzt die furchtbare Gestalt beschmiert
Mit grauserer Heraldik: rote Farbe
Ist er von Haupt zu Fuß; scheußlich geschmückt
Mit Blut der Väter, Mütter, Töchter, Söhne,
Gedörrt und klebend durch der Straßen Glut,
Die grausames, verfluchtes Licht verleihn
Zu ihres Herrn Mord. Heiß von Zorn und Feuer,
Bestrichen mit verdicktem Blut, mit Augen,
Karfunkeln gleichend, sucht der höllische Pyrrhus
Altvater Priamus« –
Fahrt nun so fort!

POLONIUS. Bei Gott, mein Prinz, wohl vorgetragen: mit gutem Ton und gutem Anstande.

ERSTER SCHAUSPIELER. »Er find't alsbald ihn,
Wie er den Feind verfehlt: sein altes Schwert
Gehorcht nicht seinem Arm; liegt, wo es fällt,
Unachtsam des Befehls. Ungleich gepaart
Stürzt Pyrrhus auf den Priam, holt weit aus:
Doch bloß vom Sausen seines grimmen Schwertes
Fällt der entnervte Vater. Ilium

Schien, leblos, dennoch diesen Streich zu fühlen;
Es bückt sein Flammengipfel sich hinab,
Bis auf den Grund, und nimmt mit furchtbar'm Krachen
Gefangen Pyrrhus' Ohr: denn seht, sein Schwert,
Das schon sich senkt auf des ehrwürd'gen Priam
Milchweißes Haupt, schien in der Luft gehemmt.
So stand er, ein gemalter Wüt'rich, da,
Und, wie parteilos zwischen Kraft und Willen,
Tat nichts.
Doch wie wir oftmals sehn, vor einem Sturm,
Ein Schweigen in den Himmeln, still die Wolken,
Die Winde sprachlos, und der Erdball drunten
Dumpf wie der Tod – mit eins zerreißt die Luft
Der grause Donner: so, nach Pyrrhus' Säumnis,
Treibt ihn erweckte Rach' aufs neu' zum Werk;
Und niemals trafen der Zyklopen Hammer
Die Rüstung Mars', gestählt für ew'ge Dauer,
Fühlloser als des Pyrrhus blut'ges Schwert
Jetzt fällt auf Priamus. –
Pfui, Metze du, Fortuna! All ihr Götter
Im großen Rat, nehmt ihre Macht hinweg;
Brecht alle Speichen, Felgen ihres Rades,
Die runde Nabe rollt vom Himmelsberg
Hinunter bis zur Hölle!«
POLONIUS. Das ist zu lang.
HAMLET. Er soll mit Eurem Barte zum Balbier. – Ich bitte dich,
    weiter! Er mag gern eine Posse oder eine Zotengeschichte, sonst
    schläft er. Sprich weiter, komm auf Hekuba!
ERSTER SCHAUSPIELER.
    »Doch wer, o Jammer! Die schlotterichte Königin gesehn –«
HAMLET. Die schlotterichte Königin?
POLONIUS. Das ist gut; »schlotterichte Königin« ist gut.
ERSTER SCHAUSPIELER.
    »Wie barfuß sie umherlief und den Flammen
    Mit Tränengüssen drohte; einen Lappen
    Auf diesem Haupte, wo das Diadem
    Vor kurzem stand; und an Gewandes Statt
    Um die von Weh'n erschöpften magern Weichen
    Ein Laken, in des Schreckens Hast ergriffen:
    Wer das gesehn, mit gift'gem Schelten hätte
    Der an Fortunen Hochverrat verübt.
    Doch wenn die Götter selbst sie da gesehn,
    Als sie den Pyrrhus argen Hohn sah treiben,

Zerfetzend mit dem Schwert des Gatten Leib:
Der erste Ausbruch ihres Schreies hätte
(Ist ihnen Sterbliches nicht gänzlich fremd)
Des Himmels glüh'nde Augen taun gemacht
Und Götter Mitleid fühlen.«

POLONIUS. Seht doch, hat er nicht die Farbe verändert, und Tränen in den Augen! – Bitte, halt' inne!

HAMLET. Es ist gut, du sollst mir das Übrige nächstens hersagen. – Lieber Herr, wollt Ihr für die Bewirtung der Schauspieler sorgen? Hört Ihr, lasst sie gut behandeln, denn sie sind der Spiegel und die abgekürzte Chronik des Zeitalters. Es wäre Euch besser, nach dem Tode eine schlechte Grabschrift zu haben, als üble Nachrede von ihnen, solange Ihr lebt.

POLONIUS. Gnädiger Herr, ich will sie nach ihrem Verdienst behandeln!

HAMLET. Potz Wetter, Mann, viel besser! Behandelt jeden Menschen nach seinem Verdienst, und wer ist vor Schlägen sicher? Behandelt sie nach Eurer eignen Ehre und Würdigkeit: je weniger sie verdienen, desto mehr Verdienst hat Eure Güte. Nehmt sie mit!

POLONIUS. Kommt, ihr Herren! *Ab.*

HAMLET. Folgt ihm, meine Freunde: morgen soll ein Stück aufgeführt werden. *Alle Schauspieler ab, außer der erste.* Höre, alter Freund, könnt ihr die Ermordung Gonzagos spielen?

ERSTER SCHAUSPIELER. Ja, gnädiger Herr.

HAMLET. Gebt uns das morgen Abend! Ihr könntet im Notfall eine Rede von ein Dutzend Zeilen auswendig lernen, die ich abfassen und einrücken möchte? Nicht wahr?

ERSTER SCHAUSPIELER. Ja, gnädiger Herr.

HAMLET. Sehr wohl. – Folgt dem Herrn, und dass ihr euch nicht über ihn lustig macht! *Erster Schauspieler ab.* Meine guten Freunde, ich beurlaube mich von euch bis abends: ihr seid willkommen zu Helsingör!

ROSENKRANZ. Sehr wohl, gnädiger Herr.

HAMLET. Nun, Gott geleit' euch.

Rosenkranz und Güldenstern ab.

Jetzt bin ich allein,
Oh, welch ein Schurk' und niedrer Sklav' bin ich!
Ist's nicht erstaunlich, dass der Spieler hier
Bei einer bloßen Dichtung, einem Traum
Der Leidenschaft, vermochte seine Seele
Nach eignen Vorstellungen so zu zwingen,
Dass sein Gesicht von ihrer Regung blasste,
Sein Auge nass, Bestürzung in den Mienen,

Gebrochne Stimm', und seine ganze Haltung
Gefügt nach seinem Sinn? Und alles das um nichts!
Um Hekuba!
Was ist ihm Hekuba, was ist er ihr,
Dass er um sie soll weinen? Hätte er
Das Merkwort und den Ruf zur Leidenschaft
Wie ich: was würd' er tun? Die Bühn' in Tränen
Ertränken, und das allgemeine Ohr
Mit grauser Red' erschüttern; bis zum Wahnwitz
Den Schuld'gen treiben, und den Freien schrecken,
Unwissende verwirren, ja betäuben
Die Fassungskraft des Auges und des Ohrs.
Und ich,
Ein blöder, schwachgemuter Schurke, schleiche
Wie Hans der Träumer, meiner Sache fremd,
Und kann nichts sagen, nicht für einen König,
An dessen Eigentum und teurem Leben
Verdammter Raub geschah. Bin ich 'ne Memme?
Wer nennt mich Schelm? Bricht mir den Kopf entzwei?
Rauft mir den Bart und wirft ihn mir ins Antlitz?
Zwickt an der Nase mich? und straft mich Lügen
Tief in den Hals hinein? Wer tut mir dies?
Ha! nähm' ich's eben doch. – Es ist nicht anders:
Ich hege Taubenmut, mir fehlt's an Galle,
Die bitter macht den Druck, sonst hätt' ich längst
Des Himmels Gei'r gemästet mit dem Aas
Des Sklaven. Blut'ger, kupplerischer Bube!
Fühlloser, falscher, geiler, schnöder Bube! –
Ha, welch ein Esel bin ich! Trefflich brav,
Dass ich, der Sohn von einem teuren Vater,
Der mir ermordet ward, von Höll' und Himmel
Zur Rache angespornt, mit Worten nur,
Wie eine Hure, muss mein Herz entladen,
Und mich aufs Fluchen legen, wie ein Weibsbild,
Wie eine Küchenmagd!
Pfui drüber! Frisch ans Werk, mein Kopf! Hum, hum!
Ich hab' gehört, dass schuldige Geschöpfe,
Bei einem Schauspiel sitzend, durch die Kunst
Der Bühne so getroffen worden sind
Im innersten Gemüt, dass sie sogleich
Zu ihren Missetaten sich bekannt:
Denn Mord, hat er schon keine Zunge, spricht
Mit wundervollen Stimmen. Sie sollen was

Wie die Ermordung meines Vaters spielen
Vor meinem Oheim: ich will seine Blicke
Beachten, will ihn bis ins Leben prüfen:
Stutzt er, so weiß ich meinen Weg. Der Geist,
Den ich gesehen, kann ein Teufel sein;
Der Teufel hat Gewalt, sich zu verkleiden
In lockende Gestalt; ja und vielleicht,
Bei meiner Schwachheit und Melancholie,
(Da er sehr mächtig ist bei solchen Geistern),
Täuscht er mich zum Verderben: ich will Grund,
Der sichrer ist. Das Schauspiel sei die Schlinge,
In die den König sein Gewissen bringe! *Ab.*

Dritter Aufzug
Erste Szene

Der König, die Königin, Polonius, Ophelia, Rosenkranz, Güldenstern, Lords.

KÖNIG. Und lockt ihm keine Wendung des Gesprächs.
    Heraus, warum er die Verwirrung anlegt,
    Die seiner Tage Ruh' so wild zerreißt
    Mit stürmischer, gefährlicher Verrücktheit?
ROSENKRANZ. Er gibt es zu, er fühle sich verstört;
    Allein wodurch, will er durchaus nicht sagen.
GÜLDENSTERN. Noch bot er sich der Prüfung willig dar,
    Hielt sich vielmehr mit schlauem Wahnwitz fern,
    Wenn wir ihn zum Geständnis bringen wollten
    Von seinem wahren Zustand.
KÖNIGIN. Und wie empfing er euch?
ROSENKRANZ. Ganz wie ein Weltmann.
GÜLDENSTERN. Doch tat er seiner Fassung viel Gewalt.
ROSENKRANZ. Mit Fragen karg, allein auf unsre Fragen
    Freigebig mit der Antwort.
KÖNIGIN. Ludet ihr
    Zu irgendeinem Zeitvertreib ihn ein?
ROSENKRANZ. Es traf sich grade, gnäd'ge Frau, dass wir
    Schauspieler unterwegs eingeholt.
    Wir sagten ihm von diesen, und es schien,
    Er hörte das mit einer Art von Freude.
    Sie halten hier am Hof herum sich auf

Und haben, wie ich glaube, schon Befehl,
Zu Nacht, vor ihm zu spielen.
POLONIUS. Ja, so ist's,
Und mich ersucht' er, Eure Majestäten
Zum Hören und zum Sehn des Dings zu laden.
KÖNIG. Von ganzem Herzen, und es freut mich sehr,
Dass er sich dahin neigt.
Ihr lieben Herrn, schärft seine Lust noch ferner,
Und treibt ihn zu Ergötzlichkeiten an!
ROSENKRANZ. Wir wollen's, gnäd'ger Herr.

Rosenkranz und Güldenstern ab.

KÖNIG. Verlass uns, liebe Gertrud, ebenfalls!
Wir haben Hamlet heimlich herbestellt,
Damit er hier Ophelien wie durch Zufall
Begegnen mag. Ihr Vater und ich selbst,
Wir wollen so uns stellen, dass wir sehend,
Doch ungesehn, von der Zusammenkunft
Gewiss urteilen und erraten können,
Ob's seiner Liebe Kummer ist, ob nicht,
Was so ihn quält.
KÖNIGIN. Ich werde Euch gehorchen.
Was Euch betrifft, Ophelia, wünsch' ich nur,
Dass Eure Schönheit der beglückte Grund
Von Hamlets Wildheit sei: dann darf ich hoffen,
Dass Eure Tugenden zurück ihn bringen
Auf den gewohnten Weg, zu beider Ehre.
OPHELIA. Ich wünsch' es, gnäd'ge Frau.

Königin ab.

POLONIUS. Geht hier umher, Ophelia! – Gnädigster,
Lasst Platz uns nehmen! –

Zu Ophelia.

Lest in diesem Buch,
Dass solcher Übung Schein die Einsamkeit
Bemäntle. – Wir sind oft hierin zu tadeln –
Gar viel erlebt man's –, mit der Andacht Mienen
Und frommem Wesen überzuckern wir
Den Teufel selbst.
KÖNIG *beiseit.* O allzu wahr! wie trifft
Dies Wort mit scharfer Geißel mein Gewissen!
Der Metze Wange, schön durch falsche Kunst,

Ist hässlicher bei dem nicht, was ihr hilft,
Als meine Tat bei meinem glattsten Wort.
O schwere Last!
POLONIUS. Ich hör' ihn kommen: ziehn wir uns zurück!

König und Polonius ab. Hamlet tritt auf.

HAMLET. Sein oder Nichtsein, das ist hier die Frage:
Ob's edler im Gemüt, die Pfeil' und Schleudern
Des wütenden Geschicks erdulden, oder,
Sich waffnend gegen eine See von Plagen,
Durch Widerstand sie enden. Sterben – schlafen –
Nichts weiter! – und zu wissen, dass ein Schlaf
Das Herzweh und die tausend Stöße endet,
Die unsers Fleisches Erbteil – 's ist ein Ziel,
Aufs innigste zu wünschen. Sterben – schlafen –
Schlafen! Vielleicht auch träumen! Ja, da liegt's:
Was in dem Schlaf für Träume kommen mögen,
Wenn wir den Drang des Ird'schen abgeschüttelt,
Das zwingt uns still zu stehn. Das ist die Rücksicht,
Die Elend lässt zu hohen Jahren kommen.
Denn wer ertrüg' der Zeiten Spott und Geißel,
Des Mächt'gen Druck, des Stolzen Misshandlungen,
Verschmähter Liebe Pein, des Rechtes Aufschub,
Den Übermut der Ämter, und die Schmach,
Die Unwert schweigendem Verdienst erweist,
Wenn er sich selbst in Ruh'stand setzen könnte
Mit einer Nadel bloß! Wer trüge Lasten,
Und stöhnt' und schwitzte unter Lebensmüh'?
Nur dass die Furcht vor etwas nach dem Tod –
Das unentdeckte Land, von des Bezirk
Kein Wandrer wiederkehrt – den Willen irrt,
Dass wir die Übel, die wir haben, lieber
Ertragen, als zu unbekannten fliehn.
So macht Gewissen Feige aus uns allen;
Der angebornen Farbe der Entschließung
Wird des Gedankens Blässe angekränkelt;
Und Unternehmungen voll Mark und Nachdruck,
Durch diese Rücksicht aus der Bahn gelenkt,
Verlieren so der Handlung Namen. – Still!
Die reizende Ophelia. – Nymphe, schließ'
In dein Gebet all meine Sünden ein!
OPHELIA. Mein Prinz, wie geht es Euch seit so viel Tagen?
HAMLET. Ich dank' Euch untertänig: wohl.

OPHELIA. Mein Prinz, ich hab' von Euch noch Angedenken,
Die ich schon längst begehrt zurückzugeben.
Ich bitt' Euch, nehmt sie jetzo!

HAMLET. Nein, ich nicht;
Ich gab Euch niemals was.

OPHELIA. Mein teurer Prinz, Ihr wisst gar wohl, Ihr tatet's,
Und Worte süßen Hauchs dabei, die reicher
Die Dinge machten. Da ihr Duft dahin,
Nehmt dies zurück: dem edleren Gemüte
Verarmt die Gabe mit des Gebers Güte.
Hier, gnäd'ger Herr.

HAMLET. Haha! Seid Ihr tugendhaft?

OPHELIA. Gnädiger Herr?

HAMLET. Seid Ihr schön?

OPHELIA. Was meint Eure Hoheit?

HAMLET. Dass, wenn Ihr tugendhaft und schön seid, Eure Tugend keinen Verkehr mit Eurer Schönheit pflegen muss.

OPHELIA. Könnte Schönheit wohl bessern Umgang haben als mit der Tugend?

HAMLET. Ja freilich: denn die Macht der Schönheit wird eher die Tugend in eine Kupplerin verwandeln, als die Kraft der Tugend die Schönheit sich ähnlich machen kann. Dies war ehedem paradox, aber nun bestätigt es die Zeit. Ich liebte, Euch einst.

OPHELIA. In der Tat, mein Prinz, Ihr machtet mich's glauben.

HAMLET. Ihr hättet mir nicht glauben sollen: denn Tugend kann sich unserm alten Stamm nicht so einimpfen, dass wir nicht einen Geschmack von ihm behalten sollten. Ich liebte Euch nicht.

OPHELIA. Um so mehr wurde ich betrogen.

HAMLET. Geh in ein Kloster! Warum wolltest du Sünder zur Welt bringen? Ich bin selbst leidlich tugendhaft; dennoch könnt' ich mich solcher Dinge anklagen, dass es besser wäre, meine Mutter hätte mich nicht geboren. Ich bin sehr stolz, rachsüchtig, ehrgeizig; mir stehn mehr Vergehungen zu Dienst, als ich Gedanken habe sie zu hegen, Einbildungskraft ihnen Gestalt zu geben, oder Zeit sie auszuführen. Wozu sollen solche Gesellen wie ich zwischen Himmel und Erde herumkriechen? Wir sind ausgemachte Schurken, alle: trau' keinem von uns! Geh deines Wegs zum Kloster! Wo ist Euer Vater?

OPHELIA. Zu Hause, gnädiger Herr.

HAMLET. Lasst die Tür hinter ihm abschließen, damit er den Narren nirgends anders spielt als in seinem eignen Hause! Leb wohl!

OPHELIA. O hilf ihm, güt'ger Himmel!

HAMLET. Wenn du heiratest, so gebe ich dir diesen Fluch zur Aussteuer: sei so keusch wie Eis, so rein wie Schnee, du wirst der Verleumdung nicht entgehn. Geh in ein Kloster! Leb wohl! Oder willst du durchaus heiraten, nimm einen Narren; denn gescheite Männer wissen allzu gut, was ihr für Ungeheuer aus ihnen macht. In ein Kloster! geh! und das schleunig! Leb wohl!

OPHELIA. Himmlische Mächte, stellt ihn wieder her!

HAMLET. Ich weiß auch von euren Malereien Bescheid, recht gut. Gott hat euch ein Gesicht gegeben, und ihr macht euch ein andres; ihr schlendert, ihr trippelt und ihr lispelt, und gebt Gottes Kreaturen verhunzte Namen, und stellt euch aus Leichtfertigkeit unwissend. Geht mir! nichts weiter davon! es hat mich toll gemacht. Ich sage, wir wollen nichts mehr von Heiraten wissen: wer schon verheiratet ist, alle außer einem, soll das Leben behalten; die übrigen sollen bleiben, wie sie sind. In ein Kloster! geh! *Ab.*

OPHELIA.
Oh, welch ein edler Geist ist hier zerstört!
Des Hofmanns Auge, des Gelehrten Zunge,
Des Kriegers Arm, des Staates Blum' und Hoffnung,
Der Sitte Spiegel und der Bildung Muster,
Das Merkziel der Betrachter: ganz, ganz hin!
Und ich, der Frau'n elendeste und ärmste,
Die seiner Schwüre Honig sog, ich sehe
Die edle, hochgebietende Vernunft
Misstönend wie verstimmte Glocken jetzt;
Dies hohe Bild, die Züge blüh'nder Jugend,
Durch Schwärmerei zerrüttet: weh mir, wehe!
Dass ich sah, was ich sah, und sehe, was ich sehe!

Ophelia zieht sich zurück. Der König und Polonius treten wieder vor.

KÖNIG. Aus Liebe? Nein, sein Hang geht dahin nicht,
Und was er sprach, obwohl ein wenig wüst,
War nicht wie Wahnsinn. Ihm ist was im Gemüt,
Worüber seine Schwermut brütend sitzt;
Und, wie ich sorge, wird die Ausgeburt
Gefährlich sein. Um dem zuvorzukommen,
Hab' ich's mit schleuniger Entschließung so
Mir abgefasst: Er soll in Eil' nach England,
Den Rückstand des Tributes einzufordern.
Vielleicht vertreibt die See, die neuen Länder,
Samt wandelbaren Gegenständen ihm
Dies Etwas, das in seinem Herzen steckt,

Worauf sein Kopf beständig hinarbeitend
Ihn so sich selbst entzieht. Was dünket Euch?
POLONIUS. Es wird ihm wohl tun; aber dennoch glaub' ich,
Der Ursprung und Beginn von seinem Gram
Sei unerhörte Liebe.

Ophelia kommt nach vorn.

Nun, Ophelia?
Ihr braucht uns nicht zu melden, was der Prinz
Gesagt: wir hörten alles. – Gnäd'ger Herr,
Tut nach Gefallen; aber dünkt's Euch gut,
So lasst doch seine königliche Mutter
Ihn nach dem Schauspiel ganz allein ersuchen,
Sein Leid ihr kund zu tun; sie gehe rund
Mit ihm heraus: ich will, wenn's Euch beliebt,
Mich ins Gehör der Unterredung stellen.
Wenn sie es nicht herausbringt, schickt ihn dann
Nach England, oder schließt ihn irgendwo
Nach Eurer Weisheit ein!
KÖNIG. Es soll geschehn:
Wahnsinn bei Großen darf nicht ohne Wache gehn. *Alle ab.*

Zweite Szene

Hamlet und einige Schauspieler treten auf.

HAMLET. Seid so gut und haltet die Rede, wie ich sie Euch vorsagte,
leicht von der Zunge weg; aber wenn Ihr den Mund so voll nehmt,
wie viele unsrer Schauspieler, so möchte ich meine Verse eben so gern
von dem Ausrufer hören. Sägt auch nicht zu viel mit den Händen
durch die Luft, so – sondern behandelt alles gelinde! Denn mitten in
dem Strom, Sturm und, wie ich sagen mag, Wirbelwind Eurer Leidenschaft müsst Ihr Euch eine Mäßigung zu eigen machen, die ihr
Geschmeidigkeit gibt. Oh, es ärgert mich in der Seele, wenn solch
ein handfester haarbuschiger Geselle eine Leidenschaft in Fetzen,
in rechte Lumpen zerreißt, um den Gründlingen im Parterre in die
Ohren zu donnern, die meistens von nichts wissen, als verworrnen
stummen Pantomimen und Lärm. Ich möchte solch einen Kerl für
sein Bramarbasieren prügeln lassen; es übertyrannt den Tyrannen.
Ich bitte Euch, vermeidet das!
ERSTER SCHAUSPIELER. Eure Hoheit kann sich darauf verlassen.

HAMLET. Seid auch nicht allzu zahm, sondern lasst Euer eignes Urteil Euren Meister sein: passt die Gebärde dem Wort, das Wort der Gebärde an; wobei Ihr sonderlich darauf achten müsst, niemals die Bescheidenheit der Natur zu überschreiten. Denn alles, was so übertrieben wird, ist dem Vorhaben des Schauspieles entgegen, dessen Zweck sowohl anfangs als jetzt war und ist, der Natur gleichsam den Spiegel vorzuhalten: der Tugend ihre eignen Züge, der Schmach ihr eignes Bild, und dem Jahrhundert und Körper der Zeit den Abdruck seiner Gestalt zu zeigen. Wird dies nun übertrieben oder zu schwach vorgestellt, so kann es zwar den Unwissenden zum Lachen bringen, aber den Einsichtsvollen muss es verdrießen; und der Tadel von einem solchen muss in Eurer Schätzung ein ganzes Schauspielhaus voll von andern überwiegen. Oh, es gibt Schauspieler, die ich habe spielen sehn und von andern preisen hören, und das höchlich, die, gelinde zu sprechen, weder den Ton noch den Gang von Christen, Heiden oder Menschen hatten, und so stolzierten und blökten, dass ich glaubte, irgendein Handlanger der Natur hätte Menschen gemacht, und sie wären ihm nicht geraten; so abscheulich ahmten sie die Menschheit nach.

ERSTER SCHAUSPIELER. Ich hoffe, wir haben das bei uns so ziemlich abgestellt.

HAMLET. Oh, stellt es ganz und gar ab! Und die bei euch den Narren spielen, lasst sie nicht mehr sagen, als in ihrer Rolle steht: denn es gibt ihrer, die selbst lachen, um einen Haufen alberne Zuschauer zum Lachen zu bringen, wenn auch zu derselben Zeit irgendein notwendiger Punkt des Stückes zu erwägen ist. Das ist schändlich, und beweist einen jämmerlichen Ehrgeiz an dem Narren, der es tut. Geht, macht Euch fertig!

Schauspieler ab. Polonius, Rosenkranz und Güldenstern kommen.

Nun, Herr, will der König dies Stück Arbeit anhören?

POLONIUS. Ja, die Königin auch, und das sogleich.

HAMLET. Heißt die Schauspieler sich eilen! *Polonius ab.* Wollt ihr beide sie treiben helfen?

ROSENKRANZ. Ja, gnädiger Herr.

Beide ab.

HAMLET. He! Horatio!

Horatio kommt.

HORATIO. Hier, lieber Prinz, zu Eurem Dienst.

HAMLET. Du bist grad' ein so wackrer Mann, Horatio,
Als je mein Umgang einem mich verbrüdert.

HORATIO. Mein bester Prinz –

HAMLET. Nein, glaub' nicht, dass ich schmeichle:
Was für Beförd'rung hofft' ich wohl von dir,
Der keine Rent' als seinen muntern Geist
Um sich zu nähren und zu kleiden hat?
Weswegen doch dem Armen schmeicheln? Nein,
Die Honigzunge lecke dumme Pracht,
Es beuge sich des Knies gelenke Angel,
Wo Kriecherei Gewinn bringt. Hör' mich an:
Seit meine teure Seele Herrin war
Von ihrer Wahl, und Menschen unterschied,
Hat sie dich auserkoren. Denn du warst,
Als littst du nichts, indem du alles littest;
Ein Mann, der Stöß' und Gaben vom Geschick
Mit gleichem Dank genommen: und gesegnet,
Wes Blut und Urteil sich so gut vermischt,
Dass er zur Pfeife nicht Fortunen dient,
Den Ton zu spielen, den ihr Finger greift.
Gebt mir den Mann, den seine Leidenschaft
Nicht macht zum Sklaven, und ich will ihn hegen
Im Herzensgrund, ja in des Herzens Herzen,
Wie ich dich hege. – Schon zu viel hiervon.
Es gibt zu Nacht ein Schauspiel vor dem König;
Ein Auftritt kommt darin dem Umstand nah,
Den ich von meines Vaters Tod dir sagte.
Ich bitt' dich, wenn du das im Gange siehst,
So achte mit der ganzen Kraft der Seele
Auf meinen Oheim: wenn die verborgne Schuld
Bei einer Rede nicht zum Vorschein kommt,
So ist's ein höll'scher Geist, den wir gesehn,
Und meine Einbildungen sind so schwarz
Wie Schmiedezeug Vulkans. Bemerk' ihn recht,
Ich will an sein Gesicht mein Auge klammern,
Und wir vereinen unser Urteil dann
Zur Prüfung seines Aussehns.

HORATIO. Gut, mein Prinz;
Wenn er was stiehlt, indes das Stück gespielt wird,
Und schlüpfet durch, so zahl' ich für den Diebstahl.

*Ein dänischer Marsch. Trompetenstoß. Der König, die Königin, Polonius,
Ophelia, Rosenkranz, Güldenstern und andre Lords folgen mit ihren Fackel tragenden Wachsoldaten.*

HAMLET. Man kommt zum Schauspiel; ich muss müßig sein. Wählt einen Platz!

KÖNIG. Wie lebt unser Vetter Hamlet?

HAMLET. Vortrefflich, mein' Treu': von dem Chamäleons-Gericht. Ich esse Luft, ich werde mit Versprechungen gestopft: man kann Kapaunen nicht besser mästen.

KÖNIG. Ich habe nichts mit dieser Antwort zu schaffen, Hamlet; dies sind meine Worte nicht.

HAMLET. Meine auch nicht mehr. *Zu Polonius.* Ihr spieltet einmal auf der Universität, Herr? Sagtet Ihr nicht so?

POLONIUS. Das tat ich, gnädiger Herr, und wurde für einen guten Schauspieler gehalten.

HAMLET. Und was stelltet Ihr vor?

POLONIUS. Ich stellte den Julius Cäsar vor: ich wurde auf dem Kapitol umgebracht; Brutus brachte mich um.

HAMLET. Es war brutal von ihm, ein so kapitales Kalb umzubringen. – Sind die Schauspieler fertig?

ROSENKRANZ. Ja, gnädiger Herr, sie erwarten Euren Befehl.

KÖNIGIN. Komm hierher, lieber Hamlet, setz' dich zu mir!

HAMLET. Nein, gute Mutter, hier ist ein stärkerer Magnet.

Setzt sich zu Opheliens Füßen.

POLONIUS *zum Könige.* O ho, hört Ihr das wohl?

HAMLET. Fräulein, soll ich in Eurem Schoße liegen?

OPHELIA. Nein, mein Prinz.

HAMLET. Ich meine, den Kopf auf Euren Schoß gelehnt.

OPHELIA. Ja, mein Prinz.

HAMLET. Denkt Ihr, ich hätte erbauliche Dinge im Sinne?

OPHELIA. Ich denke nichts.

HAMLET. Ein schöner Gedanke, zwischen den Beinen eines Mädchens zu liegen.

OPHELIA. Was ist, mein Prinz?

HAMLET. Nichts.

OPHELIA. Ihr seid aufgeräumt.

HAMLET. Wer? ich?

OPHELIA. Ja, mein Prinz.

HAMLET. Oh, ich reiße Possen wie kein andrer. Was kann ein Mensch Bessres tun als lustig sein? Denn seht nur, wie fröhlich meine Mutter aussieht, und doch starb mein Vater vor noch nicht zwei Stunden.

OPHELIA. Nein, vor zweimal zwei Monaten, mein Prinz!

HAMLET. So lange schon? Ei, so mag der Teufel schwarz gehn: ich will einen Zobelpelz tragen. O Himmel! Vor zwei Monaten gestorben und noch nicht vergessen! So ist Hoffnung da, dass das Andenken eines großen Mannes sein Leben ein halbes Jahr überleben kann. Aber, bei unsrer lieben Frauen! Kirchen muss er stiften, sonst denkt man nicht an ihn: es geht ihm wie dem Steckenpferde, dessen Grabschrift ist: »Denn oh! denn oh! Vergessen ist das Steckenpferd.«

Trompeten, hierauf die Pantomime. Ein König und eine Königin treten auf, sehr zärtlich; die Königin umarmt ihn, und er sie. Sie kniet und macht gegen ihn die Gebärden der Beteurung. Er hebt sie auf, und lehnt den Kopf an ihre Brust; er legt sich auf ein Blumenbette nieder, sie verlässt ihn, da sie ihn eingeschlafen sieht. Gleich darauf kommt ein Kerl herein, nimmt ihm die Krone ab, küsst sie, gießt Gift in die Ohren des Königs und geht ab. Die Königin kommt zurück, findet den König tot, und macht leidenschaftliche Gebärden. Der Vergifter kommt mit zwei oder drei Stummen zurück, und scheint mit ihr zu wehklagen. Die Leiche wird weggebracht. Der Vergifter wirbt mit Geschenken um die Königin; sie scheint anfangs unwillig und abgeneigt, nimmt aber zuletzt seine Liebe an. Sie gehen ab.

OPHELIA. Was bedeutet dies, mein Prinz?

HAMLET. Ei, es ist spitzbübische Munkelei; es bedeutet Unheil.

OPHELIA. Vielleicht, dass diese Vorstellung den Inhalt des Stücks anzeigt.

Der Prolog beginnt.

HAMLET. Wir werden es von diesem Gesellen erfahren: Die Schauspieler können nichts geheim halten, sie werden alles ausplaudern.

OPHELIA. Wird er uns sagen, was diese Vorstellung bedeutet?

HAMLET. Ja, oder irgendeine Vorstellung, die Ihr ihm vorstellen wollt. Schämt Euch nur nicht, ihm vorzustellen, so wird er sich nicht schämen, Euch zu sagen, was es bedeutet.

OPHELIA. Ihr seid schlimm, Ihr seid schlimm; ich will das Stück anhören.

PROLOG.
        Für uns und unsre Vorstellung
        Mit untertän'ger Huldigung
        Ersuchen wir Genehmigung. *Ab.*

HAMLET. Ist dies ein Prolog, oder ein Denkspruch auf einem Ringe?

OPHELIA. Es ist kurz, mein Prinz.

HAMLET. Wie Frauenliebe.

Zwei Schauspieler treten auf, König und Königin.

KÖNIG *im Schauspiel.*
        Schon dreißig Mal hat den Apollsein Wagen
        Um Nereus' Flut und Tellus' Rund getragen,
        Und zwölfmal dreißig Mond' in fremdem Glanz

Vollbrachten um den Erdball ihren Tanz,
Seit unsre Herzen Liebe treu durchdrungen
Und Hymens Bande Hand in Hand geschlungen.
KÖNIGIN *im Schauspiel.*
Mag Sonn' und Mond so manche Reise doch,
Eh' Liebe stirbt, uns zählen lassen noch!
Doch leider seid Ihr jetzt so matt von Herzen,
So fern von vor'ger Munterkeit und Scherzen,
Dass Ihr mich ängstet: aber zag' ich gleich,
Doch, mein Gemahl, nicht ängsten darf es Euch:
Denn Weiberfurcht hält Maß mit ihrem Lieben;
In beiden gar nichts, oder übertrieben.
Wie meine Lieb' ist, hab' ich Euch gezeigt:
Ihr seht, dass meine Furcht der Liebe gleicht.
Das Kleinste schon muss große Lieb' erschrecken
Und ihre Größ' in kleiner Sorg' entdecken.
KÖNIG *im Schauspiel.* Ja, Lieb', ich muss dich lassen, und das bald:
Mich drückt des Alters schwächende Gewalt.
Du wirst in dieser schönen Welt noch leben,
Geehrt, geliebt; vielleicht wird, gleich ergeben,
Ein zweiter Gatte –
KÖNIGIN *im Schauspiel.* O halt' ein! halt' ein!
Verrat nur könnte solche Liebe sein.
Beim zweiten Gatten würd' ich selbst mir fluchen;
Die einen totschlug, mag den zweiten suchen.
HAMLET *beiseit.* Das ist Wermut.
KÖNIGIN *im Schauspiel.* Das, was die Bande zweiter Ehe flicht,
Ist schnöde Sucht nach Vorteil, Liebe nicht.
Es tötet noch einmal den toten Gatten,
Dem zweiten die Umarmung zu gestatten.
KÖNIG *im Schauspiel.* Ich glaub', Ihr denket jetzt, was Ihr gesprochen,
Doch ein Entschluss wird oft von uns gebrochen.
Der Vorsatz ist ja der Erinn'rung Knecht,
Stark von Geburt, doch bald durch Zeit geschwächt:
Wie herbe Früchte fest am Baume hangen,
Doch leicht sich lösen, wenn sie Reif' erlangen.
Notwendig ist's, dass jeder leicht vergisst
Zu zahlen, was er selbst sich schuldig ist.
Wo Leidenschaft den Vorsatz hingewendet,
Entgeht das Ziel uns, wann sie selber endet.
Der Ungestüm sowohl von Freud' als Leid
Zerstört mit sich die eigne Wirksamkeit.

Laut klagt das Leid, wo laut die Freude schwärmet,
Leid freut sich leicht, wenn Freude leicht sich härmet.
Die Welt vergeht: es ist nicht wunderbar,
Dass mit dem Glück selbst Liebe wandelbar.
Denn eine Frag' ist's, die zu lösen bliebe,
Ob Lieb' das Glück führt, oder Glück die Liebe.
Der Große stürzt: seht seinen Günstling fliehn!
Der Arme steigt, und Feinde lieben ihn.
So weit scheint Liebe nach dem Glück zu wählen:
Wer ihn nicht braucht, dem wird ein Freund nicht fehlen,
Und wer in Not versucht den falschen Freund,
Verwandelt ihn sogleich in einen Feind.
Doch, um zu enden, wo ich ausgegangen,
Will' und Geschick sind stets in Streit befangen.
Was wir ersinnen, ist des Zufalls Spiel,
Nur der Gedank' ist unser, nicht das Ziel.
So denk', dich soll kein zweiter Gatt' erwerben,
Doch mag dies Denken mit dem ersten sterben.

KÖNIGIN *im Schauspiel.* Versag mir Nahrung, Erde! Himmel, Licht!
Gönnt, Tag und Nacht, mir Lust und Ruhe nicht!
Verzweiflung werd' aus meinem Trost und Hoffen,
Nur Klausnerbuß' im Kerker steh' mir offen!
Mag alles, was der Freude Antlitz trübt,
Zerstören, was mein Wunsch am meisten liebt,
Und hier und dort verfolge mich Beschwerde,
Wenn, einmal Witwe, jemals Weib ich werde!

HAMLET *zu Ophelia.* Wenn sie es nun brechen sollte –

KÖNIG *im Schauspiel.* 's ist fest geschworen. Lass mich, Liebe, nun!
Ich werde müd', und möcht' ein wenig ruhn,
Die Zeit zu täuschen.

Schläft.

KÖNIGIN *im Schauspiel.*
Wiege dich der Schlummer,
Und nimmer komme zwischen uns ein Kummer! *Ab.*

HAMLET. Gnädige Frau, wie gefällt Euch das Stück?

KÖNIGIN. Die Dame, wie mich dünkt, gelobt zu viel.

HAMLET. Oh, aber sie wird ihr Wort halten!

KÖNIG. Habt Ihr den Inhalt gehört? Wird es kein Ärgernis geben?

HAMLET. Nein, nein; sie spaßen nur, vergiften im Spaß, kein Ärgernis in der Welt.

KÖNIG. Wie nennt Ihr das Stück?

HAMLET. Die Mausefalle. Und wie das? Metaphorisch. Das Stück ist die Vorstellung eines in Vienna geschehen Mordes. Gonzago ist der Name des Herzogs, seine Gemahlin Baptista; Ihr werdet gleich sehen, es ist ein spitzbübischer Handel. Aber was tut's? Eure Majestät und uns, die wir ein freies Gewissen haben, trifft es nicht. Der Aussätzige mag sich jucken, unsre Haut ist gesund.

Lucianus tritt auf.

Dies ist ein gewisser Lucianus, ein Neffe des Königs.

OPHELIA. Ihr übernehmt das Amt eines Chorus, gnädiger Herr.

HAMLET. Oh, ich wollte zwischen Euch und Eurem Liebsten Dolmetscher sein, wenn ich die Marionetten nur tanzen sähe.

OPHELIA. Ihr seid spitz, gnädiger Herr, Ihr seid spitz.

HAMLET. Ihr würdet zu stöhnen haben, ehe Ihr meine Spitze abstumpftet.

OPHELIA. Immer noch besser und schlimmer.

HAMLET. So wählt Ihr Eure Männer! – Fang' an, Mörder! Lass deine vermaledeiten Gesichter, und fang' an! Wohlauf: »Es brüllt um Rache das Gekrächz' des Raben –«

LUCIANUS. Gedanken schwarz, Gift wirksam, Hände fertig,
Gelegne Zeit, kein Wesen gegenwärtig.
Du schnöder Trank aus mitternächt'gem Kraut,
Dreimal vom Fluche Hekates betaut!
Dass sich dein Zauber, deine grause Schärfe
Sogleich auf dies gesunde Leben werfe!

Gießt das Gift in das Ohr des Schlafenden.

HAMLET. Er vergiftet ihn im Garten um sein Reich. Sein Name ist Gonzago: die Geschichte ist vorhanden, und in auserlesenem Italienisch geschrieben. Ihr werdet gleich sehn, wie der Mörder die Liebe von Gonzagos Gemahlin gewinnt.

OPHELIA. Der König steht auf.

HAMLET. Wie? durch falschen Feuerlärm geschreckt?

KÖNIGIN. Wie geht es meinem Gemahl?

POLONIUS. Macht dem Schauspiel ein Ende!

KÖNIG. Leuchtet mir! Fort!

POLONIUS. Licht! Licht! Licht!

Alle ab, außer Hamlet und Horatio.

HAMLET.
Ei, der Gesunde hüpft und lacht,
Dem Wunden ist's vergällt;
Der eine schläft, der andre wacht,

149

Das ist der Lauf der Welt.
Sollte nicht dies und ein Wald von Federbüschen (wenn meine
sonstige Anwartschaft in die Pilze geht) nebst ein paar gepufften
Rosen auf meinen gekerbten Schuhen mir zu einem Platz in einer
Schauspielergesellschaft verhelfen?
HORATIO. O ja, einen halben Anteil an der Einnahme.
HAMLET. Nein, einen ganzen.
Denn dir, mein Damon, ist bekannt,
Dem Reiche ging zu Grund
Ein Jupiter: nun herrschet hier
Ein rechter, rechter – Affe.
HORATIO. Ihr hättet reimen können.
HAMLET. O lieber Horatio, ich wette Tausende auf das Wort des
Geistes. Merktest du?
HORATIO. Sehr gut, mein Prinz.
HAMLET. Bei der Rede vom Vergiften?
HORATIO. Ich habe ihn genau betrachtet.
HAMLET. Ha ha! – Kommt, Musik! kommt, die Flöten! –
Denn wenn der König von dem Stück nichts hält,
Ei nun! vielleicht – dass es ihm nicht gefällt.

Rosenkranz und Güldenstern kommen.

Kommt, Musik!
GÜLDENSTERN. Bester gnädiger Herr, vergönnt mir ein Wort mit
Euch!
HAMLET. Eine ganze Geschichte, Herr.
GÜLDENSTERN. Der König –
HAMLET. Nun, was gibt's mit ihm?
GÜLDENSTERN. Er hat sich auf sein Zimmer begeben und ist sehr
übel.
HAMLET. Vom Trinken, Herr?
GÜLDENSTERN. Nein, von Galle.
HAMLET. Ihr solltet doch mehr gesunden Verstand beweisen und dies
dem Arzte melden; denn wenn ich ihm eine Reinigung zumutete,
das würde ihm vielleicht noch mehr Galle machen.
GÜLDENSTERN. Bester Herr, bringt einige Ordnung in Eure Re-
den, und springt nicht so wild von meinem Auftrage ab!
HAMLET. Ich bin zahm, Herr: sprecht!
GÜLDENSTERN. Die Königin, Eure Mutter, hat mich in der tiefsten
Bekümmernis ihres Herzens zu Euch geschickt.
HAMLET. Ihr seid willkommen.
GÜLDENSTERN. Nein, bester Herr, diese Höflichkeit ist nicht von
der rechten Art. Beliebt es Euch, mir eine gesunde Antwort zu ge-

ben, so will ich den Befehl Eurer Mutter ausrichten; wo nicht, so verzeiht, ich gehe wieder, und damit ist mein Geschäft zu Ende.

HAMLET. Herr, ich kann nicht.

ROSENKRANZ. Was, gnädiger Herr?

HAMLET. Euch eine gesunde Antwort geben. Mein Verstand ist krank. Aber, Herr, solche Antwort, als ich geben kann, ist zu Eurem Befehl; oder vielmehr, wie Ihr sagt, zu meiner Mutter Befehl; drum nichts weiter, sondern zur Sache: Meine Mutter, sagt Ihr –

ROSENKRANZ. Sie sagt also folgendes: Euer Betragen hat sie in Staunen und Verwunderung gesetzt.

HAMLET. O wundervoller Sohn, über den seine Mutter so erstaunen kann! Kommt kein Nachsatz, der dieser mütterlichen Verwunderung auf dem Fuße folgt? Lasst hören!

ROSENKRANZ. Sie wünscht mit Euch in ihrem Zimmer zu reden, ehe Ihr zu Bett geht.

HAMLET. Wir wollen gehorchen, und wäre sie zehnmal unsre Mutter. Habt Ihr noch sonst was mit mir zu schaffen?

ROSENKRANZ. Gnädiger Herr, Ihr liebtet mich einst –

HAMLET. Das tu' ich noch, bei diesen beiden Diebeszangen hier!

ROSENKRANZ. Bester Herr, was ist die Ursache Eures Übels! Gewiss, Ihr tretet Eurer eignen Freiheit in den Weg, wenn Ihr Eurem Freunde Euren Kummer verheimlicht.

HAMLET. Herr, es fehlt mir an Beförderung.

ROSENKRANZ. Wie kann das sein, da Ihr die Stimme des Königs selbst zur Nachfolge im Dänischen Reiche habt?

HAMLET. Ja, Herr, aber »derweil das Gras wächst« – das Sprichwort ist ein wenig rostig.

Schauspieler kommen mit Flöten.

Oh, die Flöten! Lasst mich eine sehn! – Um Euch insbesondre zu sprechen. Weswegen geht Ihr um mich herum, um meine Witterung zu bekommen, als wolltet Ihr mich in ein Netz treiben?

GÜLDENSTERN. O gnädiger Herr, wenn meine Ergebenheit allzu kühn ist, so ist meine Liebe ungesittet.

HAMLET. Das versteh' ich nicht recht. Wollt Ihr auf dieser Flöte spielen?

GÜLDENSTERN. Gnädiger Herr, ich kann nicht.

HAMLET. Ich bitte Euch.

GÜLDENSTERN. Glaubt mir, ich kann nicht.

HAMLET. Ich ersuche Euch darum.

GÜLDENSTERN. Ich weiß keinen einzigen Griff, gnädiger Herr.

HAMLET. Es ist so leicht wie lügen. Regiert diese Windlöcher mit Euren Fingern und der Klappe, gebt der Flöte mit Eurem Munde

Odem, und sie wird die beredteste Musik sprechen. Seht Ihr, dies sind die Griffe.

GÜLDENSTERN. Aber die habe ich eben nicht in meiner Gewalt, um irgendeine Harmonie hervorzubringen; ich besitze die Kunst nicht.

HAMLET. Nun, seht Ihr, welch ein nichtswürdiges Ding Ihr aus mir macht? Ihr wollt auf mir spielen; Ihr wollt tun, als kenntet Ihr meine Griffe; Ihr wollt in das Herz meines Geheimnisses dringen; Ihr wollt mich von meiner tiefsten Note bis zum Gipfel meiner Stimme hinauf prüfen: und in dem kleinen Instrument hier ist viel Musik, eine vortreffliche Stimme, dennoch könnt Ihr es nicht zum Sprechen bringen. Wetter! denkt Ihr, dass ich leichter zu spielen bin als eine Flöte? Nennt mich was für ein Instrument Ihr wollt, Ihr könnt mich zwar verstimmen, aber nicht auf mir spielen.

Polonius kommt.

Gott grüß' Euch, Herr!

POLONIUS. Gnädiger Herr, die Königin wünscht Euch zu sprechen, und das sogleich.

HAMLET. Seht Ihr die Wolke dort, beinah' in Gestalt eines Kamels?

POLONIUS. Beim Himmel, sie sieht auch wirklich aus wie ein Kamel.

HAMLET. Mich dünkt, sie sieht aus wie ein Wiesel.

POLONIUS. Sie hat einen Rücken wie ein Wiesel.

HAMLET. Oder wie ein Walfisch?

POLONIUS. Ganz wie ein Walfisch.

HAMLET. Nun, so will ich zu meiner Mutter kommen, im Augenblick. *Beiseit.* Sie närren mich, dass mir die Geduld beinah' reißt. Ich komme im Augenblick.

POLONIUS. Das will ich ihr sagen. *Ab.*

HAMLET. »Im Augenblick« ist leicht gesagt. Lasst mich, Freunde!

Alle ab außer Hamlet.

Nun ist die wahre Spükezeit der Nacht,
Wo Grüfte gähnen, und die Hölle selbst
Pest haucht in diese Welt. Nun tränk' ich wohl heiß Blut,
Und täte Dinge, die der bittre Tag
Mit Schaudern säh'. Still! jetzt zu meiner Mutter!
O Herz, vergiss nicht die Natur! Nie dränge
Sich Neros Seel' in diesen festen Busen!
Grausam, nicht unnatürlich lass mich sein;
Nur reden will ich Dolche, keine brauchen.
Hierin seid Heuchler, Zung', und du, Gemüt:

Wie hart mit ihr auch meine Rede schmäle,
Nie will'ge drein, sie zu versiegeln, Seele! *Ab.*

Dritte Szene

Der König, Rosenkranz und Güldenstern treten auf.

KÖNIG. Ich mag ihn nicht, auch steht's um uns nicht sicher,
Wenn freisein Wahnsinn schwärmt. Drum macht euch fertig:
Ich stelle schleunig eure Vollmacht aus,
Und er soll dann mit euch nach England hin.
Die Pflichten unsrer Würde dulden nicht
Gefahr so nah, als stündlich uns erwächst
Aus seinen Grillen.
GÜLDENSTERN. Wir wollen uns bereiten.
Es ist gewissenhafte, heil'ge Furcht,
Die vielen vielen Seelen zu erhalten,
Die Eure Majestät belebt und nährt.
ROSENKRANZ. Schon das besondre, einzle Leben muss
Mit aller Kraft und Rüstung des Gemüts
Vor Schaden sich bewahren; doch viel mehr
Der Geist, an dessen Heil das Leben vieler
Beruht und hängt. Der Majestät Verscheiden
Stirbt nicht allein; es zieht gleich einem Strudel
Das Nahe mit. Sie ist ein mächtig Rad,
Befestigt auf des höchsten Berges Gipfel,
An dessen Riesenspeichen tausend Dinge
Gekittet und gefugt sind: wenn es fällt,
So teilt die kleinste Zutat und Umgebung
Den ungeheuren Sturz. Kein König seufzte je
Allein und ohn' ein allgemeines Weh.
KÖNIG. Ich bitte, rüstet euch zur schnellen Reise:
Wir müssen diese Furcht in Fesseln legen,
Die auf zu freien Füßen jetzo geht.
ROSENKRANZ. Wir wollen eilen.

Beide ab. Polonius kommt.

POLONIUS. Mein Fürst, er geht in seiner Mutter Zimmer.
Ich will mich hinter die Tapete stellen,
Den Hergang anzuhören; seid gewiss,
Sie schilt ihn tüchtig aus, und wie Ihr sagtet, –
Und weislich war's gesagt, – es schickt sich wohl,

Dass noch ein andrer Zeug' als eine Mutter,
Die von Natur parteiisch, ihr Gespräch
Im stillen anhört. Lebet wohl, mein Fürst:
Eh' Ihr zu Bett geht, sprech' ich vor bei Euch
Und meld' Euch, was ich weiß.
KÖNIG. Dank, lieber Herr!

Polonius ab.

Oh, meine Tat ist faul, sie stinkt zum Himmel,
Sie trägt den ersten, ältesten der Flüche,
Mord eines Bruders! – Beten kann ich nicht,
Ist gleich die Neigung dringend wie der Wille:
Die stärkre Schuld besiegt den starken Vorsatz,
Und wie ein Mann, dem zwei Geschäft' obliegen,
Steh' ich in Zweifel, was ich erst soll tun,
Und lasse beides. Wie? wär' diese Hand
Auch um und um in Bruderblut getaucht:
Gibt es nicht Regen g'nug im milden Himmel,
Sie weiß wie Schnee zu waschen? Wozu dient
Die Gnad', als vor der Sünde Stirn zu treten?
Und hat Gebet nicht die zwiefache Kraft,
Dem Falle vorzubeugen, und Verzeihung
Gefallnen auszuwirken? Gut, ich will
Emporschaun: mein Verbrechen ist geschehn.
Doch oh, welch eine Wendung des Gebets
Ziemt meinem Fall? »Vergib mir meinen schnöden Mord?«
Dies kann nicht sein; mir bleibt ja stets noch alles,
Was mich zum Mord getrieben: meine Krone,
Mein eigner Ehrgeiz, meine Königin.
Wird da verziehn, wo Missetat besteht?
In den verderbten Strömen dieser Welt
Kann die vergold'te Hand der Missetat
Das Recht wegstoßen, und ein schnöder Preis
Erkauft oft das Gesetz. Nicht so dort oben!
Da gilt kein Kunstgriff, da erscheint die Handlung
In ihrer wahren Art, und wir sind selbst
Genötigt, unsern Fehlern in die Zähne
Ein Zeugnis abzulegen. Nun? was bleibt?
Sehn, was die Reue kann: Was kann sie nicht?
Doch wenn man nicht bereuen kann, was kann sie?
O Jammerstand! O Busen, schwarz wie Tod!
O Seele, die, sich frei zu machen ringend,
Noch mehr verstrickt wird! – Engel, helft! versucht!

Beugt euch, ihr starren Knie'! Gestähltes Herz,
Sei weich wie Sehnen neugeborner Kinder!
Vielleicht wird alles gut.

Entfernt sich und kniet nieder. Hamlet kommt.

HAMLET. Jetzt könnt' ich's tun, bequem; er ist im Beten,
Jetzt will ich's tun – und so geht er gen Himmel,
Und so bin ich gerächt? Das hieß': ein Bube
Ermordet meinen Vater, und dafür
Send' ich, sein einz'ger Sohn, denselben Buben
Gen Himmel.
Ei, das wär' Sold und Löhnung, Rache nicht.
Er überfiel in Wüstheit meinen Vater,
Voll Speis', in seiner Sünden Maienblüte.
Wie seine Rechnung steht, weiß nur der Himmel,
Allein nach unsrer Denkart und Vermutung
Ergeht's ihm schlimm: und bin ich dann gerächt,
Wenn ich in seiner Heiligung ihn fasse,
Bereitet und geschickt zum Übergang?
Nein.
Hinein, du Schwert! sei schrecklicher gezückt!
Wann er berauscht ist, schlafend, in der Wut,
In seines Betts blutschänderischen Freuden,
Beim Doppeln, Fluchen oder anderm Tun,
Das keine Spur des Heiles an sich hat:
Dann stoß' ihn nieder, dass gen Himmel er
Die Fersen bäumen mag und seine Seele
So schwarz und so verdammt sei wie die Hölle,
Wohin er fährt. Die Mutter wartet mein:
Dies soll nur Frist den siechen Tagen sein. *Ab.*
KÖNIG *steht auf.*
Die Worte fliegen auf, der Sinn hat keine Schwingen:
Wort ohne Sinn kann nicht zum Himmel dringen. *Ab.*

Vierte Szene

Die Königin Gertrud und Polonius treten auf.

POLONIUS. Er kommt sogleich: setzt ihm mit Nachdruck zu,
Sagt ihm, dass er zu wilde Streiche macht,
Um sie zu dulden, und dass Eure Hoheit
Geschirmt, und zwischen großer Hitz' und ihm
Gestanden hat. Ich will hier still mich bergen;
Ich bitt' Euch, schont ihn nicht!
KÖNIGIN. Verlasst Euch drauf,
Sorgt meinetwegen nicht! Zieht Euch zurück!
Ich hör' ihn kommen.

Polonius verbirgt sich hinter der Tapete. Hamlet kommt.

HAMLET. Nun, Mutter, sagt: was gibt's?
KÖNIGIN. Hamlet, dein Vater ist von dir beleidigt.
HAMLET. Mutter, mein Vater ist von Euch beleidigt.
KÖNIGIN. Kommt, kommt! Ihr sprecht mit einer losen Zunge.
HAMLET. Geht, geht! Ihr fragt mit einer bösen Zunge.
KÖNIGIN. Was soll das, Hamlet?
HAMLET. Nun, was gibt es hier?
KÖNIGIN. Habt Ihr mich ganz vergessen?
HAMLET. Nein, beim Kreuz!
Ihr seid die Königin, Weib Eures Mannes Bruders,
Und – wär' es doch nicht so! – seid meine Mutter.
KÖNIGIN. Gut, andre sollen zur Vernunft Euch bringen.
HAMLET. Kommt, setzt Euch nieder; Ihr sollt nicht vom Platz,
Nicht gehn, bis ich Euch einen Spiegel zeige,
Worin Ihr Euer Innerstes erblickt.
KÖNIGIN. Was willst du tun? Du willst mich nicht ermorden?
He, Hilfe! Hilfe!
POLONIUS *hinter der Szene.* Hilfe! He! Herbei!
HAMLET *stößt zu.* Wie? was? eine Ratte? Tot! für ,nen Dukaten, tot!

Tötet Polonius durch die Tapete.

POLONIUS *hinter der Tapete.* Oh, ich bin um gebracht!
KÖNIGIN. Weh mir! was tatest du?
HAMLET. Fürwahr, ich weiß es nicht: ist es der König?
KÖNIGIN. Oh, welche rasche blut'ge Tat ist dies!
HAMLET. Ja, gute Mutter, eine blut'ge Tat,
So schlimm beinah', als einen König töten
Und in die Eh' mit seinem Bruder treten.

KÖNIGIN. Als einen König töten!
HAMLET. Ja, so sagt' ich.

Öffnet die Tapete und entdeckt Polonius.

Du kläglicher, vorwitz'ger Narr, fahr' wohl!
Ich nahm dich für 'nen Höhern: nimm dein Los,
Du siehst, zu viel Geschäftigkeit ist misslich. –
Ringt nicht die Hände so! Still! setzt Euch nieder,
Lasst Euer Herz mich ringen, denn das will ich,
Wenn es durchdringlich ist, wenn nicht so ganz
Verdammte Angewöhnung es gestählt,
Dass es verschanzt ist gegen die Vernunft.
KÖNIGIN. Was tat ich, dass du gegen mich die Zunge
So toben lassen darfst?
HAMLET. Solch eine Tat,
Die alle Huld der Sittsamkeit entstellt,
Die Tugend Heuchler schilt, die Rose wegnimmt
Von unschuldvoller Liebe schöner Stirn,
Und Beulen hinsetzt; Eh'gelübde falsch
Wie Spielereide macht; oh, eine Tat,
Die aus dem Körper des Vertrages ganz
Die innre Seele reißet, und die süße
Religion zum Wortgepränge macht!
Des Himmels Antlitz glüht, ja diese Feste,
Dies Weltgebäu, mit traurendem Gesicht,
Als nahte sich der Jüngste Tag, gedenkt
Trübsinnig dieser Tat.
KÖNIGIN. Weh! welche Tat
Brüllt denn so laut und donnert im Verkünden?
HAMLET. Seht hier, auf dies Gemälde, und auf dies,
Das nachgeahmte Gleichnis zweier Brüder:
Seht, welche Anmut wohnt auf diesen Brau'n!
Apollos Locken, Jovis hohe Stirn,
Ein Aug' wie Mars, zum Drohn und zum Gebieten,
Des Götterherolds Stellung, wann er eben
Sich niederschwingt auf himmelnahe Höh'n;
In Wahrheit, ein Verein und eine Bildung,
Auf die sein Siegel jeder Gott gedrückt,
(Der Welt Gewähr für einen Mann zu leisten:)
Dies war Eu'r Gatte. – Seht nun her, was folgt:
Hier ist Eu'r Gatte, gleich der brand'gen Ähre
Verderblich seinem Bruder. Habt Ihr Augen?
Die Weide dieses schönen Bergs verlasst Ihr,

Und mästet Euch im Sumpf? Ha, habt Ihr Augen?
Nennt es nicht Liebe! Denn in Eurem Alter
Ist der Tumult im Blute zahm; es schleicht,
Und wartet auf das Urteil: und welch Urteil
Ging' wohl von dem zu dem? Sinn habt Ihr sicher,
Sonst könnte keine Regung in Euch sein:
Doch sicher ist der Sinn vom Schlag gelähmt,
Denn Wahnwitz würde hier nicht irren; nie
Hat so den Sinn Verrücktheit unterjocht,
Dass nicht ein wenig Wahl ihm blieb, genug
Für solchen Unterschied. Was für ein Teufel
Hat bei der Blindekuh Euch so betört?
Sehn ohne Fühlen, Fühlen ohne Sehn,
Ohr ohne Hand und Aug', Geruch ohn' alles,
Ja nur ein Teilchen eines echten Sinns
Tappt nimmermehr so zu.
Scham, wo ist dein Erröten? Wilde Hölle,
Empörst du dich in der Matrone Gliedern,
So sei die Keuschheit der entflammten Jugend
Wie Wachs, und schmelz' in ihrem Feuer hin;
Ruf' keine Schande aus, wenn heißes Blut
Zum Angriff stürmet: da der Frost ja selbst
Nicht minder kräftig brennt, und die Vernunft
Den Willen kuppelt.
KÖNIGIN. O Hamlet, sprich nicht mehr!
    Du kehrst die Augen recht ins Innre mir:
    Da seh' ich Flecke, tief und schwarz gefärbt,
    Die nicht von Farbe lassen.
HAMLET. Nein, zu leben
    Im Schweiß und Brodem eines eklen Betts,
    Gebrüht in Fäulnis; buhlend und sich paarend
    Über dem garst'gen Nest –
KÖNIGIN. Oh, sprich nicht mehr!
    Mir dringen diese Wort' ins Ohr wie Dolche.
    Nicht weiter, lieber Hamlet!
HAMLET. Ein Mörder und ein Schalk; ein Knecht, nicht wert
    Das Zehntel eines Zwanzigteils von ihm,
    Der Eu'r Gemahl war; ein Hanswurst von König,
    Ein Beutelschneider von Gewalt und Reich,
    Der weg vom Sims die reiche Krone stahl
    Und in die Tasche steckte!
KÖNIGIN. Halt' inne!

Der Geist kommt in seinem Nachtgewand.

HAMLET. Ein geflickter Lumpenkönig! –
Schirmt mich und schwingt die Flügel über mir,
Ihr Himmelsscharen! – Was will dein würdig Bild?
KÖNIGIN. Weh mir! er ist verrückt!
HAMLET. Kommt Ihr nicht. Euren trägen Sohn zu schelten,
Der Zeit und Leidenschaft versäumt zur großen
Vollführung Eures furchtbaren Gebots?
O sagt!
GEIST. Vergiss nicht! Diese Heimsuchung
Soll nur den abgestumpften Vorsatz schärfen.
Doch schau'! Entsetzen liegt auf deiner Mutter;
Tritt zwischen sie und ihre Seel' im Kampf:
In Schwachen wirkt die Einbildung am stärksten:
Sprich mit ihr, Hamlet!
HAMLET. Wie ist Euch, Mutter?
KÖNIGIN. Ach, wie ist denn Euch,
Dass Ihr die Augen heftet auf das Leere
Und redet mit der körperlosen Luft?
Wild blitzen Eure Geister aus den Augen,
Und wie ein schlafend Heer beim Waffenlärm,
Sträubt Euer liegend Haar sich als lebendig
Empor und steht zu Berg. O lieber Sohn,
Spreng' auf die Hitz' und Flamme deines Übels
Abkühlende Geduld! Wo schaust du hin?
HAMLET. Auf ihn! Auf ihn! Seht Ihr, wie blass er starrt?
Sein Anblick, seine Sache würde Steinen
Vernunft einpredigen. – Sieh nicht auf mich,
Damit nicht deine klägliche Gebärde
Mein strenges Tun erweicht; sonst fehlt ihm dann
Die echte Art: vielleicht statt Blutes Tränen.
KÖNIGIN. Mit wem besprecht Ihr Euch?
HAMLET. Seht Ihr dort nichts?
KÖNIGIN. Gar nichts; doch seh' ich alles, was dort ist.
HAMLET. Und hörtet Ihr auch nichts?
KÖNIGIN. Nein, nichts als uns.
HAMLET. Ha, seht nur hin! Seht, wie es weg sich stiehlt!
Mein Vater in leibhaftiger Gestalt!
Seht, wie er eben zu der Tür hinausgeht!

Geist ab.

KÖNIGIN. Dies ist bloß Eures Hirnes Ausgeburt;
In dieser wesenlosen Schöpfung ist
Verzückung sehr geübt.
HAMLET. Verzückung?
Mein Puls hält ordentlich wie Eurer Takt,
Spielt eben so gesunde Melodien;
Es ist kein Wahnwitz, was ich vorgebracht.
Bringt mich zur Prüfung, und ich wiederhole
Die Sach' Euch Wort für Wort, wovon der Wahnwitz
Abspringen würde. Mutter, um Eu'r Heil!
Legt nicht die Schmeichelsalb' auf Eure Seele,
Dass nur mein Wahnwitz spricht, nicht Eu'r Vergehn:
Sie wird den bösen Fleck nur leicht verharschen,
Indes Verderbnis, heimlich untergrabend,
Von innen angreift. Beichtet vor dem Himmel,
Bereuet, was geschehn, und meidet Künft'ges,
Düngt nicht das Unkraut, dass es mehr noch wuchre!
Vergebt mir diese meine Tugend; denn
In dieser feisten, engebrüst'gen Zeit
Muss Tugend selbst Verzeihung flehn vom Laster,
Ja kriechen, dass sie nur ihm wohltun dürfe.
KÖNIGIN. O Hamlet, du zerspaltest mir das Herz!
HAMLET. Oh, werft den schlechten Teil davon hinweg,
Und lebt so reiner mit der andern Hälfte!
Gute Nacht! Doch meidet meines Oheims Bett,
Nehmt eine Tugend an, die Ihr nicht habt!
Der Teufel Angewöhnung, der des Bösen
Gefühl verschlingt, ist hierin Engel doch:
Er gibt der Übung schöner, guter Taten
Nicht minder eine Kleidung oder Tracht,
Die gut sich anlegt. Seid zu Nacht enthaltsam,
Und das wird eine Art von Leichtigkeit
Der folgenden Enthaltung leihn; die nächste
Wird dann noch leichter: denn die Übung kann
Fast das Gepräge der Natur verändern;
Sie zähmt den Teufel oder stößt ihn aus
Mit wunderbarer Macht. Nochmals, schlaft wohl!
Um Euren Segen bitt' ich, wann Ihr selbst
Nach Segen erst verlangt. – Für diesen Herrn

Deutet auf Polonius.

Tut es mir leid: der Himmel hat gewollt,
Um mich durch dies, und dies durch mich zu strafen,

Dass ich ihm Diener muss und Geißel sein.
Ich will ihn schon besorgen, und den Tod,
Den ich ihm gab, vertreten. Schlaft denn wohl!
Zur Grausamkeit zwingt bloße Liebe mich;
Schlimm fängt es an, und Schlimmres nahet sich.
Ein Wort noch, gute Mutter!
KÖNIGIN. Was soll ich tun?
HAMLET. Durchaus nicht das, was ich Euch heiße tun:
Lasst den geduns'nen König Euch ins Bett
Von neuem locken, in die Wangen Euch
Mutwillig kneifen, Euch sein Mäuschen nennen;
Und für ein paar verbuhlte Küss', ein Spielen
In Eurem Nacken mit verdammten Fingern,
Bringt diesen ganzen Handel an den Tag,
Dass ich in keiner wahren Tollheit bin,
Nur toll aus List: Gut wär's, Ihr ließt's ihn wissen!
Denn welche Königin, schön, keusch und klug,
Verhehlte einem Kanker, einem Molch
So teure Dinge wohl? wer täte das?
Nein, trotz Erkenntnis und Verschwiegenheit,
Löst auf dem Dach des Korbes Deckel, lasst
Die Vögel fliegen, und, wie jener Affe,
Kriecht in den Korb, um Proben anzustellen,
Und brecht Euch selbst den Hals!
KÖNIGIN. Sei du gewiss, wenn Worte Atem sind,
Und Atem Leben ist, hab' ich kein Leben,
Das auszuatmen, was du mir gesagt.
HAMLET. Ich muss nach England; wisst Ihr's?
KÖNIGIN. Ach, ich vergaß: es ist so ausgemacht.
HAMLET. Man siegelt Briefe; meine Schulgesellen,
Die beiden, denen ich wie Nattern traue,
Sie bringen die Bestellung hin; sie müssen
Den Weg mir bahnen, und zur Schurkerei
Herolden gleich mich führen. Sei es drum!
Der Spaß ist, wenn mit seinem eignen Pulver
Der Feuerwerker auffliegt; und mich trügt
Die Rechnung, wenn ich nicht ein Klafter tiefer
Als ihre Minen grab', und sprenge sie
Bis an den Mond. Oh, es ist gar zu schön,
Wenn so zwei Listen sich entgegen gehn!
Der Mann packt mir 'ne Last auf.
Ich will den Wanst ins nächste Zimmer schleppen.
Nun, Mutter, gute Nacht! – Der Ratsherr da

Ist jetzt sehr still, geheim und ernst fürwahr,
Der sonst ein schelm'scher alter Schwätzer war.
Kommt, Herr, ich muss mit Euch ein Ende machen. –
Gute Nacht, Mutter!

Sie gehen von verschiedenen Seiten ab. Hamlet schleift den Polonius heraus.

Vierter Aufzug
Erste Szene

Der König, die Königin, Rosenkranz und Güldenstern.

KÖNIG. In diesen tiefen Seufzern ist ein Sinn;
Legt sie uns aus: wir müssen sie verstehn.
Wo ist Eu'r Sohn?
KÖNIGIN. Räumt diesen Platz uns auf ein Weilchen ein!

Rosenkranz und Güldenstern ab.

Ah, mein Gemahl! was sah ich diese Nacht!
KÖNIG. Wie, Gertrud? Was macht Hamlet?
KÖNIGIN. Er rast wie See und Wind, wenn beide kämpfen,
Wer mächt'ger ist: in seiner wilden Wut,
Da er was hinterm Teppich rauschen hört,
Reißt er die Kling' heraus, schreit: »eine Ratte!«
Und tötet so in seines Wahnes Hitze
Den ungesehnen guten alten Mann.
KÖNIG. O schwere Tat! So wär' es uns geschehn,
Wenn wir daselbst gestanden: Seine Freiheit
Droht aller Welt, Euch selbst, uns, jedem andern.
Ach! wer steht ein für diese blut'ge Tat?
Uns wird zur Last sie fallen, deren Vorsicht
Den tollen jungen Mann eng eingesperrt
Und fern von Menschen hätte halten sollen.
Doch unsre Liebe war so groß, dass wir
Nicht einsehn wollten, was das Beste war.
Und wie der Eigner eines bösen Schadens,
Den er geheim hält, ließen wir ihn zehren
Recht an des Lebens Mark. Wo ist er hin?

KÖNIGIN. Er schafft den Leichnam des Erschlagnen weg,
    Wobei sein Wahnsinn, wie ein Körnchen Gold
    In einem Erz von schlechteren Metallen,
    Sich rein beweist: er weint um das Geschehne.
KÖNIG. O Gertrud, lasst uns gehn!
    Sobald die Sonne an die Berge tritt,
    Schifft man ihn ein; und diese schnöde Tat
    Muss unsre ganze Majestät und Kunst
    Vertreten und entschuldigen. – He, Güldenstern!

Rosenkranz und Güldenstern kommen.

    Geht, beide Freunde, nehmt euch wen zu Hilfe:
    Hamlet hat den Polonius umgebracht
    In seinem tollen Mut, und ihn darauf
    Aus seiner Mutter Zimmer weggeschleppt.
    Geht, sucht ihn, sprecht ihm zu, und bringt den Leichnam
    In die Kapell'. Ich bitt' euch, eilt hierbei!

Rosenkranz und Güldenstern ab.

    Kommt, Gertrud, rufen wir von unsern Freunden
    Die klügsten auf, und machen ihnen kund,
    Was wir zu tun gedenken, und was leider
    Geschehn: so kann der schlangenart'ge Leumund,
    Des Zischeln von dem einen Pol zum andern,
    So sicher wie zum Ziele die Kanone,
    Den gift'gen Schuss trägt, unsern Namen noch
    Verfehlen, und die Luft unschädlich treffen.
    O komm hinweg mit mir! Entsetzen ist
    In meiner Seel' und innerlicher Zwist. *Beide ab.*

Zweite Szene

Hamlet kommt.

HAMLET. Sicher beigepackt.
ROSENKRANZ UND GÜLDENSTERN *hinter der Szene.*
    Hamlet! Prinz Hamlet!
HAMLET. Aber still – was für ein Lärm? Wer ruft den Hamlet? Oh,
    da kommen sie.

Rosenkranz und Güldenstern kommen.

ROSENKRANZ. Was habt Ihr mit dem Leichnam, Prinz, gemacht?

HAMLET. Ihn mit dem Staub gepaart, dem er verwandt.

ROSENKRANZ. Sagt uns den Ort, dass wir ihn weg von da
In die Kapelle tragen.

HAMLET. Glaubt es nicht!

ROSENKRANZ. Was nicht glauben?

HAMLET. Dass ich euer Geheimnis bewahren kann, und meines nicht. Überdies, sich von einem Schwamme fragen zu lassen! Was für eine Antwort soll der Sohn eines Königs darauf geben?

ROSENKRANZ. Nehmt Ihr mich für einen Schwamm, gnädiger Herr?

HAMLET. Ja, Herr, der des Königs Miene, seine Gunstbezeugungen und Befehle einsaugt. Aber solche Beamte tun dem Könige den besten Dienst am Ende. Er hält sie wie ein Affe den Bissen im Winkel seines Kinnbackens; zuerst in den Mund gesteckt, um zuletzt verschlungen zu werden. Wenn er braucht, was Ihr aufgesammelt habt, so darf er Euch nur drücken, so seid Ihr, Schwamm, wieder trocken.

ROSENKRANZ. Ich verstehe Euch nicht, gnädiger Herr.

HAMLET. Es ist mir lieb: eine lose Rede schläft in dummen Ohren.

ROSENKRANZ. Gnädiger Herr, Ihr müsst uns sagen, wo die Leiche ist, und mit uns zum Könige gehn.

HAMLET. Die Leiche ist beim König, aber der König ist nicht bei der Leiche. Der König ist ein Ding –

GÜLDENSTERN. Ein Ding, gnädiger Herr?

HAMLET. Das nichts ist: Bringt mich zu ihm! Versteck' dich, Fuchs, und alle hinterdrein! *Alle ab.*

Dritte Szene

Der König tritt auf, mit Gefolge.

KÖNIG. Ich lass' ihn holen, und den Leichnam suchen.
O wie gefährlich ist's, dass dieser Mensch
So frank umhergeht! Dennoch dürfen wir
Nicht nach dem strengen Recht mit ihm verfahren:
Er ist beliebt bei der verworrnen Menge,
Die mit dem Aug', nicht mit dem Urteil wählt,
Und wo das ist, wägt man des Schuld'gen Plage,
Doch nie die Schuld. Um alles auszugleichen,
Muss diese schnelle Wegsendung ein Schritt
Der Überlegung scheinen: wenn die Krankheit
Verzweifelt ist, kann ein verzweifelt Mittel
Nur helfen, oder keins.

Rosenkranz kommt.

Was ist geschehn?

ROSENKRANZ. Wo er die Leiche hingeschafft, mein Fürst,
Vermögen wir von ihm nicht zu erfahren.

KÖNIG. Wo ist er selber?

ROSENKRANZ. Draußen, gnäd'ger Herr; Bewacht, um Eu'r Belieben abzuwarten.

KÖNIG. So bringt ihn vor uns!

ROSENKRANZ. He! bringt den gnädigen Herrn herein!

Hamlet und Güldenstern kommen.

KÖNIG. Nun, Hamlet, wo ist Polonius?

HAMLET. Beim Nachtmahl.

KÖNIG. Beim Nachtmahl? Wo?

HAMLET. Nicht wo er speist, sondern wo er gespeist wird. Eine gewisse Reichsversammlung von politischen Würmern hat sich eben an ihn gemacht. So ,n Wurm ist Euch der einzige Kaiser, was die Tafel betrifft. Wir mästen alle andere Kreaturen, um uns zu mästen; und uns selbst mästen wir für Maden. Der fette König und der magre Bettler sind nur verschiedne Gerichte; zwei Schüsseln, aber für eine Tafel: das ist das Ende vom Liede.

KÖNIG. Ach Gott! ach Gott!

HAMLET. Jemand könnte mit dem Wurm fischen, der von einem König gegessen hat, und von dem Fisch essen, der den Wurm verzehrte.

KÖNIG. Was meinst du damit?

HAMLET. Nichts als Euch zu zeigen, wie ein König seinen Weg durch die Gedärme eines Bettlers nehmen kann.

KÖNIG. Wo ist Polonius?

HAMLET. Im Himmel. Schickt hin, um zuzusehn: Wenn Euer Bote ihn da nicht findet, so sucht ihn selbst an dem andern Orte! Aber wahrhaftig, wo Ihr ihn nicht binnen dieses Monats findet, so werdet Ihr ihn wittern, wann Ihr die Treppe zur Galerie hinaufgeht!

KÖNIG *zum Gefolge.* Geht, sucht ihn dort!

HAMLET. Er wird warten, bis ihr kommt.

Gefolge ab.

KÖNIG. Hamlet, für deine eigne Sicherheit,
Die uns so wert ist, wie uns innig kränkt,
Was du begangen hast, muss diese Tat
In feur'ger Eile dich von hinnen senden.
Drum rüste dich: das Schiff liegt schon bereit,

Der Wind ist günstig, die Gefährten warten,
Und alles treibt nach England auf und fort.
HAMLET. Nach England?
KÖNIG. Ja, Hamlet.
HAMLET. Gut.
KÖNIG. So ist es, wenn du unsre Absicht wüsstest.
HAMLET. Ich sehe einen Cherub, der sie sieht. – Aber kommt! nach
England! – Lebt wohl, liebe Mutter!
KÖNIG. Dein liebevoller Vater, Hamlet!
HAMLET. Meine Mutter: Vater und Mutter sind Mann und Weib;
Mann und Weib sind ein Fleisch: also meine Mutter. Kommt, nach
England! *Ab.*
KÖNIG. Folgt auf dem Fuß ihm, lockt ihn schnell an Bord;
Verzögert nicht: er muss zu Nacht von hinnen.
Fort! Alles ist versiegelt und geschehn,
Was sonst die Sache heischt. Ich bitt' euch, eilt!

Rosenkranz und Güldenstern ab.

Und, England! gilt dir meine Liebe was
(Wie meine Macht sie dich kann schätzen lehren,
Denn noch ist deine Narbe wund und rot
Vom Dänenschwert, und deine Ehrfurcht leistet
Uns willig Lehenspflicht), so darfst du nicht
Das oberherrliche Geheiß versäumen,
Das durch ein Schreiben solchen Inhalts dringt
Auf Hamlets schnellen Tod. O tu' es, England!
Denn wie die Hektik rast er mir im Blut:
Du musst mich heilen! Mag mir alles glücken,
Bis dies geschehn ist, kann mich nichts erquicken. *Ab.*

Vierte Szene

Fortinbras und Truppen, im Marsch begriffen.

FORTINBRAS. Geht, Hauptmann, grüßt von mir den Dänenkönig;
Sagt ihm, dass Fortinbras auf sein Gestatten
Für den versprochnen Zug durch sein Gebiet
Geleit begehrt, Ihr wisst, wo wir uns treffen.
Wenn Seine Majestät uns sprechen will,
So wollen wir pflichtmäßig ihn begrüßen;
Das meldet ihm!
HAUPTMANN. Ich will es tun, mein Prinz.

FORTINBRAS. Rückt langsam vor!

Alle ab, außer der Hauptmann. Hamlet, Rosenkranz, Güldenstern und andre kommen.

HAMLET. Wes sind die Truppen, lieber Herr?

HAUPTMANN. Sie sind von Norweg, Herr.

HAMLET. Wozu bestimmt, ich bitt' Euch?

HAUPTMANN. Sie rücken gegen Polen.

HAMLET. Wer führt sie an?

HAUPTMANN. Des alten Norwegs Neffe, Fortinbras.

HAMLET. Und geht es auf das ganze Polen, oder
Auf einen Grenzort nur?

HAUPTMANN. Um wahr zu reden und mit keinem Zusatz,
Wir gehn, ein kleines Fleckchen zu gewinnen,
Das keinen Vorteil als den Namen bringt.
Für fünf Dukaten, fünf, möcht' ich's nicht pachten.
Auch bringt's dem Norweg oder Polen sicher
Nicht mehr, wenn man auf Erbzins es verkauft.

HAMLET. So wird es der Pollack nicht halten wollen.

HAUPTMANN. Doch; es ist schon besetzt.

HAMLET. Zweitausend Seelen, zwanzigtausend Goldstück
Entscheiden diesen Lumpenzwist noch nicht.
Dies ist des Wohlstands und der Ruh' Geschwür,
Das innen aufbricht, während sich von außen
Kein Grund des Todes zeigt. – Ich dank' Euch, Herr.

HAUPTMANN. Geleit' Euch Gott! *Ab.*

ROSENKRANZ. Beliebt es Euch zu gehn?

HAMLET. Ich komme gleich euch nach. Geht nur voran!

Alle ab, außer Hamlet.

Wie jeder Anlass mich verklagt und spornt
Die träge Rache an! Was ist der Mensch,
Wenn seiner Zeit Gewinn, sein höchstes Gut
Nur Schlaf und Essen ist? Ein Vieh, nichts weiter.
Gewiss, der uns mit solcher Denkkraft schuf,
Voraus zu schaun und rückwärts, gab uns nicht
Die Fähigkeit und göttliche Vernunft,
Um ungebraucht in uns zu schimmeln. Nun,
Sei's viehisches Vergessen, oder sei's
Ein banger Zweifel, welcher zu genau
Bedenkt den Ausgang – ein Gedanke, der,
Zerlegt man ihn, ein Viertel Weisheit nur
Und stets drei Viertel Feigheit hat – ich weiß nicht,

Weswegen ich noch lebe, um zu sagen:
»Dies muss geschehn«, da ich doch Grund und Willen
Und Kraft und Mittel hab', um es zu tun.
Beispiele, die zu greifen, mahnen mich:
So dieses Heer von solcher Zahl und Stärke,
Von einem zarten Prinzen angeführt,
Des Mut, von hoher Ehrbegier geschwellt,
Die Stirn dem unsichtbaren Ausgang beut,
Und gibt sein sterblich und verletzbar Teil
Dem Glück, dem Tode, den Gefahren preis,
Für eine Nussschal'. Wahrhaft groß sein, heißt,
Nicht ohne großen Gegenstand sich regen, –
Doch einen Strohhalm selber groß verfechten,
Wenn Ehre auf dem Spiel. Wie steh' denn ich,
Den seines Vaters Mord, der Mutter Schande,
Antriebe der Vernunft und des Geblüts,
Den nichts erweckt? Ich seh' indes beschämt
Den nahen Tod von zwanzigtausend Mann,
Die für 'ne Grille, ein Phantom des Ruhms,
Zum Grab gehn wie ins Bett: es gilt ein Fleckchen,
Worauf die Zahl den Streit nicht führen kann;
Nicht Gruft genug und Raum, um die Erschlagnen
Nur zu verbergen. Oh, von Stund' an trachtet
Nach Blut, Gedanken, oder seid verachtet! *Ab.*

Fünfte Szene

Horatio, Königin Gertrud und ein Gentleman treten auf.

KÖNIGIN. – Ich will nicht mir ihr sprechen.
GENTLEMAN. Sie ist sehr dringend; wirklich, außer sich.
    Ihr Zustand ist erbarmenswert.
KÖNIGIN. Was will sie?
GENTLEMAN. Sie spricht von ihrem Vater; sagt, sie höre,
    Die Welt sei schlimm, und ächzt und schlägt die Brust;
    Ein Strohhalm ärgert sie; sie spricht verworren
    Mit halbem Sinn nur: ihre Red' ist nichts,
    Doch leitet ihre ungestalte Art
    Die Hörenden auf Schlüsse; man errät,
    Man stückt zusammen ihrer Worte Sinn,
    Die sie mit Nicken gibt, mit Winken, Mienen,

So dass man wahrlich denken muss, man könnte
Zwar nichts gewiss, jedoch viel Arges denken.
HORATIO. Man muss doch mit ihr sprechen: sie kann Argwohn
In Unheil brütende Gemüter streun.
KÖNIGIN. Lasst sie nur vor!

Der Gentleman tritt ab. Königin beiseite.

Der kranken Seele, nach der Art der Sünden,
Scheint jeder Tand ein Unglück zu verkünden.
Von so betörter Furcht ist Schuld erfüllt,
Dass, sich verbergend, sie sich selbst enthüllt.

Ophelia tritt auf, mit ihrem Haar abgelenkt, auf einer Laute spielend.

OPHELIA. Wo ist die schöne Majestät von Dänmark?
KÖNIGIN. Wie geht's, Ophelia?
OPHELIA *singt.*

    Wie erkenn' ich dein Treu-lieb
      Vor den andern nun?
    An dem Muschelhut und Stab
      Und den Sandelschuh'n.

KÖNIGIN. Ach, süßes Fräulein, wozu soll dies Lied?
OPHELIA. Was beliebt? Nein, bitte, hört!

Singt.

    Er ist lange tot und hin,
      Tot und hin, Fräulein!
    Ihm zu Häupten ein Rasen grün,
      Ihm zu Fuß ein Stein.

Oh!
KÖNIGIN. Aber sagt, Ophelia –
OPHELIA. Bitt' Euch, hört:

Singt.

    Sein Leichenhemd weiß wie Schnee zu sehn –

Der König tritt auf.

KÖNIGIN. Ach, mein Gemahl, seht hier!
OPHELIA *singt.*

    Geziert mit Blumensegen,
    Das unbetränt zum Grab musst' gehn
      Von Liebesregen.

KÖNIG. Wie geht's Euch, holdes Fräulein?

OPHELIA. Gottes Lohn! recht gut! Sie sagen, die Eule war eines Bäckers Tochter. Ach, Herr! wir wissen wohl, was wir sind, aber nicht, was wir werden können. Gott segne Euch die Mahlzeit!

KÖNIG. Anspielung auf ihren Vater.

OPHELIA. Bitte, lasst uns darüber nicht sprechen; aber wenn sie Euch fragen, was es bedeutet, so sagt nur:

Singt.

> Auf morgen ist Sankt Valentins Tag,
>   Wohl an der Zeit noch früh,
> Und ich, 'ne Maid, am Fensterschlag
>   Will sein Eu'r Valentin.
> Er war bereit, tät an sein Kleid,
>   Tät auf die Kammertür,
> Ließ ein die Maid, die als 'ne Maid
>   Ging nimmer mehr herfür.

KÖNIG. Holde Ophelia!

OPHELIA. Fürwahr, ohne Schwur, ich will ein Ende machen:

Singt.

> Bei unsrer Frau und Sankt Kathrin!
>   O pfui! was soll das sein?
> Ein junger Mann tut's, wenn er kann,
>   Beim Himmel, 's ist nicht fein.
> Sie sprach: Eh' Ihr gescherzt mit mir,
>   Gelobt Ihr mich zu frein.

Er antwortet.

> Ich bräch's auch nicht, beim Sonnenlicht!
>   Wärst du nicht kommen herein.

KÖNIG. Wie lang' ist sie schon so?

OPHELIA. Ich hoffe, alles wird gut gehn. Wir müssen geduldig sein: aber ich kann nicht umhin zu weinen, wenn ich denke, dass sie ihn in den kalten Boden gelegt haben. Mein Bruder soll davon wissen, und so dank' ich Euch für Euren guten Rat. Kommt, meine Kutsche! Gute Nacht, Damen! gute Nacht, süße Damen! Gute Nacht! Gute Nacht! *Ab.*

KÖNIG. Folgt auf dem Fuß ihr doch: bewacht sie recht!

Horatio ab.

> Oh, dies ist Gift des tiefen Grams: es quillt
> Aus ihres Vaters Tod. Und seht nun an,
> O Gertrud! Gertrud! wenn die Leiden kommen,
> So kommen sie wie einzle Späher nicht,

Nein, in Geschwadern. Ihr Vater umgebracht;
Fort Euer Sohn, er selbst der wüste Stifter
Gerechten eignen Banns; das Volk verschlämmt,
Schädlich und trüb im Wähnen und Vermuten
Vom Tod des redlichen Polonius;
Und töricht war's von uns, so unterm Husch
Ihn zu bestatten; dann dies arme Kind,
Getrennt von sich und ihrem edlen Urteil,
Ohn' welches wir nur Bilder sind, nur Tiere.
Zuletzt, was mehr als alles in sich schließt:
Ihr Bruder ist von Frankreich insgeheim
Zurückgekehrt, nährt sich mit seinem Staunen,
Hält sich in Wolken, und ermangelt nicht
Der Ohrenbläser, um ihn anzustecken
Mit gift'gen Reden von des Vaters Tod;
Wobei Verlegenheit, an Vorwand arm,
Sich nicht entblöden wird, uns zu verklagen
Von Ohr zu Ohr. O liebste Gertrud, dies
Gibt wie ein Traubenschuss an vielen Stellen
Mir überflüss'gen Tod.

Lärm hinter der Szene.

KÖNIGIN. O weh! was für ein Lärm?
KÖNIG. Herbei! Wo sind die Schweizer? Lasst die Tür bewachen!
Ein Bote kommt.
   Was gibt es draußen?
BOTE. Rettet Euch, mein Fürst:
   Der Ozean, entwachsend seinem Saum,
   Verschlingt die Nied'rung ungestümer nicht,
   Als an der Spitze eines Meuterhaufens
   Laertes Eure Diener übermannt.
   Der Pöbel nennt ihn Herrn, und gleich als finge
   Die Welt erst an, als wär' das Altertum
   Vergessen, und Gewohnheit nicht bekannt,
   Die Stützen und Bekräft'ger jedes Worts,
   Schrein sie: »Erwählen wir! Laertes werde König!«
   Und Mützen, Hände, Zungen tragen's jubelnd
   Bis an die Wolken: »König sei Laertes! Laertes König!«

Lärm hinter der Szene.

KÖNIGIN. Sie schlagen lustig an auf falscher Fährte.
   Verkehrt gespürt, ihr falschen Dänenhunde!

Laertes kommt bewaffnet mit anderen.

171

KÖNIG. Die Türen sind gesprengt.

LAERTES. Wo ist denn dieser König? – Herrn, bleibt draußen!

ALLE. Nein, lasst uns mit herein!

LAERTES. Ich bitt', erlaubt mir!

ALLE. Gut, wie Ihr wollt.

LAERTES. Dank euch! Besetzt die Tür!

Das Gefolge von Laertes ab.

Du schnöder König, gib mir meinen Vater!

KÖNIGIN. Guter Laertes, ruhig!

LAERTES. Der Tropfe Bluts, der ruhig ist, erklärt
Für Bastard mich; schilt Hahnrei meinen Vater,
Brandmarkt die Metze meiner treuen Mutter
Hier zwischen ihre reinen keuschen Brau'n.

KÖNIG. Was ist der Grund, Laertes, dass dein Aufstand
So riesenmäßig aussieht? – Lasst ihn, Gertrud,
Befürchtet nichts für unsere Person:
Denn solche Göttlichkeit schirmt einen König:
Verrat, der nur erblickt, was er gewollt,
Steht ab von seinem Willen. – Sag, Laertes,
Was bist du so entrüstet? – Gertrud, lasst ihn! –
Sprich, junger Mann!

LAERTES. Wo ist mein Vater?

KÖNIG. Tot.

KÖNIGIN. Doch nicht durch ihn.

KÖNIG. Lasst ihn nur satt sich fragen!

LAERTES. Wie kam er um? Ich lasse mich nicht äffen.
Zur Hölle, Treu'! Zum ärgsten Teufel, Eide!
Gewissen, Frömmigkeit, zum tiefsten Schlund!
Ich trotze der Verdammnis; so weit kam's:
Ich schlage beide Welten in die Schanze,
Mag kommen, was da kommt! Nur Rache will ich
Vollauf für meinen Vater.

KÖNIG. Wer wird Euch hindern?

LAERTES. Mein Wille, nicht der ganzen Welt Gebot:
Und meine Mittel will ich so verwalten,
Dass wenig weit soll reichen.

KÖNIG. Hört, Laertes,
Wenn Ihr von Eures teuren Vaters Tod
Das Sichre wissen wollt: ist's Eurer Rache Schluss,
Als Sieger in dem Spiel, so Freund als Feind,
Gewinner und Verlierer fortzureißen?

LAERTES. Nur seine Feinde.

KÖNIG. Wollt Ihr sie denn kennen?

LAERTES. Den Freunden will ich weit die Arme öffnen,
Und wie der Lebensopf'rer Pelikan
Mit meinem Blut sie tränken.

KÖNIG. So! nun sprecht Ihr
Als guter Sohn und echter Edelmann.
Dass ich an Eures Vaters Tod schuldlos,
Und am empfindlichsten dadurch gekränkt,
Soll Eurem Urteil offen dar sich legen,
Wie Tageslicht dem Aug'.

Ein Geräusch hinter der Szene.

Lasst sie hinein!

LAERTES. Was gibt's? was für ein Lärm?

Ophelia kommt.

O Hitze, trockne Mein Hirn auf! Tränen, siebenfach gesalzen,
Brennt meiner Augen Kraft und Tugend aus! –
Bei Gott! dein Wahnsinn soll bezahlt uns werden
Nach dem Gewicht, bis unsre Waagschal' sinkt.
O Maienrose! süßes Kind! Ophelia!
Geliebte Schwester! – Himmel, kann es sein,
Dass eines jungen Mädchens Witz so sterblich
Als eines alten Mannes Leben ist?
Natur ist fein im Lieben: wo sie fein ist,
Da sendet sie ein kostbar Pfand von sich
Dem, was sie liebt, nach.

OPHELIA *singt.*
Sie trugen ihn auf der Bahre bloß,
Leider! ach leider!
Und manche Trän' fiel in Grabes Schoß –
Fahr' wohl, meine Taube!

LAERTES. Hätt'st du Vernunft, und mahntest uns zur Rache,
Es könnte so nicht rühren.

OPHELIA. Ihr müsst singen: »'nunter, hinunter! und ruft Ihr ihn
,nunter.« Oh, wie das Rad dazu klingt! Es ist der falsche Verwalter,
der seines Herrn Tochter stahl.

LAERTES. Dies Nichts ist mehr als Etwas.

OPHELIA. Das ist Vergissmeinnicht, das ist zum Andenken: ich bitte
Euch, liebes Herz, gedenkt meiner! und da ist Rosmarin, das ist für
die Treue.

LAERTES. Ein Sinnspruch im Wahnsinn: Treue und Andenken bezeichnet.

OPHELIA *zu Claudius*. Da ist Fenchel für Euch und Aglei. *Zu Gertrude*. Da ist Raute für Euch, und hier ist welche für mich. Ihr könnt Eure Raute mit einem Abzeichen tragen. Da ist Maßlieb, ich wollte Euch ein paar Veilchen geben, aber sie welkten alle, da mein Vater starb. Sie sagen, er nahm ein gutes Ende. –

Singt.

Dem traut lieb Fränzel ist all meine Lust –
LAERTES. Schwermut und Trauer, Leid, die Hölle selbst
Macht sie zur Anmut und zur Artigkeit.
OPHELIA *singt*.
Und kommt er nicht mehr zurück?
Und kommt er nicht mehr zurück?
Er ist tot! o weh!
In dein Todesbett geh,
Er kommt ja nimmer zurück.
Sein Bart war so weiß wie Schnee,
Sein Haupt dem Flachse gleich:
Er ist hin, er ist hin,
Und kein Leid bringt Gewinn;
Gott helf' ihm ins Himmelreich!
Und allen Christenseelen, darum bet' ich. Gott sei mit Euch! *Ab.*
LAERTES. Seht Ihr das? O Gott!
KÖNIG. Laertes, ich muss Euren Gram besprechen;
Versagt mir nicht mein Recht! Entfernt Euch nur,
Wählt die Verständigsten von Euren Freunden,
Und lasst sie richten zwischen Euch und mir:
Wenn sie zunächst uns, oder mittelbar,
Dabei betroffen finden, wollen wir
Reich, Krone, Leben, was nur unser heißt,
Euch zur Vergütung geben; doch wo nicht,
So seid zufrieden, uns Geduld zu leihn;
Wir wollen dann, vereint mit Eurer Seele,
Sie zu befried'gen trachten.
LAERTES. Ja, so sei's!
Die Todesart, die heimliche Bestattung –
Kein Schwert, noch Wappen über seiner Gruft,
Kein hoher Brauch, noch förmliches Gepräng' –
Sie rufen laut vom Himmel bis zur Erde,
Dass ich's zur Frage ziehn muss.
KÖNIG. Gut, das sollt Ihr,
Und wo die Schuld ist, mag das Strafbeil fallen.
Ich bitt' Euch, folget mir! *Alle ab.*

Sechste Szene

Horatio und ein Diener treten auf.

HORATIO. Was sind's für Leute, die mich sprechen wollen?
GENTLEMAN. Matrosen, Herr; sie haben, wie sie sagen, Euch
Briefe zu bestellen.
HORATIO. Lasst sie vor!

Gentleman ab.

Ich wüsste nicht, von welchem Teil der Welt
Ein Gruß mir käme, als vom Prinzen Hamlet.

Matrosen kommen.

ERSTER MATROSE. Gott segn' Euch, Herr!
HORATIO. Dich segn' er ebenfalls!
ERSTER MATROSE. Das wird er, Herr, so es ihm gefällt. Hier ist
ein Brief für Euch, Herr; er kommt von dem Gesandten, der nach
England reisen sollte, wenn Euer Name anders Horatio ist; wie man
mich versichert.
HORATIO *liest.* »Horatio, wenn du dies durchgesehn haben wirst,
verschaffe diesen Leuten Zutritt beim Könige: sie haben Briefe für
ihn. Wir waren noch nicht zwei Tage auf der See gewesen, als ein
starkgerüsteter Korsar Jagd auf uns machte: da wir uns im Segeln
zu langsam fanden, legten wir eine notgedrungne Tapferkeit an,
und während des Handgemenges enterte ich; in dem Augenblick
machten sie sich von unserm Schiffe los, und so ward ich allein ihr
Gefangner. Sie haben mich wie barmherzige Diebe behandelt, aber
sie wussten wohl, was sie taten; ich muss einen guten Streich für sie
tun. Sorge, dass der König die Briefe bekommt, die ich sende, und
begib dich zu mir in solcher Eile, als du den Tod fliehen würdest.
Ich habe dir Worte ins Ohr zu sagen, die dich stumm machen werden, doch sind sie viel zu leicht für das Gewicht der Sache. Diese
guten Leute werden dich hinbringen, wo ich bin. Rosenkranz und
Güldenstern setzen ihre Reise nach England fort: über sie hab' ich
dir viel zu sagen. Lebe wohl! Ewig der Deinige Hamlet.«
Kommt, ich will diese eure Briefe fördern, und um so schneller,
dass ihr hin mich führt zu ihm, der sie euch mitgab. *Alle ab.*

Siebente Szene

Der König und Laertes treten auf.

KÖNIG. Nun muss doch Eu'r Gewissen meine Unschuld
Versiegeln, und Ihr müsst in Euer Herz
Als Freund mich schließen, weil Ihr habt gehört,
Und zwar mit kund'gem Ohr, dass eben der,
Der Euren edlen Vater umgebracht,
Mir nach dem Leben stand.
LAERTES. Ja, es ist klar. Doch sagt mir,
Warum belangtet Ihr nicht diese Taten,
So strafbar und so peinlicher Natur,
Wie Eure Größe, Weisheit, Sicherheit,
Wie alles sonst Euch drang?
KÖNIG. Aus zwei besondern Gründen,
Die Euch vielleicht sehr marklos dünken mögen,
Allein für mich doch stark sind. Seine Mutter,
Die Königin, lebt fast von seinem Blick;
Und was mich selbst betrifft – sei's, was es sei,
Entweder meine Tugend oder Qual –,
Sie ist mir so vereint in Seel' und Leben:
Wie sich der Stern in seinem Kreis nur regt,
Könnt' ich's nicht ohne sie. Der andre Grund,
Warum ich's nicht zur Sprache bringen durfte,
Ist, dass der große Hauf' an ihm so hängt:
Sie tauchen seine Fehl' in ihre Liebe,
Die, wie der Quell, der Holz in Stein verwandelt,
Aus Tadel Lob macht, so dass meine Pfeile,
Zu leicht gezimmert für so scharfen Wind,
Zurückgekehrt zu meinem Bogen wären
Und nicht zum Ziel gelangt.
LAERTES. Und so verlor ich einen edlen Vater,
So ward mir eine Schwester hoffnungslos
Zerrüttet, deren Wert wofern das Lob
Zurückgehn darf auf unsrer Zeiten Höhe
Auffordernd stand zu gleicher Trefflichkeit.
Doch kommen soll die Rache.
KÖNIG. Schlaft deshalb ruhig nur: Ihr müsst nicht denken,
Wir wären aus so trägem Stoff gemacht,
Dass wir Gefahr am Bart uns raufen ließen
Und hielten es für Kurzweil. Ihr vernehmt

Mit nächstem mehr: ich liebte Euren Vater,
Auch lieben wir uns selbst; das, hoff' ich, wird
Euch einsehn lehren –

Ein Bote kommt.

Nun? was gibt es Neues?
BOTE. Herr, Briefe sind's von Hamlet; dieser da
Für Eure Majestät, der für die Königin.
KÖNIG. Von Hamlet? und wer brachte sie?
BOTE. Matrosen, heißt es, Herr; ich sah sie nicht.
Mir gab sie Claudio, der vom Überbringer
Sie selbst empfing.
KÖNIG. Laertes, Ihr sollt hören. –
Lasst uns!

Bote ab.

Liest. »Großmächtigster! Wisset, dass ich nackt an Euer Reich ausge-
setzt bin. Morgen werde ich um Erlaubnis bitten, vor Euer könig-
liches Auge zu treten, und dann werde ich, wenn ich Euch erst um
Vergünstigung dazu ersucht, die Veranlassung meiner plötzlichen
und wunderbaren Rückkehr berichten. Hamlet.«
Was heißt dies? Sind sie alle wieder da?
Wie? oder ist's Betrug und nichts daran?
LAERTES. Kennt Ihr die Hand?
KÖNIG. ,s sind Hamlets Züge. »Nackt«,
Und in der Nachschrift hier sagt er: »Allein« –
Könnt Ihr mir raten?
LAERTES. Ich bin ganz irr', mein Fürst. Allein er komme!
Erfrischt es doch mein Herzensübel recht,
Dass ich's ihm in die Zähne rücken kann:
»Das tatest du.«
KÖNIG. Wenn es so ist, Laertes –
Wie kann es nur so sein? wie anders? – Wollt Ihr
Euch von mir stimmen lassen?
LAERTES. Ja, mein Fürst.
Wenn Ihr mich nicht zum Frieden überstimmt.
KÖNIG. Zu deinem Frieden. Ist er heimgekehrt,
Als stutzig vor der Reis', und denkt nicht mehr
Sie vorzunehmen, so beweg' ich ihn
Zu einem Probstück, reif in meinem Sinn,
Wobei sein Fall gewiss ist; und es soll
Um seinen Tod kein Lüftchen Tadel wehn.

Selbst seine Mutter spreche los die List,
Und nenne Zufall sie.
LAERTES. Ich will Euch folgen, Herr,
Und um so mehr, wenn Ihr's zu machen wüßtet,
Dass ich das Werkzeug wär'.
KÖNIG. So trifft sich's eben.
Man hat seit Eurer Reis' Euch viel gerühmt,
Und das vor Hamlets Ohr, um eine Eigenschaft,
Worin Ihr, sagt man, glänzt; all Eure Gaben
Entlockten ihm gesamt nicht so viel Neid,
Als diese eine, die nach meiner Schätzung
Vom letzten Rang ist.
LAERTES. Und welche Gabe wär' das, gnäd'ger Herr?
KÖNIG. Ein bloßes Band nur an dem Hut der Jugend,
Doch nötig auch, denn leichte, lose Tracht
Ziemt minder nicht der Jugend, die sie trägt,
Als dem gesetzten Alter Pelz und Mantel
Gesundheit schafft und Ansehn. – Vor zwei Monden
War hier ein Ritter aus der Normandie.
Ich kenne selbst die Franken aus dem Krieg,
Und sie sind gut zu Pferd; doch dieser Brave
Tat Zauberdinge: er wuchs am Sitze fest,
Und lenkt' sein Pferd zu solchen Wunderkünsten,
Als wär' er einverleibt und halbgeartet
Mit diesem wackern Tier: es überstieg
Soweit die Vorstellung, dass mein Erfinden
Von Wendungen und Sprüngen hinter dem
Zurückbleibt, was er tat.
LAERTES. Ein Normann war's?
KÖNIG. Ein Normann.
LAERTES. Lamord, bei meinem Leben.
KÖNIG. Ja, derselbe.
LAERTES. Ich kenn' ihn wohl, er ist auch in der Tat
Das Kleinod und Juwel von seinem Volk.
KÖNIG. Er ließ bei uns sich über Euch vernehmen,
Und gab Euch solch ein meisterliches Lob
Für Eure Kunst und Übung in den Waffen,
Insonderheit die Führung des Rapiers:
Es gäb' ein rechtes Schauspiel, rief er aus,
Wenn wer darin sich mit Euch messen könnte.
Er schwur, die Fechter seines Landes hätten
Noch sichre Hut, noch Auge, noch Geschick,
Wenn Ihr sie angrifft: dieser sein Bericht

Vergiftete den Hamlet so mit Neid,
Dass er nichts tat als wünschen, dass Ihr schleunig
Zurückkämt, um mit Euch sich zu versuchen.
Nun, hieraus –
LAERTES. Was denn hieraus, gnäd'ger Herr?
KÖNIG. Laertes, war Euch Euer Vater wert?
Wie, oder seid Ihr gleich dem Gram im Bilde,
Ein Antlitz ohne Herz?
LAERTES. Wozu die Frage?
KÖNIG. Nicht als ob ich dächte,
Ihr hättet Euren Vater nicht geliebt.
Doch weiß ich, durch die Zeit beginnt die Liebe,
Und seh' an Proben der Erfahrung auch,
Dass Zeit derselben Glut und Funken mäßigt.
Im Innersten der Liebesflamme lebt
Eine Art von Docht und Schnuppe, die sie dämpft,
Und nichts beharrt in gleicher Güte stets:
Denn Güte, die vollblütig wird, erstirbt
Im eignen Allzuviel. Was man will tun,
Das soll man, wenn man will; denn dies »will« ändert sich,
Und hat so mancherlei Verzug und Schwächung,
Als es nur Zungen, Hände, Fälle gibt;
Dann ist dies »soll« ein prasserischer Seufzer,
Der lindernd schadet. Doch zum Kern der Sache!
Hamlet kommt her: was wollt Ihr unternehmen,
Um Euch zu zeigen Eures Vaters Sohn
In Taten mehr als Worten?
LAERTES. Ihn in der Kirch' erwürgen.
KÖNIG. Mord sollte freilich nirgends Freistatt finden,
Und Rache keine Grenzen. Doch, Laertes,
Wollt Ihr dies tun, so haltet Euch zu Haus:
Wir lassen Eure Trefflichkeit ihm preisen
Und doppelt überfirnissen den Ruhm,
Den Euch der Franke gab; kurz, bringen euch zusammen,
Und stellen Wetten an auf eure Köpfe.
Er, achtlos, edel, frei von allem Arg,
Wird die Rapiere nicht genau besehn;
So könnt Ihr leicht mit ein paar kleinen Griffen
Euch eine nicht gestumpfte Klinge wählen,
Und ihn mit einem wohl geführten Stoß
Für Euren Vater lohnen.
LAERTES. Ich will's tun,
Und zu dem Endzweck meinen Degen salben.

Ein Scharlatan verkaufte mir ein Mittel,
So tödlich, taucht man nur ein Messer drein,
Wo ,s Blut zieht, kann kein noch so köstlich Pflaster
Von allen Kräutern unterm Mond, mit Kraft
Gesegnet, das Geschöpf vom Tode retten,
Das nur damit geritzt ist: mit dem Gift
Will ich die Spitze meines Degens netzen,
So dass es, streif' ich ihn nur obenhin,
Den Tod ihm bringt.
KÖNIG. Bedenken wir dies ferner,
Was für Begünstigung von Zeit und Mitteln
Zu unserm Ziel kann führen: Schlägt dies fehl,
Und blickt durch unsre schlechte Ausrührung
Die Absicht, so wär's besser nicht versucht:
Drum muss der Plan noch einen Rückhalt haben,
Der Stich hält, wenn er in der Probe birst.
Still, lasst mich sehn! – Wir gehen feierlich
Auf euer beider Stärke Wetten ein, –
Ich hab's:
Wenn ihr vom Fechten heiß und durstig seid
(Ihr müsst deshalb die Gänge heft'ger machen),
Und er zu trinken fordert, soll ein Kelch
Bereit stehn, der, wenn er davon nur nippt,
Entging' er etwa Eurem gift'gen Stich,
Noch unsern Anschlag sichert. Aber still!
Was für ein Lärm?

Die Königin kommt.

KÖNIGIN. Ein Leiden tritt dem andern auf die Fersen,
So schleunig folgen sie: Laertes, Eure Schwester ist ertrunken.
LAERTES. Ertrunken, sagt Ihr? Wo?
KÖNIGIN. Es neigt ein Weidenbaum sich übern Bach
Und zeigt im klaren Strom sein graues Laub,
Mit welchem sie phantastisch Kränze wand
Von Hahnfuß, Nesseln, Maßlieb, Kuckucksblumen.
Dort, als sie aufklomm, um ihr Laubgewinde
An den gesenkten Ästen aufzuhängen,
Zerbrach ein falscher Zweig, und nieder fielen
Die rankenden Trophäen und sie selbst
Ins weinende Gewässer. Ihre Kleider
Verbreiteten sich weit und trugen sie
Sirenengleich ein Weilchen noch empor,
Indes sie Stellen alter Weisen sang,

Als ob sie nicht die eigne Not begriffe,
Wie ein Geschöpf, geboren und begabt
Für dieses Element. Doch lange währt' es nicht,
Bis ihre Kleider, die sich schwer getrunken,
Das arme Kind von ihren Melodien
Hinunterzogen in den schlamm'gen Tod.
LAERTES. Ach, ist sie denn ertrunken?
KÖNIGIN. Ertrunken.
LAERTES. Zu viel des Wassers hast du, arme Schwester!
Drum halt' ich meine Tränen auf. Und doch
Ist's unsre Art; Natur hält ihre Sitte,
Was Scham auch sagen mag: sind die erst fort,
So ist das Weib heraus. – Lebt wohl, mein Fürst!
Ich habe Flammenworte, welche gern
Auflodern möchten, wenn nur diese Torheit
Sie nicht ertränkte. *Ab.*
KÖNIG. Lasst uns folgen, Gertrud!
Wie hatt' ich Mühe, seine Wut zu stillen!
Nun, fürcht' ich, bricht dies wieder ihre Schranken:
Drum lasst uns folgen! *Ab.*

Fünfter Aufzug
Erste Szene

Zwei Clowns kommen mit Spaten und Hacken.

ERSTER CLOWN. Soll die ein christlich Begräbnis erhalten, die vorsätzlich ihre eigne Seligkeit sucht?

ZWEITER CLOWN. Ich sage dir, sie soll's, mach' also flugs ihr Grab: Der Totenbeschauer hat über sie gesessen, und christlich Begräbnis erkannt.

ERSTER CLOWN. Wie kann das sein, wenn sie sich nicht defensionsweise ertränkt hat?

ZWEITER CLOWN. Nun, es ist so befunden.

ERSTER CLOWN. Es muss aber se offendendo geschehen, es kann nicht anders sein. Denn dies ist der Punkt: wenn ich mich wissentlich ertränke, so beweist es eine Handlung, und eine Handlung hat drei Stücke: sie besteht in Handeln, Tun und Verrichten: Ergel hat sie sich wissentlich ertränkt.

ZWEITER CLOWN. Ei, hört doch, Gevatter Schaufler!

ERSTER CLOWN. Erlaubt mir! Hier steht das Wasser: gut; hier steht der Mensch: gut. Wenn der Mensch zu diesem Wasser geht und sich selbst ertränkt, so bleibt's dabei, er mag wollen oder nicht, dass er hingeht. Merkt Euch das! Aber wenn das Wasser zu ihm kommt und ihn ertränkt, so ertränkt er sich nicht selbst. Ergel, wer an seinem eignen Tode nicht schuld ist, verkürzt sein eignes Leben nicht.

ZWEITER CLOWN. Ist das Rechtens?

ERSTER CLOWN. Ei freilich, nach dem Totenbeschauerrecht.

ZWEITER CLOWN. Wollt Ihr die Wahrheit wissen? Wenn's kein Fräulein gewesen wäre, so wäre sie auch nicht auf geweihtem Boden begraben.

ERSTER CLOWN. Ja, da haben wir's. Und es ist doch ein Jammer, dass die großen Leute in dieser Welt mehr Aufmunterung haben, sich zu hängen und zu ersäufen, als ihre Christenbrüder. Komm, den Spaten her! Es gibt keine so alten Edelleute als Gärtner, Grabenmacher und Totengräber: sie pflanzen Adams Profession fort.

ZWEITER CLOWN. War der ein Edelmann?

ERSTER CLOWN. Er war der erste, der je armiert war.

ZWEITER CLOWN. Ei, was wollt' er!

ERSTER CLOWN. Was? bist ein Heide? Wie legst du die Schrift aus? Die Schrift sagt: Adam grub. Konnte er ohne Arme graben? Ich will dir noch eine andre Frage vorlegen: wenn du mir nicht gehörig antwortest, so bekenne –

ZWEITER CLOWN. Nur zu!

ERSTER CLOWN. Wer baut fester als der Maurer, der Schiffsbaumeister oder der Zimmermann?

ZWEITER CLOWN. Der Galgenmacher, denn sein Gebäude überlebt an die tausend Bewohner.

ERSTER CLOWN. Dein Witz gefällt mir, meiner Treu. Der Galgen tut gut: aber wie tut er gut? Er tut gut an denen, die übel tun. Nun tust du übel zu sagen, dass der Galgen stärker gebaut ist als die Kirche: also würde der Galgen an dir gut tun. Noch ‚mal dran! frisch!

ZWEITER CLOWN. Wer stärker baut als ein Maurer, ein Schiffsbaumeister oder ein Zimmermann?

ERSTER CLOWN. Ja, sag mir das, und du sollst Feierabend haben.

ZWEITER CLOWN. Mein' Seel', nun kann ich's sagen.

ERSTER CLOWN. Frisch!

ZWEITER CLOWN. Sapperment, ich kann's doch nicht sagen.

Hamlet und Horatio treten in einer Entfernung auf.

ERSTER CLOWN. Zerbrich dir den Kopf nicht weiter darum, der dumme Esel geht doch nicht schneller, wie du ihn auch prügeln magst; und wenn dir jemand das nächste Mal die Frage tut, antworte: der Totengräber. Die Häuser, die er baut, währen bis zum Jüngsten Tage. Geh, mach' dich ins Wirtshaus, und hole mir einen Schoppen Brantewein!

Zweiter Clown ab. Der erste Clown gräbt.

Singt.

> In jungen Tagen ich lieben tät,
>> Das dünkte mir so süß.
> Die Zeit zu verbringen, ach, früh und spät,
>> Behagte mir nichts wie dies.

HAMLET. Hat dieser Kerl kein Gefühl von seinem Geschäft? Er gräbt ein Grab und singt dazu.

HORATIO. Die Gewohnheit hat es ihm zu einer leichten Sache gemacht.

HAMLET. So pflegt es zu sein: je weniger eine Hand verrichtet, desto zarter ist ihr Gefühl.

ERSTER CLOWN *singt.*

> Doch Alter mit dem schleichenden Tritt
>> Hat mich gepackt mit der Faust,
> Und hat mich weg aus dem Lande geschifft,
>> Als hätt' ich da nimmer gehaust.

Wirft eine Schaufel voll Erde mit einem Schädel auf.

HAMLET. Der Schädel hatte einmal eine Zunge und konnte singen: wie ihn der Schuft auf den Boden schleudert, als wär' es der Kinnbacken Kains, der den ersten Mord beging! Dies mochte der Kopf eines Politikers sein, den dieser Esel nun überlistet; eines, der Gott den Herrn hintergehn wollte: nicht wahr?

HORATIO. Es ist möglich.

HAMLET. Oder eines Hofmannes, der sagen konnte: »Guten Morgen, geliebtester Prinz! Wie geht's, bester Prinz?« Dies mochte der gnädige Herr der und der sein, der des gnädigen Herrn des und des Pferd lobte, wenn er es gern zum Geschenk gehabt hätte: nicht wahr?

HORATIO. Ja, mein Prinz.

HAMLET. Ja ja, und nun Junker Wurms; eingefallen und mit einem Totengräberspaten um die Kinnbacken geschlagen. Das ist mir eine schöne Verwandlung, wenn wir nur die Kunst besäßen, sie zu sehen. Haben diese Knochen nicht mehr zu unterhalten gekostet, als dass man Kegel mit ihnen spielt? Meine tun mir weh, wenn ich dran denke.

ERSTER CLOWN *singt.*

> Ein Grabscheit und ein Spaten wohl,
> Samt einem Kittel aus Lein,
> Und oh, eine Grube, gar tief und hohl,
> Für solchen Gast muss sein.

Wirft einen anderen Schädel auf.

HAMLET. Da ist wieder einer: warum könnte das nicht der Schädel eines Rechtsgelehrten sein? Wo sind nun seine Klauseln, seine Praktiken, seine Fälle und seine Kniffe? Warum leidet er nun, dass dieser grobe Flegel ihn mit einer schmutzigen Schaufel um den Hirnkasten schlägt, und droht nicht, ihn wegen Tätlichkeiten zu belangen? Hum! Dieser Geselle war vielleicht zu seiner Zeit ein großer Käufer von Ländereien, mit seinen Hypotheken, seinen Grundzinsen, seinen Kaufbriefen, seinen Gewährsmännern, seinen gerichtlichen Auflassungen. Werden ihm seine Gewährsmänner nichts mehr von seinen erkauften Gütern gewähren, als die Länge und Breite von ein paar Kontrakten? Sogar die Übertragungsurkunden seiner Ländereien können kaum in diesem Kasten liegen: und soll der Eigentümer selbst nicht mehr Raum haben? He?

HORATIO. Nicht ein Tüttelchen mehr, mein Prinz.

HAMLET. Wird nicht Pergament aus Schafsfellen gemacht?

HORATIO. Ja, mein Prinz, und aus Kalbsfellen auch.

HAMLET. Schafe und Kälber sind es, die darin ihre Sicherheit suchen. Ich will diesen Burschen anreden. – Wessen Grab ist das, heda?

ERSTER CLOWN. Meines, Herr.

Singt.

> Und oh, eine Grube, gar tief und hohl,
> Für solchen Gast muss sein.

HAMLET. Ich glaube wahrhaftig, dass es deines ist, denn du liegst darin.

ERSTER CLOWN. Ihr liegt draußen, Herr, und also ist's nicht Eures; ich liege nicht darin, und doch ist es meines.

HAMLET. Du lügst darin, weil du darin bist und sagst, dass es deines ist. Es ist aber für die Toten, nicht für die Lebendigen: also lügst du.

ERSTER CLOWN. ,s ist eine lebendige Lüge, Herr, sie will von mir weg, zu Euch zurück.

HAMLET. Für was für einen Mann gräbst du es?

ERSTER CLOWN. Für keinen Mann.

HAMLET. Für was für eine Frau denn?

ERSTER CLOWN. Auch für keine.

HAMLET. Wer soll denn darin begraben werden?

ERSTER CLOWN. Eine gewesene Frau, Herr; aber, Gott hab' sie selig! sie ist tot.

HAMLET. Wie keck der Bursch ist! Wir müssen nach der Schnur sprechen, oder er sticht uns mit Silben zu Tode. Wahrhaftig Horatio, ich habe seit diesen drei Jahren darauf geachtet: das Zeitalter wird so spitzfindig, dass der Bauer dem Hofmann auf die Fersen tritt. – Wie lange bist du schon Totengräber?

ERSTER CLOWN. Von allen Tagen im Jahre kam ich just den Tag dazu, da unser voriger König Hamlet den Fortinbras überwand.

HAMLET. Wie lange ist das her?

ERSTER CLOWN. Wisst Ihr das nicht? Das weiß jeder Narr. Es war denselben Tag, wo der junge Hamlet geboren ward, der nun toll geworden und nach England geschickt ist.

HAMLET. Ei so! Warum haben sie ihn nach England geschickt?

ERSTER CLOWN. Nu, weil er toll war. Er soll seinen Verstand da wieder kriegen; und wenn er ihn nicht wieder kriegt, so tut's da nicht viel.

HAMLET. Warum?

ERSTER CLOWN. Man wird's ihm da nicht viel anmerken: die Leute sind da eben so toll wie er.

HAMLET. Wie wurde er toll?

ERSTER CLOWN. Seltsam genug, sagen sie.

HAMLET. Wie, »seltsam«?

ERSTER CLOWN. Mein' Seel', just dadurch, dass er den Verstand verlor.

HAMLET. Kennt Ihr den Grund?

ERSTER CLOWN. Freilich, dänischer Grund und Boden. Ich bin hier seit dreißig Jahren Totengräber gewesen, in jungen und alten Tagen.

HAMLET. Wie lange liegt wohl einer in der Erde, eh' er verfault?

ERSTER CLOWN. Mein' Treu', wenn er nicht schon vor dem Tode verfault ist (wie wir denn heutzutage viele lustsieche Leichen haben, die kaum bis zum Hineinlegen halten), so dauert er Euch ein acht bis neun Jahr aus; ein Lohgerber neun Jahre.

HAMLET. Warum der länger als ein andrer?

ERSTER CLOWN. Ei, Herr, sein Gewerbe gerbt ihm das Fell so, dass er eine lange Zeit das Wasser abhält, und das Wasser richtet so 'ne Blitzleiche verteufelt zu Grunde. Hier ist ein Schädel, der Euch dreiundzwanzig Jahre in der Erde gelegen hat.

HAMLET. Wem gehört er?

ERSTER CLOWN. Einem unklugen Blitzkerl. Wer denkt Ihr, dass es war?

HAMLET. Ja, ich weiß nicht.

ERSTER CLOWN. Das Wetter über den unklugen Schalk! Er goss mir einmal eine Flasche Rheinwein über den Kopf. Dieser Schädel da war Yoricks Schädel, des Königs Spaßmacher.

HAMLET. Dieser? *Nimmt den Schädel.*

ERSTER CLOWN. Ja ja, eben der.

HAMLET. Ach, armer Yorick! – Ich kannte ihn, Horatio: ein Bursche von unendlichem Humor, voll von den herrlichsten Einfällen. Er hat mich tausendmal auf dem Rücken getragen, und jetzt, wie schaudert meiner Einbildungskraft davor! mir wird ganz übel. Hier hingen diese Lippen, die ich geküsst habe, ich weiß nicht wie oft. Wo sind nun deine Schwänke? deine Sprünge? deine Lieder, deine Blitze von Lustigkeit, wobei die ganze Tafel in Lachen ausbrach? Ist jetzt keiner da, der sich über dein eignes Grinsen aufhielte? Alles weggeschrumpft? Nun begib dich in die Kammer der gnädigen Frau, und sage ihr, wenn sie auch einen Finger dick auflegt: so ‚n Gesicht muss sie endlich bekommen; mach‘ sie damit zu lachen! – Sei so gut, Horatio, sage mir dies eine!

HORATIO. Und was, mein Prinz?

HAMLET. Glaubst du, dass Alexander in der Erde solchergestalt aussah!

HORATIO. Gerade so.

HAMLET. Und so roch! pah! *Wirft den Schädel hin.*

HORATIO. Gerade so, mein Prinz.

HAMLET. Zu was für schnöden Bestimmungen wir kommen, Horatio! Warum sollte die Einbildungskraft nicht den edlen Staub Alexanders verfolgen können, bis sie ihn findet, wo er ein Spundloch verstopft?

HORATIO. Die Dinge so betrachten, hieße sie allzu genau betrachten.

HAMLET. Nein, wahrhaftig, im geringsten nicht. Man könnte ihm bescheiden genug dahin folgen, und sich immer von der Wahrscheinlichkeit führen lassen. Zum Beispiel so: Alexander starb, Alexander ward begraben, Alexander verwandelte sich in Staub; der Staub ist Erde; aus Erde machen wir Lehm: und warum sollte man nicht mit dem Lehm, worein er verwandelt ward, ein Bierfass stopfen können?

Der große Cäsar, tot und Lehm geworden,
Verstopft ein Loch wohl vor dem rauen Norden.
O dass die Erde, der die Welt gebebt,
Vor Wind und Wetter eine Wand verklebt!
Doch still! doch still! Beiseit! Hier kommt der König!

Der König, die Königin, Laertes und ein Theologe folgen der Prozession mit Lords und Gefolge.

Die Königin, der Hof: wem folgen sie?
Und mit so unvollständ'gen Fei'rlichkeiten?
Ein Zeichen, dass die Leiche, der sie folgen,
Verzweiflungsvolle Hand an sich gelegt.
Sie war von Stande: lauern wir ein Weilchen,
Und geben acht!

Zieht sich mit Horatio zurück.

LAERTES. Was für Gebräuche sonst?
HAMLET. Das ist Laertes, ein edler junger Mann. Gebt acht!
LAERTES. Was für Gebräuche sonst?
PRIESTER. Wir dehnten ihr Begräbnis aus, so weit
Die Vollmacht reicht: ihr Tod war zweifelhaft,
Und wenn kein Machtgebot die Ordnung hemmte,
So hätte sie in ungeweihtem Grund
Bis zur Gerichtstrommete wohnen müssen.
Statt christlicher Gebete sollten Scherben
Und Kieselstein' auf sie geworfen werden.
Hier gönnt man ihr doch ihren Mädchenkranz
Und das Bestreun mit jungfräulichen Blumen,
Geläut' und Grabstätt'.
LAERTES. So darf nichts mehr geschehn?
PRIESTER. Nichts mehr geschehn.
Wir würden ja der Toten Dienst entweihn,
Wenn wir ein Requiem und Ruh' ihr sängen,
Wie fromm verschiednen Seelen.
LAERTES. Legt sie in den Grund,
Und ihrer schönen, unbefleckten Hülle
Entsprießen Veilchen! – Ich sag' dir, harter Priester,
Ein Engel am Thron wird meine Schwester sein,
Derweil du heulend liegst.
HAMLET. Was? die schöne Ophelia?
KÖNIGIN *Blumen streuend.* Der Süßen Süßes: Lebe wohl!
Ich hoffte, du solltest meines Hamlets Gattin sein.
Dein Brautbett, dacht' ich, süßes Kind, zu schmücken,
Nicht zu bestreun dein Grab.
LAERTES. Oh, dreifach Wehe
Treff' zehnmal dreifach das verfluchte Haupt,
Des Untat deiner sinnigen Vernunft

Dich hat beraubt! – Lasst noch die Erde weg,
Bis ich sie nochmals in die Arme fasse.

Springt in das Grab.

Nun häuft den Staub auf Lebende und Tote,
Bis ihr die Fläche habt zum Berg gemacht,
Hoch über Pelion und das blaue Haupt
Des wolkigen Olympus.
HAMLET *hervortretend.* Wer ist der, des Gram
So voll Emphase tönt? Des Spruch des Wehes
Der Sterne Lauf beschwört und macht sie stillstehn
Wie schreckbefangne Hörer? – Dies bin ich,
Hamlet der Däne!

Springt in das Grab.

LAERTES. Dem Teufel deine Seele!

Ringt mit ihm.

HAMLET. Du betest schlecht.
Ich bitt' dich, lass die Hand von meiner Gurgel:
Denn ob ich schon nicht jäh und heftig bin,
So ist doch was Gefährliches in mir,
Das ich zu scheun dir rate. Weg die Hand!
KÖNIG. Reißt sie doch von einander!
KÖNIGIN. Hamlet! Hamlet!
ALLE. Ihr Herren –
HORATIO. Bester Herr, seid ruhig!

Gefolgsleute bringen sie auseinander, und sie kommen aus dem Grab.

HAMLET. Ja, diese Sache fecht' ich aus mit ihm,
So lang' bis meine Augenlider sinken.
KÖNIGIN. O mein Sohn! welche Sache?
HAMLET. Ich liebt' Ophelien: vierzigtausend Brüder
Mit ihrem ganzen Maß von Liebe hätten
Nicht meine Summ' erreicht. – Was willst du für sie tun?
KÖNIG. Er ist verrückt, Laertes.
KÖNIGIN. Um Gottes willen, lasst ihn!
HAMLET. Beim Element, sag, was du tun willst:
Willst weinen? fechten? fasten? dich zerreißen?
Willst Essig trinken? Krokodile essen?
Ich tu's. – Kommst du zu winseln her?
Springst, um mir Trotz zu bieten, in ihr Grab?
Lass dich mit ihr begraben, ich will's auch;

Und schwatzest du von Bergen, lass auf uns
Millionen Hufen werfen, bis der Boden,
Die Scheitel an der glüh'nden Zone sengend,
Den Ossa macht zur Warze. – Prahlst du groß,
Ich kann's so gut wie du.
KÖNIGIN. Dies ist bloß Wahnsinn:
So tobt der Anfall eine Weil' in ihm,
Doch gleich, geduldig wie das Taubenweibchen,
Wann sie ihr goldnes Paar hat ausgebrütet,
Senkt seine Ruh' die Flügel.
HAMLET. Hört doch, Herr!
Was ist der Grund, dass Ihr mir so begegnet?
Ich liebt' Euch immer: doch es macht nichts aus;
Lasst Herkuln selber nach Vermögen tun,
Die Katze maut, der Hund will doch nicht ruhn.

Hamlet ab.

KÖNIG. Ich bitte dich, Horatio, geh ihm nach! *Horatio ab.*

Zu Laertes.

Laertes, unser gestriges Gespräch
Muss die Geduld Euch stärken. – Gute Gertrud,
Setzt eine Wache über Euren Sohn!
Dies Grab soll ein lebendig Denkmal haben.
Bald werden wir der Ruhe Stunde sehn,
So lang' muss alles mit Geduld geschehn. *Alle ab.*

Zweite Szene

Hamlet und Horatio treten auf.

HAMLET.
Hiervon genug; nun komm' ich auf das andre.
Erinnert Ihr Euch jedes Umstands noch?
HORATIO. Erinnern, gnäd'ger Herr?
HAMLET. In meiner Brust war eine Art von Kampf,
Der mich nicht schlafen ließ; mich dünkt', ich läge
Noch schlimmer als im Stock die Meuter. Rasch –
Und Dank dem raschen Mute! – Lasst uns einsehn,
Dass Unbesonnenheit uns manchmal dient,
Wenn tiefe Plane scheitern; und das lehr' uns,

Dass eine Gottheit unsre Zwecke formt,
Wie wir sie auch entwerfen.

HORATIO. Sehr gewiss.

HAMLET. Aus meinem Schlafgemach,
Den Schiffermantel um mich her geworfen,
Tappt' ich herum nach ihnen, fand sie glücklich,
Griff ihr Paket, und zog mich schließlich wieder
Zurück in die Kajüte; meine Furcht
Vergaß die Höflichkeit, und dreist erbrach
Ich ihren höchsten Auftrag. Hier, Horatio,
Fand ich ein königliches Bubenstück:
Ein streng Geheiß, gespickt mit vielen Gründen,
Betreffend Dänmarks Heil und Englands auch,
Und, heida! solch ein Spuk, wenn ich entkäme –
Dass gleich auf Sicht, ohn' alle Zögerung,
Auch nicht so lang', um nur das Beil zu schärfen,
Das Haupt mir abgeschlagen werden sollte.

HORATIO. Ist's möglich?

HAMLET. Hier ist der Auftrag: lies ihn nur bei Muße!
Doch willst du hören, wie ich nun verfuhr?

HORATIO. Ja, ich ersuch' Euch drum.

HAMLET. So rings umstrickt mit Bübereien, fing,
Eh' ich noch den Prolog dazu gehalten,
Mein Kopf das Spiel schon an. Ich setzte mich,
Sann einen Auftrag aus, schrieb ihn ins Reine.
Ich hielt es einst, wie unsre großen Herrn,
Für niedrig, schön zu schreiben, und bemühte
Mich sehr, es zu verlernen; aber jetzt
Tat es mir Ritterdienste. Willst du wissen,
Was meine Schrift enthielt?

HORATIO. Ja, bester Herr.

HAMLET. Die ernstlichste Beschwörung von dem König,
Wofern ihm England treu die Lehnspflicht hielte,
Wofern ihr Bund blühn sollte wie die Palme,
Wofern der Fried' in seinem Ährenkranz
Stets beider Freundschaft bindend sollte stehn,
Und manchem wichtigen »Wofern« der Art –
Wann er den Inhalt dieser Schrift ersehn,
Möcht' er ohn' alles fernere Bedenken
Die Überbringer schnell zum Tode fördern,
Selbst ohne Frist zum Beichten.

HORATIO. Wie wurde dies versiegelt?

HAMLET. Auch darin war des Himmels Vorsicht wach.
Ich hatt' im Beutel meines Vaters Petschaft,
Das dieses dän'schen Siegels Muster war.
Ich faltete den Brief dem andern gleich,
Dann unterschrieb ich, drückte drauf das Siegel,
Legt' ihn ab seinen Ort; der Wechselbalg
Ward nicht erkannt. Am nächsten Tage nun
War unser Seegefecht, und was dem folgte,
Das weißt du schon.
HORATIO. Und Güldenstern und Rosenkranz gehn drauf.
HAMLET. Ei, Freund, sie buhlten ja um dies Geschäft;
Sie rühren mein Gewissen nicht: ihr Fall
Entspringt aus ihrer eignen Einmischung.
‚s ist misslich, wenn die schlechtere Natur
Sich zwischen die entbrannten Degenspitzen
Von mächt'gen Gegnern stellt.
HORATIO. Was für ein König!
HAMLET. Was dünkt dir, liegt's mir jetzo nah genug?
Der meinen König totschlug, meine Mutter
Zur Hure machte; zwischen die Erwählung
Und meine Hoffnungen sich eingedrängt;
Die Angel warf nach meinem eignen Leben
Mit solcher Hinterlist: ist's nicht vollkommen billig,
Mit diesem Arme dem den Lohn zu geben?
Und ist es nicht Verdammnis, diesen Krebs
An unserm Fleisch noch länger nagen lassen?
HORATIO. Ihm muss von England bald gemeldet werden,
Wie dort der Ausgang des Geschäftes ist.
HAMLET. Bald wird's geschehn: die Zwischenzeit ist mein;
Ein Menschenleben ist, als zählt man eins.
Doch ich bin sehr bekümmert, Freund Horatio,
Dass mit Laertes ich mich selbst vergaß:
Denn in dem Bilde seiner Sache seh' ich
Der meinen Gegenstück. Ich schätz' ihn gern:
Doch wirklich, seines Schmerzes Prahlerei
Empörte mich zu wilder Leidenschaft.
HORATIO. Still doch! wer kommt?

Der junge Osrick kommt, ein Vermittler.

OSRICK. Willkommen Eurer Hoheit hier in Dänmark!
HAMLET. Ich dank' Euch ergebenst, Herr. – Kennst du diese Mücke?
HORATIO. Nein, bester Herr.

HAMLET. Um so besser ist für dein Heil gesorgt, denn es ist ein Laster, ihn zu kennen. Er besitzt viel und fruchtbares Land: wenn ein Tier Fürst der Tiere ist, so wird seine Krippe neben des Königs Gedeck stehn. Er ist eine Elster, aber, wie ich dir sage, mit weitläuftigen Besitzungen von Kot gesegnet.

OSRICK. Geliebtester Prinz, wenn Eure Hoheit Muße hätte, so wünschte ich Euch etwas von seiner Majestät mitzuteilen.

HAMLET. Ich will es mit aller Aufmerksamkeit empfangen, Herr. Eure Mütze an ihre Stelle: sie ist für den Kopf.

OSRICK. Ich danke Eurer Hoheit, es ist sehr heiß.

HAMLET. Nein, auf mein Wort, es ist sehr kalt; der Wind ist nördlich.

OSRICK. Es ist ziemlich kalt, in der Tat, mein Prinz.

HAMLET. Aber doch, dünkt mich, ist es ungemein schwül und heiß, oder mein Temperament –

OSRICK. Außerordentlich, gnädiger Herr, es ist sehr schwül – auf gewisse Weise – ich kann nicht sagen wie. Gnädiger Herr, Seine Majestät befahl mir, Euch wissen zu lassen, dass er eine große Wette auf Euren Kopf angestellt hat. Die Sache ist folgende, Herr: –

HAMLET. Ich bitte Euch, vergesst nicht!

Hamlet nötigt ihn, den Hut aufzusetzen.

OSRICK. Erlaubt mir, wertester Prinz, zu meiner eignen Bequemlichkeit. Vor kurzem, Herr, ist Laertes hier an den Hof gekommen: auf meine Ehre, ein vollkommner Kavalier, von den vortrefflichsten Auszeichnungen, von einer sehr gefälligen Unterhaltung und glänzendem Äußern. In der Tat, um mit Sinn von ihm zu sprechen, er ist die Musterkarte der feinen Lebensart, denn Ihr werdet in ihm den Inbegriff aller Gaben finden, die ein Kavalier nur wünschen kann zu sehn.

HAMLET. Seine Erörterung, Herr, leidet keinen Verlust in Eurem Munde, ob ich gleich weiß, dass es die Rechenkunst des Gedächtnisses irre machen würde, ein vollständiges Verzeichnis seiner Eigenschaften aufzustellen. Und doch würde es nur aus dem Groben sein, in Rücksicht seines behenden Fluges. Aber im heiligsten Ernste der Lobpreisung, ich halte ihn für einen Geist von großem Umfange, und seine innere Begabung so köstlich und selten, dass, um uns wahrhaft über ihn auszudrücken, nur sein Spiegel seinesgleichen ist, und wer sonst seiner Spur nachgehn will, sein Schatten, nichts weiter.

OSRICK. Eure Hoheit spricht ganz untrüglich von ihm.

HAMLET. Der Betreff, Herr? Warum lassen wir den rauen Atem unsrer Rede über diesen Kavalier gehen?

OSRICK. Prinz?

HAMLET. Was bedeutet die Nennung dieses Kavaliers?

OSRICK. Des Laertes?

HORATIO. Sein Beutel ist schon leer; alle seine goldnen Worte sind ausgegeben.

HAMLET. Ja, des nämlichen.

OSRICK. Ich weiß, Ihr seid nicht ununterrichtet –

HAMLET. Ich wollte, Ihr wüßtet es, Herr, ob es mich gleich, bei meiner Ehre! noch nicht sehr empfehlen würde. – Nun wohl, Herr?

OSRICK. Ihr seid nicht ununterrichtet, welche Vollkommenheit Laertes besitzt –

HAMLET. Ich darf mich dessen nicht rühmen, um mich nicht mit ihm an Vollkommenheit zu vergleichen: einen andern Mann aus dem Grunde kennen, hieße sich selbst kennen.

OSRICK. Ich meine, Herr, was die Führung der Waffen betrifft; nach der Beimessung, die man ihm erteilt, ist er darin ohnegleichen.

HAMLET. Was ist seine Waffe?

OSRICK. Degen und Stoßklinge.

HAMLET. Das wäre denn zweierlei Waffen; doch weiter!

OSRICK. Der König, Herr, hat mit ihm sechs Barberhengste gewettet; wogegen er, wie ich höre, sechs französische Degen samt Zubehör, als Gürtel, Gehenke und so weiter, verpfändet hat. Drei von den Gestellen sind in der Tat dem Auge sehr gefällig, den Gefäßen sehr angemessen, unendlich zierliche Gestelle, und von sehr geschmackvoller Erfindung.

HAMLET. Was nennt Ihr die Gestelle?

HORATIO. Ich wusste, Ihr würdet Euch noch an seinen Randglossen erbauen müssen, ehe das Gespräch zu Ende wäre.

OSRICK. Die Gestelle sind die Gehenke.

HAMLET. Der Ausdruck würde schicklicher für die Sache sein, wenn wir eine Kanone an der Seite führen könnten; bis dahin lasst es immer Gehenke bleiben. Aber weiter: sechs Barberhengste gegen sechs französische Degen, ihr Zubehör, und drei geschmackvoll erfundne Gestelle: das ist eine französische Wette gegen eine dänische. Weswegen haben sie dies verpfändet, wie Ihr's nennt?

OSRICK. Der König, Herr, hat gewettet, dass Laertes in zwölf Stößen von beiden Seiten nicht über drei vor Euch voraushaben soll; er hat auf zwölf gegen neun gewettet; und es würde sogleich zum Versuch kommen, wenn Eure Hoheit zu der Erwiderung geneigt wäre.

HAMLET. Wenn ich nun erwidre: nein?

OSRICK. Ich meine, gnädiger Herr, die Stellung Eurer Person zu dem Versuche.

HAMLET. Ich will hier im Saale auf und ab gehn; wenn es Seiner Majestät gefällt, es ist jetzt bei mir die Stunde, frische Luft zu schöpfen. Lasst die Rapiere bringen; hat Laertes Lust, und bleibt der König bei seinem Vorsatze, so will ich für ihn gewinnen, wenn ich kann; wo nicht, so werde ich nichts als die Schande und die überzähligen Stöße davontragen.

OSRICK. Soll ich Eure Meinung so erklären?

HAMLET. In diesem Sinne, Herr, mit Ausschmückungen nach Eurem Geschmack.

OSRICK. Ich empfehle Eurer Hoheit meine Ergebenheit.

HAMLET. Der Eurige. *Osrick ab.* Er tut wohl daran, sie selbst zu empfehlen: es möchte ihm sonst kein Mund zu Gebote stehn.

HORATIO. Dieser Kiebitz ist mit der halben Eierschale auf dem Kopfe aus dem Nest gelaufen.

HAMLET. Er machte Umstände mit seiner Mutter Brust, eh' er daran sog. Auf diese Art hat er, und viele andre von demselben Schlage, in die das schale Zeitalter verliebt ist, nur den Ton der Mode und den äußerlichen Schein der Unterhaltung erhascht: eine Art von aufbrausender Mischung, die sie durch die blödesten und gesichtesten Urteile mitten hindurch führt; aber man treibe sie nur zu näherer Prüfung, und die Blasen platzen.

Ein Edelmann kommt.

EDELMANN. Gnädiger Herr, Seine Majestät hat sich Euch durch den jungen Osrick empfehlen lassen, der ihm meldet, dass Ihr ihn im Saale erwarten wollt. Er schickt mich, um zu fragen: ob Eure Lust, mit Laertes zu fechten, fortdauert oder ob Ihr längern Aufschub dazu verlangt.

HAMLET. Ich bleibe meinen Vorsätzen treu, sie richten sich nach des Königs Wunsche. Wenn es ihm gelegen ist, bin ich bereit, jetzt oder zu jeder andern Zeit; vorausgesetzt, dass ich so gut imstande bin wie jetzt.

EDELMANN. Der König, die Königin und alle sind auf dem Wege hierher.

HAMLET. In Gottes Namen.

EDELMANN. Die Königin wünscht, Ihr möchtet den Laertes freundschaftlich anreden, ehe Ihr anfangt zu fechten.

HAMLET. Ihr Rat ist gut.

Der Edelmann ab.

HORATIO. Ihr werdet diese Wette verlieren, mein Prinz.

HAMLET. Ich denke nicht: seit er nach Frankreich ging, bin ich in beständiger Übung geblieben; ich werde bei der ungleichen Wette gewinnen. Aber du kannst dir nicht vorstellen, wie übel es mir hier ums Herz ist. Doch es tut nichts.

HORATIO. Nein, bester Herr –

HAMLET. Es ist nur Torheit; aber es ist eine Art von schlimmer Ahndung, die vielleicht ein Weib ängstigen würde.

HORATIO. Wenn Eurem Gemüt irgend etwas widersteht, so gehorcht ihm: ich will ihrer Hierherkunft zuvorkommen, und sagen, dass Ihr nicht aufgelegt seid.

HAMLET. Nicht im geringsten. Ich trotze allen Vorbedeutungen: es waltet eine besondere Vorsehung über den Fall eines Sperlings. Geschieht es jetzt, so geschieht es nicht in Zukunft; geschieht es nicht in Zukunft, so geschieht es jetzt; geschieht es jetzt nicht, so geschieht es doch einmal in Zukunft. In Bereitschaft sein ist alles. Da kein Mensch weiß, was er verlässt, was kommt darauf an, frühzeitig zu verlassen? Mag's sein!

Ein vorbeiteter Tisch mit Wein-Krügen darauf. Trompeter, Schlagzeuger und Offiziere mit Kissen, Rapieren und Dolchen treten ein; König, Königin, Laertes, Osrick und alle Staatsleute.

KÖNIG. Kommt, Hamlet, kommt! nehmt diese Hand von mir!

Der König legt die Hand des Laertes in die des Hamlet.

HAMLET. Gewährt Verzeihung, Herr; ich tat Euch Unrecht,
Allein verzeiht um Eurer Ehre willen!
Der Kreis hier weiß, Ihr hörtet's auch gewiss,
Wie ich mit schwerem Trübsinn bin geplagt.
Was ich getan,
Das die Natur in Euch, die Ehr' und Sitte,
Hart aufgeregt, erklär' ich hier für Wahnsinn.
War's Hamlet, der Laertes kränkte? Nein.
Wenn Hamlet von sich selbst geschieden ist,
Und, weil er nicht er selbst, Laertes kränkt,
Dann tut es Hamlet nicht, Hamlet verleugnet's.
Wer tut es denn? Sein Wahnsinn. Ist es so,
So ist er ja auf der gekränkten Seite:
Sein Wahnsinn ist des armen Hamlets Feind.
Vor diesen Zeugen, Herr,
Lasst mein Verleugnen aller schlimmen Absicht
So weit vor Eurer Großmut frei mich sprechen,
Als ich den Pfeil nur sandte übers Haus
Und meinen Bruder traf.

LAERTES. Mir ist genug geschehn für die Natur,
Die mich in diesem Fall am stärksten sollte

Zur Rache treiben. Doch nach Ehrenrechten
Halt' ich mich fern und weiß nichts von Versöhnung,
Bis ältre Meister von geprüfter Ehre
Zum Frieden ihren Rat und Spruch verleihn,
Für meines Namens Rettung: bis dahin
Empfang' ich Eure dargebotne Liebe
Als Lieb', und will ihr nicht zu nahe tun.
HAMLET. Gern tret' ich bei, und will mit Zuversicht
Um diese brüderliche Wette fechten.
Gebt uns Rapiere, kommt!
LAERTES. Kommt, einen mir!
KÖNIG. Gebt ihnen die Rapiere, junger Osrick!
Ihr wisst doch, Vetter Hamlet, unsre Wette?
HAMLET. Vollkommen: Eure Hoheit hat den Ausschlag
Des Preises auf die schwächre Hand gelegt.
KÖNIG. Ich fürcht' es nicht, ich sah euch beide sonst;
Er lernte zu, drum gibt man uns voraus.
LAERTES. Der ist zu schwer, lasst einen andern sehn!
HAMLET. Der steht mir an: sind alle gleicher Länge?

Sie bereiten sich zum Fechten.

OSRICK. Ja, bester Herr.
KÖNIG. Setzt mir die Flasche Wein auf diesen Tisch!
Wenn Hamlet trifft zum ersten oder zweiten,
Wenn er beim dritten Tausch den Stoß erwidert,
Lasst das Geschütz von allen Zinnen feuern:
Der König trinkt auf Hamlets Wohlsein dann,
Und eine Perle wirft er in den Kelch,
Mehr wert, als die vier Kön'ge nacheinander
In Dänmarks Krone trugen. Gebt die Kelche:
Lasst die Trompete zu der Pauke sprechen,
Die Pauke zu dem Kanonier hinaus,
Zum Himmel das Geschütz, den Himmel zur Erde:
»Jetzt trinkt der König Hamlet zu.« Fangt an,

Trompeten erklingen.

Und ihr, die Richter, habt ein wachsam Aug'!
HAMLET. Kommt, Herr!
LAERTES. Wohlan, mein Prinz!

Sie fechten und Hamlet landet einen Treffer.

HAMLET. Eins!
LAERTES. Nein!

HAMLET. Richterspruch!

OSRICK. Getroffen, offenbar getroffen!

LAERTES. Gut, noch einmal!

KÖNIG. Halt! Wein her! – Hamlet, diese Perl' ist dein,
Hier auf dein Wohl! Gebt ihm den Kelch!

Trompetenstoß und Kanonenschüsse hinter der Szene.

HAMLET. Ich fecht' erst diesen Gang, setzt ihn beiseit'!
Kommt!

Sie fechten wieder.

Wiederum getroffen; was sagt Ihr?

LAERTES. Berührt! berührt! Ich geb' es zu.

KÖNIG. Unser Sohn gewinnt.

KÖNIGIN. Er ist fett und kurz von Atem.
Hier, Hamlet, nimm mein Tuch, reib' dir die Stirn!
Die Königin trinkt auf dein Glück, mein Hamlet.

HAMLET. Gnädige Mutter –

KÖNIG. Gertrud, trink' nicht!

KÖNIGIN. Ich will es, mein Gemahl; ich bitt', erlaubt mir!

KÖNIG *beiseit.* Es ist der gift'ge Kelch; es ist zu spät.

HAMLET. Ich darf jetzt noch nicht trinken, gnäd'ge Frau: Sogleich.

KÖNIGIN. Komm, lass mich dein Gesicht abtrocknen!

LAERTES. Mein Fürst, jetzt treff' ich ihn.

KÖNIG. Ich glaub' es nicht.

LAERTES *beiseit.* Und doch, beinah' ist's gegen mein Gewissen.

HAMLET. Laertes, kommt zum dritten nun: Ihr tändelt.
Ich bitt' Euch, stoßt mit Eurer ganzen Kraft;
Ich fürchte, dass Ihr mich zum besten habt.

LAERTES. Meint Ihr? Wohlan!

Sie fechten.

OSRICK. Auf beiden Seiten nichts.

LAERTES. Jetzt seht Euch vor!

Laertes verwundet den Hamlet; drauf wechseln sie in der Hitze des Gefechts die Rapiere.

KÖNIG. Trennt sie, sie sind erhitzt!

HAMLET. Nein, noch einmal!

Hamlet verwundet Laertes. Die Königin sinkt um.

OSRICK. Seht nach der Königin!

HORATIO. Sie bluten beiderseits. – Wie steht's, mein Prinz?

OSRICK. Wie steht's, Laertes?

LAERTES. Gefangen in der eignen Schlinge, Osrick!
Mich fällt gerechterweise mein Verrat.
HAMLET. Was ist der Königin?
KÖNIG. Sie fällt in Ohnmacht, weil sie bluten sieht.
KÖNIGIN. Nein, nein! der Trank, der Trank! – O lieber Hamlet!
Der Trank, der Trank! – Ich bin vergiftet. *Sie stirbt.*
HAMLET. O Büberei! – Ha! lasst die Türen schließen!
Verrat! Sucht, wo er steckt!
LAERTES. Hier, Hamlet: Hamlet, du bist umgebracht.
Kein Mittel in der Welt errettet dich,
In dir ist keine halbe Stunde Leben.
Des Frevels Werkzeug ist in deiner Hand,
Unabgestumpft, vergiftet; meine Arglist
Hat sich auf mich gewendet: sieh! hier lieg' ich,
Nie wieder aufzustehn – vergiftet deine Mutter –
Ich kann nicht mehr – des Königs Schuld, des Königs!
HAMLET. Die Spitze auch vergiftet?
So tu' denn, Gift, dein Werk!

Er verwundet den König.

ALLE. Verrat! Verrat!
KÖNIG. Noch helft mir, Freunde! Ich bin nur verwundet.
HAMLET. Hier, mörd'rischer, blutschänd'rischer, verruchte Däne!
Trink diesen Trank aus! – Ist die Perle hier?
Folg' meiner Mutter!

Der König stirbt.

LAERTES. Ihm geschieht sein Recht:
Es ist ein Gift, von seiner Hand gemischt.
Lass uns Vergebung wechseln, edler Hamlet!
Mein Tod und meines Vaters komm' nicht über dich,
Noch deiner über mich! *Er stirbt.*
HAMLET. Der Himmel mache
Dich frei davon! Ich folge dir. – Horatio,
Ich sterbe. – Arme Königin, fahr' wohl!
Ihr, die erblasst und bebt bei diesem Fall,
Und seid nur stumme Hörer dieser Handlung,
Hätt' ich nur Zeit, – der grause Scherge Tod
Verhaftet schleunig, – oh, ich könnt' euch sagen!
Doch sei es drum! – Horatio, ich bin hin;
Du lebst: erkläre mich und meine Sache
Den Unbefriedigten!

HORATIO. Nein, glaub' das nicht:
Ich bin ein alter Römer, nicht ein Däne:
Hier ist noch Trank zurück.
HAMLET. Wo du ein Mann bist,
Gib mir den Kelch! Beim Himmel, lass! ich will ihn!
O Gott! – Welch ein verletzter Name, Freund,
Bleibt alles so verhüllt, wird nach mir leben!
Wenn du mich je in deinem Herzen trugst,
Verbanne noch dich von der Seligkeit,
Und atm' in dieser herben Welt mit Müh',
Um mein Geschick zu melden! –

Marsch in der Ferne und Schüsse hinter der Szene.

Welch kriegerischer Lärm?

Osrick geht zur Tür und kommt zurück.

OSRICK. Der junge Fortinbras, der siegreich eben
Zurück von Polen kehrt, gibt den Gesandten
Von England diesen kriegerischen Gruß.
HAMLET. Oh, ich sterbe, Horatio!
Das starke Gift bewältigt meinen Geist;
Ich kann von England nicht die Zeitung hören,
Doch prophezei' ich, die Erwählung fällt
Auf Fortinbras: er hat mein sterbend Wort;
Das sagt ihm, samt den Fügungen des Zufalls,
Die es dahin gebracht. – Der Rest ist Schweigen. *Er stirbt.*
HORATIO. Da bricht ein edles Herz. – Gute Nacht, mein Fürst!
Und Engelscharen singen dich zur Ruh'! –

Marsch hinter der Szene.

Weswegen naht die Trommel?

Fortinbras, die englischen Gesandten und andre kommen.

FORTINBRAS. Wo ist dies Schauspiel?
HORATIO. Was ist's, das Ihr zu sehn begehrt? Wenn irgend
Weh und Wunder, lasst vom Suchen ab!
FORTINBRAS. Die Niederlage hier schreit Mord! – O stolzer Tod,
Welch Fest geht vor in deiner ew'gen Zelle,
Dass du auf einen Schlag so viele Fürsten
So blutig trafst?
ERSTER GESANDTER. Der Anblick ist entsetzlich,
Und das Geschäft von England kommt zu spät.
Taub sind die Ohren, die Gehör uns sollten

Verleihen, sein Befehl sei ausgeführt,
Und Rosenkranz und Güldenstern sei'n tot.
Wo wird uns Dank zu teil?
HORATIO. Aus seinem Munde nicht,
Hätt' er dazu die Lebensregung auch.
Er gab zu ihrem Tode nie Befehl.
Doch weil so schnell nach diesem blut'gen Schlage
Ihr von dem Zug nach Polen, ihr aus England
Hierhergekommen seid, so ordnet an,
Dass diese Leichen hoch auf einer Bühne
Vor aller Augen werden ausgestellt,
Und lasst der Welt, die noch nicht weiß, mich sagen,
Wie alles dies geschah: so sollt ihr hören
Von Taten, fleischlich, blutig, unnatürlich,
Zufälligen Gerichten, blindem Mord;
Von Toden, durch Gewalt und List bewirkt,
Und Planen, die verfehlt zurückgefallen
Auf der Erfinder Haupt: dies alles kann ich
Mit Wahrheit melden.
FORTINBRAS. Eilen wir zu hören,
Und ruft die Edelsten zu der Versammlung!
Was mich betrifft, mein Glück umfang' ich traurend:
Ich habe alte Recht' an dieses Reich,
Die anzusprechen mich mein Vorteil heißt.
HORATIO. Auch hiervon werd' ich Grund zu reden haben,
Und zwar aus dessen Mund, des Stimme mehre
Wird nach sich ziehen; aber lasst uns dies
Sogleich verrichten, weil noch die Gemüter
Der Menschen wild sind, dass kein Unheil mehr
Aus Ränken und Verwirrung mög' entstehn.
FORTINBRAS. Lasst vier Hauptleute Hamlet auf die Bühne
Gleich einem Krieger tragen: denn er hätte,
Wär' er hinaufgelangt, unfehlbar sich
Höchst königlich bewährt; und bei dem Zug
Lasst Feldmusik und alle Kriegsgebräuche
Laut für ihn sprechen!
Nehmt auf die Leichen! Solch ein Blick wie der
Ziemt wohl dem Feld, doch hier entstellt er sehr.
Geht, heißt die Truppen feuern!

Totenmarsch geht ab; hierauf wird eine Artilleriesalve abgefeuert.

William Shakespeare

Die Tragödie von
Macbeth

Übersetzung ins Deutsche von
Dorothea Tieck

Personen

DUNCAN, König von Schottland

MALCOLM,
DONALBAIN, seine Söhne

MACBETH,
BANQUO, Anführer des königlichen Heeres

MACDUFF,
LENOX,
ROSSE,
MENTETH,
ANGUS,
CATHNESS, schottische Edelleute

FLEANCE, Banquos Sohn
SIWARD, Graf von Northumberland, Führer der englischen Truppen
Der JUNGE SIWARD, sein Sohn
SEYTON, ein Offizier in Macbeths Gefolge
MACDUFFS KLEINER SOHN

Ein englischer Arzt und ein schottischer Arzt, ein Soldat, ein Pförtner,
ein alter Mann, drei Mörder

LADY MACBETH
LADY MACDUFF
Eine KAMMERFRAU der Lady Macbeth

Drei HEXEN, die Schwestern des Schicksals
Drei ANDERE HEXEN
HEKATE
ERSCHEINUNGEN

Lords, Edelleute, Offiziere, Soldaten, Gefolge und Boten

Szene: Schottland, England

Erster Aufzug
Erste Szene

Donner und Blitz. Drei Hexen treten auf.

ERSTE HEXE. Wann kommen wir drei uns wieder entgegen,
   Im Blitz und Donner, oder im Regen?
ZWEITE HEXE. Wenn der Wirrwarr stille schweigt,
   Wer der Sieger ist, sich zeigt.
DRITTE HEXE. Das ist, eh' der Tag sich neigt.
ERSTE HEXE. Wo der Ort?
ZWEITE HEXE. Die Heide dort.
DRITTE HEXE. Da wird Macbeth sein. Fort, fort!
ERSTE HEXE. Grau Lieschen, ja! ich komme!
ZWEITE HEXE. Die Kröte ruft.
DRITTE HEXE. Sogleich.
ALLE. Schön ist hässlich, hässlich schön:
   Schwebt durch Dunst und Nebelhöh'n!

Hexen ab.

Zweite Szene

*Kriegsgeschrei. Es treten auf der König Duncan, Malcolm, Donalbain,
Lenox, Gefolge; ein blutender Krieger kommt ihnen entgegen.*

DUNCAN. Welch blut'ger Mann ist dies? Er kann berichten,
   Nach seinem Ansehn scheint's, den neusten Stand
   Des Aufruhrs.
MALCOLM. Dies ist der Kämpfer,
   Der mich, als kecker, mutiger Soldat,
   Aus meinen Feinden hieb: – Heil, tapfrer Freund!
   Dem König gib Bericht vom Handgemenge,
   Wie du's verließest.
KRIEGER. Es stand zweifelhaft;
   So wie zwei Schwimmer ringend sich umklammern,
   Erdrückend ihre Kunst. Der grause Macdonwald
   (Wert, ein Rebell zu sein; ihn so zu stempeln
   Umschwärmen, stets sich mehrend, der Natur
   Bosheiten ihn) ward von den Westeilanden
   Von Kernen unterstützt und Galloglassen;

Und das Glück, dem scheußlichen Gemetzel lächelnd,
Schien des Rebellen Hure: doch umsonst,
Denn Held Macbeth, – wohl ziemt ihm dieser Name,
Das Glück verachtend, mit geschwungnem Stahl,
Der heiß von Blut und Niederlage dampfte,
Er, wie des Krieges Liebling, haut sich Bahn,
Bis er dem Schurken gegenüber steht;
Und nicht eh' schied noch sagt' er Lebewohl,
Bis er vom Nabel auf zum Kinn ihn schlitzte
Und seinen Kopf gepflanzt auf unsre Zinnen.
DUNCAN. O tapfrer Vetter! würd'ger Edelmann!
KRIEGER. Wie wenn mit erstem Sonnenlicht zugleich
Schiffbrechende Stürm' und grause Donnerschläge –
So schwillt aus jenem Quell, der Trost verhieß,
Trostlosigkeit. Merk', Schottlands König, merk':
Kaum schlug Gerechtigkeit, mit Mut gestählt,
In schmähl'ge Flucht die leichtgefüßten Kernen,
Als Norwegs Fürst, den Vorteil auserspähend,
Mit noch unblut'ger Wehr und frischen Truppen
Von neuem uns bestürmt.
DUNCAN.   Entmutigte
Das unsre Feldherrn nicht, Macbeth und Banquo?
KRIEGER. Jawohl! wie Spatzen Adler, Hasen Löwen.
Grad' aus gesagt, muss ich von ihnen melden,
Sie waren wie Kanonen, überladen
Mit doppeltem Gekrach; so stürzten sie,
Die Doppelstreiche doppelnd, auf den Feind:
Ob sie in heißem Blute baden wollten,
Ob auferbaun ein zweites Golgatha,
Ich weiß es nicht –
Doch ich bin matt, die Wunden schrein nach Hilfe.
DUNCAN. Wie deine Worte zieren dich die Wunden;
Und Ehre strömt aus beiden. Schafft ihm Ärzte!

Der Krieger wird fortgeführt. Rosse tritt auf.

Wer nahet hier?
MALCOLM. Der würd'ge Than von Rosse.
LENOX. Welch Eilen deutet uns sein Blick! So müsste
Der blicken, der von Wundern melden will.
ROSSE. Gott schütz' den König!
DUNCAN. Von wannen, edler Than?
ROSSE. Von Fife, mein König,
Wo Norwegs Banner schlägt die Luft und fächelt

Kalt unser Volk.
Norwegen selbst, mit fürchterlichen Scharen,
Verstärkt durch den abtrünnigen Verräter,
Den Than von Cawdor, begann den grausen Kampf;
Bis ihm Bellonas Bräut'gam, kampfgefeit,
Entgegen stürmt mit gleicher Überkraft,
Schwert gegen Schwert, Arm gegen dräu'nden Arm,
Und beugt den wilden Trotz: mit einem Wort,
Der Sieg blieb unser: –
DUNCAN. Großes Glück!
ROSSE. So dass
Nun Sweno, Norwegs König, Frieden fleht;
Doch wir gestatteten ihm nicht Begräbnis
Der Seinen, bis er auf Sankt Columban
Zehntausend Taler in den Schatz gezahlt.
DUNCAN. Nicht frevle länger dieser Than von Cawdor
An unsrer Krone Heil! – Fort, künde Tod ihm an;
Mit seiner Würde grüße Macbeth dann!
ROSSE. Ich eile, Herr, von hinnen.
DUNCAN. Held Macbeth soll, was der verliert, gewinnen. *Alle ab.*

Dritte Szene

Die Heide. Gewitter. Die drei Hexen treten auf.

ERSTE HEXE. Wo warst du, Schwester?
ZWEITE HEXE. Schweine gewürgt.
DRITTE HEXE. Schwester, wo du?
ERSTE HEXE. Kastanien hatt' ein Schifferweib im Schoß,
    Und schmatzt', und schmatzt', und schmatzt' –
    »Gib mir«, sprach ich:
    »Pack' dich, du Hexe!« schrie die garst'ge Vettel.
    Ihr Mann ist nach Aleppo, führt den Tiger;
    Doch schwimm' ich nach im Sieb, ich kann's,
    Wie eine Ratte ohne Schwanz;
    Ich tu's, ich tu's, ich tu's.
ZWEITE HEXE. Geb' dir 'nen Wind.
ERSTE HEXE. Bist gut gesinnt.
DRITTE HEXE. Ich den zweiten obendrein.
ERSTE HEXE.All die andern sind schon mein.
    Wo sie wehn, die Küsten kenn' ich.
    Jeden Punkt und Zirkel nenn' ich

Auf des Seemanns Karte.
Dürr wie Heu soll er verdorrn,
Und kein Schlaf, durch meinen Zorn,
Tag und Nacht sein Aug' erquickt,
Leb' er wie vom Fluch gedrückt.
Sieben Nächte, neunmal neun,
Siech und elend schrumpf' er ein:
Kann ich nicht sein Schiff zerschmettern,
Sei es doch umstürmt von Wettern.
Schau', was ich hab'!

ZWEITE HEXE. Weis' her, weis' her!

ERSTE HEXE. Daum 'nes Lotsen; sinken sah
Ich sein Schiff, dem Land schon nah.

Trommeln hinter der Szene.

DRITTE HEXE. Trommeln! – Ha!
Macbeth ist da.

ALLE DREI. Unheilsschwestern, Hand in Hand
Ziehn wir über Meer und Land.
Rundum dreht euch so, rundum:
Dreimal dein und dreimal mein,
Und dreimal noch, so macht es neun –
Halt! – Der Zauber ist gezogen.

Macbeth und Banquo treten auf.

MACBETH. So schön und hässlich sah ich nie 'nen Tag.

BANQUO. Wie weit ist's noch nach Fores? – Wer sind diese?
So eingeschrumpft, so wild in ihrer Tracht?
Die nicht Bewohnern unsrer Erde gleichen,
Und doch drauf stehn? Lebt ihr? Wie? seid ihr was,
Das man darf fragen? Ihr scheint mich zu verstehn,
Denn jede legt zugleich den stumpfen Finger
Auf ihren falt'gen Mund: – ihr solltet Weiber sein,
Und doch verbieten eure Bärte mir,
Euch so zu deuten.

MACBETH. Sprecht, wenn ihr könnt: – Wer seid ihr?

ERSTE HEXE. Heil dir, Macbeth, Heil, Heil dir, Than von Glamis!

ZWEITE HEXE. Heil dir, Macbeth, Heil, Heil dir, Than von Cawdor!

DRITTE HEXE. Heil dir, Macbeth, dir, künft'gem König, Heil!

BANQUO. Was schreckst du, Mann? erregt dir Furcht, was doch
So lieblich lautet? – In der Wahrheit Namen,
Seid ihr Wahnbilder, oder wirklich das,

Was körperlich ihr scheint? Den edlen Kampffreund
Grüßt ihr mit neuem Erb' und Prophezeiung
Von hoher Würd' und königlicher Hoffnung,
Dass er verzückt da steht; mir sagt ihr nichts:
Wenn ihr durchschauen könnt die Saat der Zeit
Und sagen: dies Korn sproßt und jenes nicht, –
So sprecht zu mir, der nicht erfleht noch fürchtet
Gunst oder Hass von euch!
ERSTE HEXE. Heil!
ZWEITE HEXE. Heil!
DRITTE HEXE. Heil!
ERSTE HEXE. Kleiner als Macbeth, und größer.
ZWEITE HEXE. Nicht so beglückt, und doch weit glücklicher.
DRITTE HEXE. Kön'ge erzeugst du, bist du selbst auch keiner.
  So, Heil, Macbeth und Banquo!
ERSTE HEXE. Banquo und Macbeth, Heil!
MACBETH. Bleibt, ihr einsilb'gen Sprecher, sagt mir mehr:
Mich macht, so hör' ich, Sinels Tod zum Glamis,
Doch wie zum Cawdor? Der Than von Cawdor lebt
Als ein beglückter Mann; und König sein,
Das steht so wenig im Bereich des Glaubens,
Als Than von Cawdor. Sagt, von wannen euch
Die wunderbare Kunde ward? weshalb
Auf dürrer Heid' ihr unsre Schritte hemmt
Mit so prophet'schem Gruß? – Sprecht, ich beschwör' euch!

Die Hexen verschwinden.

BANQUO. Die Erd' hat Blasen, wie das Wasser hat,
So waren diese – wohin schwanden sie?
MACBETH. In Luft, und, was uns Körper schien, zerschmolz
Wie Hauch im Wind. Oh, wären sie noch da!
BANQUO. War so was wirklich hier, wovon wir sprechen?
Oder aßen wir von jener gift'gen Wurzel,
Die die Vernunft bewältigt?
MACBETH. Eure Kinder, Sie werden Kön'ge.
BANQUO. Ihr sollt König werden.
MACBETH. Und Than von Cawdor auch; hieß es nicht so?
BANQUO. Ganz so in Weis' und Worten. Wer kommt da?

Rosse und Angus treten auf.

ROSSE. Der König hörte hoch erfreut, Macbeth,
Die Kunde deines Siegs; und wenn er liest,
Wie im Rebellenkampf du selbst dich preis gabst,

So stritten in ihm Staunen und Bewund'rung,
Was dir, was ihm gehört. Doch überschauend,
Was noch am selb'gen Tag geschehn, verstummt er;
In Norwegs kühnen Schlachtreih'n sieht er dich,
Vor dem nicht bebend, was du selber schufest,
Abbilder grausen Tods. Wie Wort auf Wort
In schneller Rede, so kam Bot' auf Bote,
Und jeder trug dein Lob, im großen Kampf
Für seinen Thron, und schüttet's vor ihm aus.
ANGUS. Wir sind gesandt vom königlichen Herrn,
Dir Dank zu bringen; vor sein Angesicht
Dich zu geleiten nur, nicht dir zu lohnen.
ROSSE. Und als das Handgeld einer größern Ehre
Hieß er, als Than von Cawdor dich zu grüßen:
Heil dir in diesem Titel, würd'ger Than!
Denn er ist dein.
BANQUO. Wie, spricht der Teufel wahr?
MACBETH. Der Than von Cawdor lebt: was kleidet Ihr
Mich in erborgten Schmuck?
ANGUS. Der Than war, lebt noch;
Doch unter schwerem Urteil schwebt das Leben,
Das er verwirkt. Ob er im Bund mit Norweg;
Ob, Rückhalt der Rebellen, er geheim
Sie unterstützte; ob vielleicht mit beiden
Er half zu seines Lands Verderb, – ich weiß nicht;
Doch Hochverrat, gestanden und erwiesen,
Hat ihn gestürzt.
MACBETH. Glamis und Than von Cawdor:
Das Höchst' ist noch zurück.

Zu Rosse und Angus.

Dank Eurer Müh'!

Beiseite zu Banquo.

Hofft Ihr nicht Euren Stamm gekrönt zu sehen,
Da jene, die mich Than von Cawdor nannten,
Nichts Mindres prophezeit?
BANQUO. Darauf gefußt,
Möcht' es wohl auch zur Krone Euch entflammen,
Jenseits dem Than von Cawdor. Aber seltsam!
Oft, uns in eignes Elend zu verlocken,
Erzählen Wahrheit uns des Dunkels Schergen,
Verlocken uns durch schuldlos Spielwerk, uns

Dem tiefsten Abgrund zu verraten. – Vettern,
Vergönnt ein Wort!
MACBETH. Zweimal gesprochene Wahrheit,
Als Glücksprologen zum erhabnen Schauspiel
Von kaiserlichem Inhalt. – Freund', ich dank' euch!

Beiseite.

Die Anmahnung von jenseits der Natur
Kann schlimm nicht sein, – kann gut nicht sein: – wenn schlimm –
Was gibt sie mir ein Handgeld des Erfolgs,
Wahrhaft beginnend? Ich bin Than von Cawdor: –
Wenn gut, – warum befängt mich die Versuchung?
Deren entsetzlich Bild aufsträubt mein Haar,
So dass mein festes Herz ganz unnatürlich
An meine Rippen schlägt. – Erlebte Gräuel
Sind schwächer als das Grau'n der Einbildung.
Mein Traum, des Mord nur noch ein Hirngespinst,
Erschüttert meine schwache Menschheit so,
Dass jede Lebenskraft in Ahnung schwindet,
Und nichts ist, als was nicht ist.
BANQUO. Seht den Freund, wie er verzückt ist!
MACBETH *beiseite.* Will das Schicksal mich
Als König, nun, mag mich das Schicksal krönen,
Tu' ich auch nichts.
BANQUO. Die neue Würde engt ihn,
Wie fremd Gewand sich auch nur durch Gewohnheit
Dem Körper fügt.
MACBETH. Komme, was kommen mag;
Die Stund' und Zeit durchläuft den rausten Tag.
BANQUO. Edler Macbeth, wir harren Eurer Muße.
MACBETH. Habt Nachsicht – in vergessnen Dingen wühlte
Mein dumpfes Hirn. Ihr güt'gen Herrn, eu'r Mühn
Ist eingeschrieben, wo das Blatt ich täglich
Umschlag' und les'. – Entgegen jetzt dem König!

Beiseite.

Denkt dessen, was geschah, und bei mehr Muße,
Wenn ein'ge Zeit es reifte, lasst uns frei
Aus offner Seele reden!
BANQUO. Herzlich gern.
MACBETH. Bis dahin still! – Kommt, Freunde! *Alle ab.*

Vierte Szene

Trompeten. Es treten auf Duncan, Malcolm, Donalbain, Lenox und Gefolge.

DUNCAN. Ist Cawdor hingerichtet? oder jene,
  Die wir beauftragt, noch nicht wieder da?
MALCOLM. Sie sind noch nicht zurück, mein Oberherr;
  Doch sprach ich einen, der ihn sterben sah,
  Der sagte mir, er habe den Verrat
  Freimütig eingestanden, um Eu'r Hoheit
  Verzeihn gefleht und tiefe Reu' gezeigt;
  Nichts stand in seinem Leben ihm so gut,
  Als wie er es verlassen hat; er starb
  Wie einer, der sich auf den Tod geübt,
  Und warf das Liebste, was er hatte, von sich,
  Als wär's unnützer Tand.
DUNCAN. Kein Wissen gibt's,
  Der Seele Bildung im Gesicht zu lesen;
  Es war ein Mann, auf den ich gründete
  Ein unbedingt Vertraun. – Würdigster Vetter!

Es treten auf Macbeth, Banquo, Rosse und Angus.

  Die Sünde meines Undanks drückte schwer
  Mich eben jetzt. Du bist so weit voraus,
  Dass der Belohnung schnellste Schwing' erlahmt,
  Dich einzuholen. Hätt'st du wen'ger doch verdient,
  Dass ich ausgleichen könnte das Verhältnis
  Von Dank und Lohn! Nimm das Geständnis an:
  Mehr schuld' ich, als mein Alles zahlen kann.
MACBETH. Dienst, so wie Lehnspflicht, lohnt sich selbst im Tun.
  Genug, wenn Eure Hoheit unsre Pflichten
  Annehmen will: und unsre Pflichten sind
  Die Söhn' und Diener Eures Throns und Staates,
  Und tun nur, was sie müssen, tun sie alles,
  Was Lieb' und Ehrfurcht heischt.
DUNCAN. Willkommen hier!
  Ich habe dich gepflanzt und will dich pflegen,
  Um dein Gedeihn zu fördern. – Edler Banquo,
  Nicht minder ist dein Wert, und wird von uns
  Nicht minder anerkannt. Lass dich umschließen
  Und an mein Herz dich drücken!

BANQUO. Wachs' ich da,
  So ist die Ernte Euer.
DUNCAN. Meine Wonne,
  Üppig im Übermaß, will sich verbergen
  In Schmerzenstropfen. – Söhne, Vettern, Thans,
  Und ihr, die Nächsten unserm Thron, vernehmt,
  An Malcolm, unsern Ältsten, übertragen
  Wir unser Thronrecht: Prinz von Cumberland
  Heißt er demnach, und solche Ehre soll
  Nicht unbegleitet ihm verliehen sein;
  Denn Adelszeichen sollen, Sternen gleich,
  Auf jeden Würd'gen strahlen. – Fort von hier
  Nach Inverness, und sei uns näher stets!
MACBETH. Arbeit ist jede Ruh', die Euch nicht dient.
  Ich selbst bin Euer Bote und beglücke
  Durch Eures Nahens Kunde meine Hausfrau:
  So scheid ich demutsvoll.
DUNCAN. Mein würd'ger Cawdor!
MACBETH *für sich.*
  Ha! Prinz von Cumberland! – Das ist ein Stein,
  Der muss, sonst fall' ich, übersprungen sein,
  Weil er mich hemmt. Verbirg dich, Sternenlicht!
  Schau' meine schwarzen, tiefen Wünsche nicht!
  Sieh, Auge, nicht die Hand; doch lass geschehen,
  Was, wenn's geschah, das Auge scheut zu sehen!

Er geht ab.

DUNCAN. Ja, teurer Banquo, er ist ganz so edel,
  Und ihn zu preisen, ist mir eine Labung;
  Es ist ein Fest für mich. Lasst uns ihm nach,
  Des Lieb' uns vorgeeilt, uns zu begrüßen:
  Wer gleicht dem teuren Vetter?

Trompeten. Alle gehen ab.

Fünfte Szene

Lady Macbeth tritt allein auf mit einem Brief.

LADY MACBETH *liest.* »Sie begegneten mir am Tage des Sieges; und
ich erfuhr aus den sichersten Proben, dass sie mehr als menschliches
Wissen besitzen. Als ich vor Verlangen brannte, sie weiter zu befragen, verschwanden sie und zerflossen in Luft. Indem ich noch, von
Erstaunen betäubt, da stand, kamen die Abgesandten des Königs,
die mich als Than von Cawdor begrüßten; mit welchem Titel mich
kurz vorher diese Zauberschwestern angeredet und mich durch den
Gruß: ‚Heil dir, dem künft'gen König!' auf die Zukunft verwiesen
hatten. Ich habe es für gut gehalten, dir dies zu vertrauen, meine
geliebteste Teilnehmerin der Hoheit, auf dass dein Mitgenuss an
der Freude dir nicht entzogen werde, wenn du nicht erfahren hät-
test, welche Hoheit dir verheißen ist. Leg' es an dein Herz und lebe
wohl!«
Glamis bist du; und Cawdor; und sollst werden,
Was dir verheißen ward: – Doch fürcht' ich dein Gemüt;
Es ist zu voll von Milch der Menschenliebe,
Das Nächste zu erfassen. Groß möcht'st du sein,
Bist ohne Ehrgeiz nicht; doch fehlt die Bosheit,
Die ihn begleiten muss. Was recht du möchtest,
Das möcht'st du rechtlich; möchtest falsch nicht spielen,
Und unrecht doch gewinnen: möchtest gern
Das haben, großer Glamis, was dir zuruft:
»Dies musst du tun, wenn du es haben willst!« –
Und was du mehr dich scheust zu tun, als dass
Du ungetan es wünschest. Eil' hierher,
Auf dass ich meinen Mut ins Ohr dir gieße,
Und alles weg mit tapfrer Zunge geißle,
Was von dem goldnen Zirkel dich zurückdrängt,
Womit Verhängnis dich und Zaubermacht
Im voraus schon gekrönt zu haben scheint. –

Ein Bote tritt auf.

Was gibt es Neues?
BOTE. Noch vor Abend kommt hierher der König.
LADY MACBETH. Tolle Rede sprichst du;
Ist nicht dein Herr bei ihm? der, wär' es so,
Der Anstalt wegen es gemeldet hätte.

BOTE. Verzeiht; es ist doch wahr. Der Than kommt gleich,
    Denn ein Kam'rad von mir ritt ihm voraus;
    Fast tot von großer Eil', hatt' er kaum Atem,
    Die Botschaft zu bestellen.
LADY MACBETH. Sorgt für ihn,
    Er bringt uns große Zeitung.

Der Bote geht ab.

    Selbst der Rab' ist heiser,
    Der Duncans schicksalsvollen Eingang krächzt
    Unter mein Dach. – Kommt, Geister, die ihr lauscht
    Auf Mordgedanken, und entweibt mich hier;
    Füllt mich von Wirbel bis zur Zeh', randvoll,
    Mit wilder Grausamkeit! Verdickt mein Blut;
    Sperrt jeden Weg und Eingang dem Erbarmen,
    Dass kein anklopfend Mahnen der Natur
    Den grimmen Vorsatz lähmt; noch friedlich hemmt
    Vom Mord die Hand! Kommt an die Weibesbrust,
    Trinkt Galle statt der Milch, ihr Morddämonen,
    Wo ihr auch harrt in unsichtbarer Kraft
    Auf Unheil der Natur! Komm, schwarze Nacht,
    Umwölk' dich mit dem dicksten Dampf der Hölle,
    Dass nicht mein scharfes Messer sieht die Wunde,
    Die es geschlagen; noch der Himmel,
    Durchschauend aus des Dunkels Vorhang, rufe:
    Halt! Halt!

Macbeth tritt auf.

    O großer Glamis, edler Cawdor!
    Größer als beides durch das künft'ge Heil!
    Dein Brief hat über das armsel'ge Heut
    Mich weit verzückt, und ich empfinde nun
    Das Künftige im Jetzt.
MACBETH. Mein teures Leben,
    Duncan kommt heut noch.
LADY MACBETH. Und wann geht er wieder?
MACBETH. Morgen, so denkt er –
LADY MACBETH. Oh, nie soll die Sonne
    Den Morgen sehn! Dein Angesicht, mein Than,
    Ist wie ein Buch, wo wunderbare Dinge
    Geschrieben stehen. – Die Zeit zu täuschen scheine
    So wie die Zeit; den Willkomm trag' im Auge,
    In Zung' und Hand; blick' harmlos wie die Blume,

Doch sei die Schlange drunter! Wohl versorgt
Muss der sein, der uns naht; und meiner Hand
Vertrau', das große Werk der Nacht zu enden,
Dass alle künft'gen Tag' und Nächt' uns lohne
Allein'ge Königsmacht und Herrscherkrone!
MACBETH. Wir sprechen noch davon.
LADY MACBETH. Blick hell und licht;
Misstraun erregt verändert Angesicht:
Lass alles andre mir!

Sie gehen ab.

Sechste Szene

Oboen und Fackeln. Es treten auf Duncan, Malcolm, Donalbain, Banquo, Macduff, Rosse, Angus und Gefolge.

DUNCAN. Dies Schloss hat eine angenehme Lage;
Gastlich umfängt die lichte, milde Luft
Die heitern Sinne.
BANQUO. Dieser Sommergast,
Die Schwalbe, die an Tempeln nistet, zeigt
Durch ihren fleiß'gen Bau, dass Himmelsatem
Hier lieblich haucht; kein Vorsprung, Fries, noch Pfeiler,
Kein Winkel, wo der Vogel nicht gebaut
Sein hängend Bett und Wiege für die Brut:
Wo er am liebsten heckt und wohnt, da fand ich
Am reinsten stets die Luft.

Lady Macbeth tritt auf.

DUNCAN. Seht! unsre edle Wirtin!
Die Liebe, die uns folgt, wird oft uns lästig;
Doch dankt man ihr als Liebe. Lernt daraus,
Noch Gottes Lohn für Eure Müh' uns geben
Und Dank für Eure Last.
LADY MACBETH. All unsre Dienste,
Zwiefach in jedem Punkt, und dann verdoppelt,
Wär' nur ein arm und schwaches Tun, verglichen
Der hohen Gunst, womit Eu'r Majestät
Verherrlicht unser Haus. Für früh're Würden,
Wie für die letzte, die die andern krönt,
Bleiben wir im Gebet Euch Knecht und Diener.

DUNCAN. Wo ist der Than von Cawdor?
Wir folgten auf dem Fuß ihm, denn wir meinten
Ihn anzumelden; doch er reitet schnell;
Und seine Liebe, schärfer als sein Sporn,
Bracht' ihn vor uns hierher. Höchst edle Wirtin,
Wir sind zu Nacht Eu'r Gast.
LADY MACBETH. Für allezeit
Besitzen Eure Diener nur das Ihre,
Sich selbst und was sie haben, als Verwalter,
Und legen Rechnung ab, nach Eurer Hoheit
Befehl; und geben Euch zurück, was Euer.
DUNCAN. Reicht mir die Hand; führt mich zu meinem Wirt:
Wir lieben herzlich ihn, und unsre Huld
Wird seiner stets gedenken. Teure Wirtin,
Erlaubt –

Er nimmt ihre Hand und führt sie in das Schloss, die übrigen folgen.

Siebente Szene

Oboen und Fackeln. Ein Schneider und mehrere Diener mit Schüsseln gehn über die Bühne; dann kommt Macbeth.

MACBETH. Wär's abgetan, so wie's getan ist, dann wär's gut,
Man tät' es eilig: – Wenn der Meuchelmord
Aussperren könnt' aus seinem Netz die Folgen
Und nur Gelingen aus der Tiefe zöge:
Dass mit dem Stoß, einmal für immer, alles
Sich abgeschlossen hätte – hier, nur hier –
Auf dieser Schülerbank der Gegenwart –,
So setzt' ich weg mich übers künft'ge Leben. –
Doch immer wird bei solcher Tat uns schon
Vergeltung hier: dass, wie wir ihn gegeben,
Den blut'gen Unterricht, er, kaum gelernt,
Zurückschlägt, zu bestrafen den Erfinder.
Dies Recht, mit unabweislich fester Hand,
Setzt unsern selbstgemischten, gift'gen Kelch
An unsre eignen Lippen. –
Er kommt hierher, zweifach geschirmt: – Zuerst,
Weil ich sein Vetter bin und Untertan,
Beides hemmt stark die Tat; dann, ich – sein Wirt,
Der gegen seinen Mörder schließen müsste

Das Tor, nicht selbst das Messer führen. –
Dann hat auch dieser Duncan seine Würde
So mild getragen, blieb im großen Amt
So rein, dass seine Tugenden, wie Engel
Posaunenzüngig, werden Rache schrein
Dem tiefen Höllengräuel seines Mords;
Die Mitleid, wie ein nacktes, neugebornes Kind,
Auf Sturmwind reitend, oder Himmels Cherubim,
Zu Ross auf unsichtbaren, luft'gen Rennern,
Blasen die Schreckenstat in jedes Auge,
Bis Tränenflut den Wind ertränkt. –
Ich habe keinen Stachel,
Die Seiten meines Wollens anzuspornen,
Als einzig Ehrgeiz, der, zum Aufschwung eilend,
Sich überspringt und jenseits niederfällt: –

Lady Macbeth tritt auf.

Wie nun, was gibt's?
LADY MACBETH. Er hat fast abgespeist.
Warum hast du den Saal verlassen?
MACBETH. Hat er
Nach mir gefragt?
LADY MACBETH. Weißt du nicht, dass er's tat?
MACBETH. Wir woll'n nicht weiter gehn in dieser Sache;
Er hat mich jüngst belohnt, und goldne Achtung
Hab' ich von Leuten aller Art gekauft:
Die will getragen sein im neusten Glanz,
Und nicht so plötzlich weggeworfen.
LADY MACBETH. War
Die Hoffnung trunken, worin du dich hülltest?
Schlief sie seitdem, und ist sie nun erwacht,
So bleich und krank das anzuschauen, was sie
So fröhlich tat? – Von jetzt an denk' ich
Von deiner Liebe so. Bist du zu feige,
Derselbe Mann zu sein in Tat und Mut,
Der du in Wünschen bist? Möcht'st du erlangen.
Was du den Schmuck des Lebens schätzen musst,
Und Memme sein in deiner eignen Schätzung?
Muss dir »Ich fürchte« folgen dem »Ich möchte«,
Der armen Katz' im Sprichwort gleich?
MACBETH. Sei ruhig!
Ich wage alles, was dem Menschen ziemt;
Wer mehr wagt, der ist keiner.

LADY MACBETH. Welch ein Tier
  Hieß dich von deinem Vorsatz mit mir reden?
  Als du es wagtest, da warst du ein Mann;
  Und mehr sein, als du warst, das machte dich
  Nur um so mehr zum Mann. Nicht Zeit, nicht Ort
  Traf damals zu, du wolltest beide machen:
  Sie machen selbst sich, und ihr hurt'ger Dienst
  Macht dich zu nichts. Ich hab' gesäugt und weiß,
  Wie süß, das Kind zu lieben, das ich tränke;
  Ich hätt', indem es mir entgegen lächelte,
  Die Brust gerissen aus den weichen Kiefern
  Und ihm den Kopf geschmettert an die Wand,
  Hätt' ich's geschworen, wie du dieses schwurst.
MACBETH. Wenn's uns misslänge, –
LADY MACBETH. Uns misslingen! –
  Schraub' deinen Mut nur bis zum Punkt des Halts,
  Und es misslingt uns nicht. Wenn Duncan schläft,
  Wozu so mehr des Tages starke Reise
  Ihn einlädt, – seine beiden Kämmerlinge
  Will ich mit würz'gem Weine so betäuben,
  Dass des Gehirnes Wächter, das Gedächtnis,
  Ein Dunst sein wird, und der Vernunft Behältnis
  Ein Dampfhelm nur: – Wenn nun im vieh'schen Schlaf
  Ertränkt ihr Dasein liegt, so wie im Tode,
  Was können du und ich dann nicht vollbringen
  Am unbewachten Duncan? was nicht schieben
  Auf die berauschten Diener, die die Schuld
  Des großen Mordes trifft?
MACBETH. Gebär' mir Söhne nur!
  Aus deinem unbezwungnen Stoffe können
  Nur Männer sprossen. Wird man es nicht glauben,
  Wenn wir mit Blut die zwei Schlaftrunknen färben,
  Die Kämmerling', und ihre Dolche brauchen,
  Dass sie's getan?
LADY MACBETH. Wer darf was anders glauben,
  Wenn unsers Grames lauter Schrei ertönt
  Bei seinem Tode?
MACBETH. Ich bin fest; gespannt
  Zu dieser Schreckenstat ist jeder Nerv.
  Komm, täuschen wir mit heiterm Blick die Stunde:
  Birg, falscher Schein, des falschen Herzens Kunde!

Sie gehen ab.

Zweiter Aufzug
Erste Szene

Es treten auf Banquo, Fleance und Diener mit einer Fackel voran.

BANQUO. Wie spät, mein Sohn?

FLEANCE. Der Mond ging unter, schlagen hört' ich's nicht.

BANQUO. Um zwölf Uhr geht er unter.

FLEANCE. 's ist wohl später.

BANQUO. Da, nimm mein Schwert. – 's ist Sparsamkeit im Himmel
Aus taten sie die Kerzen. – Nimm das auch!

Gibt ihm seinen Gürtel und Dolch.

Ein schwerer Schlaftrieb liegt wie Blei auf mir,
Und doch möcht' ich nicht schlafen. Gnäd'ge Mächte!
Hemmt in mir böses Denken, dem Natur
Im Schlummer Raum gibt! –

Macbeth tritt auf und ein Diener mit einer Fackel.

Gib mein Schwert!
Wer da?

MACBETH. Ein Freund.

BANQUO. Wie, Herr, noch auf? Der König ist zu Bett.
Er war ausnehmend froh und sandte noch
All Euren Hausbedienten reiche Gaben;
Doch Eure Frau soll dieser Demant grüßen,
Als seine güt'ge Wirtin. Höchst zufrieden
Begab er sich zur Ruh'.

MACBETH. Unvorbereitet,
Ward nur des Mangels Diener unser Wille,
Der sonst sich frei enthüllt.

BANQUO. Alles war gut.
Mir träumte jüngst von den drei Zauberschwestern:
Euch haben sie was Wahres doch gesagt.

MACBETH. Ich denke nicht an sie;
Doch ließe sich gelegne Stunde finden,
So sprächen wir wohl ein'ges in der Sache,
Gewährtet Ihr die Zeit.

BANQUO. Wie's Euch beliebt.

MACBETH. Schließt Ihr Euch meinem Sinn an, – wenn es ist, –
Wird's Ehr' Euch bringen.

BANQUO. Büß' ich sie nicht ein,
   Indem ich sie zu mehren streb', und bleibt
   Mein Busen frei und meine Lehnspflicht rein,
   Gern nehm' ich Rat an.
MACBETH. Gute Nacht indes!
BANQUO. Dank, Herr, Euch ebenfalls!

Banquo, Fleance und Diener ab.

MACBETH. Sag deiner Herrin, wenn mein Trank bereit,
   Soll sie die Glocke ziehn. Geh du zu Bett.

Der Diener geht ab.

   Ist das ein Dolch, was ich vor mir erblicke,
   Der Griff mir zugekehrt? Komm, lass dich packen –
   Ich fass' dich nicht, und doch seh' ich dich immer.
   Bist du, Unglücksgebild, so fühlbar nicht
   Der Hand, gleich wie dem Aug'? oder bist du nur
   Ein Dolch der Einbildung, ein nichtig Blendwerk,
   Das aus dem heiß gequälten Hirn erwächst?
   Ich seh' dich noch, so greifbar von Gestalt
   Wie der, den jetzt ich zücke.
   Du gehst mir vor den Weg, den ich will schreiten,
   Und eben solche Waffe wollt' ich brauchen.
   Mein Auge ward der Narr der andern Sinne,
   Oder mehr als alle wert. – Ich seh' dich stets,
   Und dir an Griff und Klinge Tropfen Bluts,
   Was erst nicht war. – Es ist nicht wirklich da:
   Es ist die blut'ge Arbeit, die mein Auge
   So in die Lehre nimmt. – Jetzt auf der halben Erde
   Scheint tot Natur, und den verhangnen Schlaf
   Quälen Versucherträume; Hexenkunst
   Begeht den Dienst der bleichen Hekate;
   Und dürrer Mord,
   Durch seine Schildwacht aufgeschreckt, den Wolf,
   Der ihm das Wachtwort heult, – so dieb'schen Schrittes,
   Wie wild entbrannt Tarquin, dem Ziel entgegen,
   Schreitet gespenstisch. –
   Du festgefugte Erde, leicht verwundbar,
   Hör' meine Schritte nicht, wo sie auch wandeln,
   Dass nicht ausschwatzen selber deine Steine
   Mein Wohinaus und von der Stunde nehmen
   Den jetz'gen stummen Graus, der so ihr ziemt. –

Hier droh' ich, er lebt dort;
Für heiße Tat zu kalt das müß'ge Wort!

Die Glocke wird angeschlagen.

Ich geh', und 's ist getan: die Glocke mahnt.
Hör' sie nicht, Duncan, 's ist ein Grabgeläut',
Das dich zu Himmel oder Höll' entbeut.

Er steigt hinauf.

Zweite Szene

Lady Macbeth tritt unten auf.

LADY MACBETH. Was sie betäubte, hat mich stark gemacht,
Und was sie dämpft', hat mich entflammt. – Still, horch! –
Die Eule war's, die schrie, der traur'ge Wächter,
Der grässlich gute Nacht wünscht. – Er ist dran: –
Die Türen sind geöffnet, schnarchend spotten
Die überladnen Diener ihres Amts;
Ich würzte ihren Schlaftrunk, dass Natur
Und Tod sich streiten, wem sie angehören.
MACBETH *hinter der Szene.* Ha! wie? wer ist da?
LADY MACBETH. O weh! ich fürchte, sie sind aufgewacht,
Und es ist nicht geschehn: – der Anschlag, nicht die Tat
Verdirbt uns. – Horch! – Ich legt' ihm ihre Dolche
Bereit, die musst' er finden. – Hätt' er nicht
Geglichen meinem Vater, wie er schlief,
So hätt' ich's selbst getan. –

Macbeth tritt auf.

Nun, mein Gemahl!
MACBETH. Ich hab' die Tat getan – hört'st du nicht was?
LADY MACBETH.
Die Eule hört' ich schrein, und Heimchen zirpen.
Sprachst du nichts?
MACBETH. Wann?
LADY MACBETH. Jetzt.
MACBETH. Wie ich 'runter kam?
LADY MACBETH. Ja.
MACBETH. Horch! wer schläft im zweiten Zimmer?
LADY MACBETH. Donalbain.

MACBETH. Dort sieht's erbärmlich aus.

Blickt auf seine Hände.

LADY MACBETH. Wie wunderlich, erbärmlich das zu nennen! –

MACBETH. Der eine lacht' im Schlaf – und »Mord!« schrie einer,
Dass sie einander weckten; ich stand und hört' es,
Sie aber sprachen ihr Gebet und legten
Zum Schlaf sich wieder.

LADY MACBETH. Dort wohnen zwei beisammen.

MACBETH. Der schrie, »Gott sei uns gnädig!« – jener, »Amen«!
Als säh'n sie mich mit diesen Henkershänden.
Behorchend ihre Angst, konnt' ich nicht sagen
»Amen«, als jener sprach: »Gott sei uns gnädig!«

LADY MACBETH. Denkt nicht so tief darüber!

MACBETH. Doch warum
Konnt' ich nicht »Amen« sprechen? War mir doch
Die Gnad' am meisten Not, und »Amen« stockte
Mir in der Kehle.

LADY MACBETH. Dieser Taten muss
Man so nicht denken; so macht es uns toll.

MACBETH. Mir war, als rief es: »Schlaft nicht mehr! Macbeth
Mordet den Schlaf!« Ihn, den unschuld'gen Schlaf;
Schlaf, der des Grams verworr'n Gespinst entwirrt,
Den Tod von jedem Lebenstag, das Bad
Der wunden Müh', den Balsam kranker Seelen,
Den zweiten Gang im Gastmahl der Natur,
Das nährendste Gericht beim Fest des Lebens.

LADY MACBETH. Was meinst du?

MACBETH. Stets rief es: »Schlaft nicht mehr!« durchs ganze Haus;
»Clamis mordet den Schlaf!« und drum wird Cawdor
Nicht schlafen mehr, Macbeth nicht schlafen mehr.

LADY MACBETH. Wer war es, der so rief? Mein würd'ger Than,
Du lässt den edeln Mut erschlaffen, denkst du
So hirnkrank drüber nach. Nimm etwas Wasser,
Und wasch' von deiner Hand das garst'ge Zeugnis! –
Was brachtest du die Dolche mit herunter?
Dort liegen müssen sie; geh, bring' sie hin,
Und färb' mit Blut die Kämm'rer, wie sie schlafen.

MACBETH. Ich gehe nicht mehr hin, ich bin entsetzt,
Denk' ich, was ich getan: es wieder schaun –
Ich wag' es nicht!

LADY MACBETH. O schwache Willenskraft!
Gib mir die Dolche! Schlafende und Tote

Sind Bilder nur; der Kindheit Aug' allein
Scheut den gemalten Teufel. Wenn er blutet,
Färb' ich damit der Diener Kleider rot;
So tragen sie des Mords Livree.

Sie geht ab. Man hört klopfen.

MACBETH. Woher das Klopfen?
Wie ist's mit mir, dass jeder Ton mich schreckt?
Was sind das hier für Hände? Ha, sie reißen
Mir meine Augen aus! –
Kann wohl des großen Meergotts Ozean
Dies Blut von meiner Hand rein waschen? Nein;
Weit eh'r kann diese meine Hand mit Purpur
Die unermesslichen Gewässer färben
Und Grün in Rot verwandeln. –

Lady Macbeth kommt zurück.

LADY MACBETH. Meine Hände
Sind blutig, wie die deinen; doch ich schäme
Mich, dass mein Herz so weiß ist.

Es wird geklopft.

Klopfen hör' ich
Am Südtor: – Eilen wir in unsre Kammer;
Ein wenig Wasser reint uns von der Tat,
Wie leicht dann ist sie! Deine Festigkeit
Verließ dich ganz und gar.

Es wird geklopft.

Horch, wieder Klopfen.
Tu' an dein Nachtkleid; müssen wir uns zeigen,
Dass man nicht sieht, wir wachten! – Verlier' dich nicht
So ärmlich in Gedanken!
MACBETH. Meine Tat
Zu wissen! – besser von mir selbst nichts wissen!

Es wird geklopft.

Duncan aus dem Schlaf! O könntest du's! –

Sie gehen ab.

Dritte Szene

Der Pförtner kommt; es wird geklopft.

PFÖRTNER. Das ist ein Klopfen! Wahrhaftig, wenn einer Höllen-
pförtner wäre, da hätte er was zu schließen.
(Klopfen.) Poch, poch, poch: Wer da, in Beelzebubs Namen? Ein
Pächter, der sich in Erwartung einer reichen Ernte aufhing. Zur
rechten Zeit gekommen; habt Ihr auch Schnupftücher genug bei
Euch? denn hier werdet Ihr dafür schwitzen müssen!
(Klopfen.) Poch, poch: Wer da, in des andern Teufels Namen?
Mein' Treu', ein Zweideutler, der in beide Schalen gegen jede
Schale schwören konnte, der um Gottes willen Verrätereien genug
beging und sich doch nicht zum Himmel hinein zweideuteln
konnte. Herein, Zweideutler!
(Klopfen.) Poch, poch, poch: Wer da? Mein' Treu', ein englischer
Schneider, hier angekommen, weil er etwas aus einer französischen
Hose gestohlen: herein, Schneider; hier kannst du deine Bügelgans
braten.
(Klopfen.) Poch, poch! Keine Ruhe! Wer seid Ihr? Aber hier ist es
zu kalt für die Hölle; ich mag nicht länger Teufelspförtner sein. Ich
dachte, ich wollte von jedem Gewerbe einige herein lassen, die den
breiten Rosenpfad zum ewigen Freudenfeuer wandeln.
(Klopfen.) Gleich, gleich! *Öffnet das Tor.* Ich bitt' Euch, bedenkt
doch, dass der Pförtner auch ein Mensch ist!

Macduff und Lenox kommen herein.

MACDUFF. Kamest du so spät zu Bett, Freund, dass du nun so spät
aufstehst?

PFÖRTNER. Mein' Seel', Herr, wir zechten, bis der zweite Hahn
krähte; und der Trunk ist ein großer Beförderer von drei Dingen.

MACDUFF. Was sind denn das für drei Dinge, die der Trunk vorzüglich befördert?

PFÖRTNER. Ei, Herr, rote Nasen, Schlaf und Urin. Buhlerei befördert und dämpft er zugleich: er befördert das Verlangen und dämpft
das Tun. Darum kann man sagen, dass vieles Trinken ein Zweideutler gegen die Buhlerei ist: es schafft sie und vernichtet sie; treibt sie
an und hält sie zurück; macht ihr Mut und schreckt sie ab; heißt
sie, sich brav halten und nicht brav halten; zweideutelt sie zuletzt in
Schlaf, straft sie Lügen und geht davon.

MACDUFF. Ich glaube, der Trunk strafte dich die Nacht Lügen.

PFÖRTNER. Ja, Herr, das tat er, in meinen Hals hinein; aber ich ver-
galt ihm seine Lügen, und ich denke, ich war ihm doch zu stark;
denn obgleich er mir die Beine ein paar Mal unten weg zog, so fand
ich doch einen Kniff, ihn hinaus zu schmeißen.

MACDUFF. Ist dein Herr schon aufgestanden?

Macbeth tritt auf.

Geweckt hat unser Klopfen ihn; hier kommt er.

LENOX. Guten Morgen, edler Herr!

MACBETH. Guten Morgen, beide!

MACDUFF. Wacht schon der König, würd'ger Than?

MACBETH. Noch nicht.

MACDUFF. Mir gab er den Befehl, ihn früh zu wecken;
Die Zeit versäumt' ich fast.

MACBETH. Ich führ' Euch hin.

MACDUFF. Ich weiß, es ist 'ne Müh', die Euch erfreut;
Doch es ist eine Müh'.

MACBETH. Die Arbeit, die uns freut, wird zum Ergötzen.
Hier ist die Tür.

MACDUFF. Ich bin so kühn, zu rufen;
Nur dies ward mir befohlen.

Er geht ab.

LENOX. Reist der König heute ab?

MACBETH. So ist's; er hat es so bestimmt.

LENOX. Die Nacht war stürmisch; wo wir schliefen, heult' es
Den Schlot herab; und wie man sagt, erscholl
Ein Wimmern in der Luft, ein Todesstöhnen,
Ein Prophezein in fürchterlichem Laut,
Von wildem Brand und grässlichen Geschichten,
Neu ausgebrütet einer Zeit des Leidens.
Der dunkle Vogel schrie die ganze Nacht durch:
Man sagt, die Erde bebte fieberkrank.

MACBETH. Es war 'ne raue Nacht.

LENOX. Mein jugendlich Gedächtnis sucht umsonst
Nach ihresgleichen.

Macduff kommt von oben herunter.

MACDUFF. O Grausen! Grausen! Grausen! Zung' und Herz
Fasst es nicht, nennt es nicht!

MACBETH UND LENOX. Was ist geschehn?

MACDUFF. Jetzt hat die Höll' ihr Meisterstück gemacht!
Der kirchenräuberische Mord brach auf

Des Herrn geweihten Tempel und stahl weg
Das Leben aus dem Heiligtum.
MACBETH. Was sagt Ihr? Das Leben?
LENOX. Meint Ihr Seine Majestät?
MACDUFF. Geht ein zur Kammer und zerstört die Sehkraft
Durch eine neue Gorgo! Verlangt nicht, dass ich spreche;
Seht! und dann redet selbst! Erwacht! Erwacht!

Macbeth und Lenox gehen ab.

Die Sturmglock' angeschlagen! Mord! Verrat!
Banquo und Donalbain! Malcolm! Erwacht!
Werft ab den flaum'gen Schlaf, des Todes Abbild,
Und seht ihn selbst, den Tod! – Auf, auf, und schaut
Des Weltgerichtes Vorspiel! – Malcolm! Banquo!
Steigt wie aus eurem Grab! wie Geister schreitet,
Als Grau'ngefolge diesen Mord zu schaun!
Die Glocken stürmt!

Glocken läuten. Lady Macbeth trifft auf.

LADY MACBETH. Was ist denn vorgefallen,
Dass solche schreckliche Trompete ruft
Zum Rat die Schläfer dieses Hauses? Sprecht!
MACDUFF. O zarte Frau,
Ihr dürft nicht hören, was ich sagen könnte.
Vor eines Weibes Ohr es nennen, wäre
Ein Mord, wie Ihr's vernähmt.

Banquo tritt auf.

O Banquo! Banquo!
Der König, unser Herr, ermordet!
LADY MACBETH. Wehe!
In unserm Haus?
BANQUO. Zu grausam, wo auch immer! –
Oh, lieber Macduff, widersprich dir selber,
Und sag, es sei nicht so!

Macbeth und Lenox kommen zurück.

MACBETH. Wär' ich gestorben, eine Stunde nur,
Eh' dies geschah, gesegnet war mein Dasein!
Von jetzt gibt es nichts Ernstes mehr im Leben:
Alles ist Tand, gestorben Ruhm und Gnade!
Der Lebenswein ist ausgeschenkt, nur Hefe
Blieb noch zu prahlen dem Gewölbe.

Malcolm und Donalbain treten auf.

DONALBAIN. Wem geschah ein Leid?

MACBETH. Euch selbst, und wisst es nicht:
Der Born, der Ursprung Eures Blutes ist
Versiegt, die Lebensquelle selbst versiegt.

MACDUFF. Eu'r königlicher Vater ist ermordet.

MALCOLM. Ha! von wem?

LENOX. Die Kämmerlinge, scheint es, sind die Täter;
Denn Händ' und Antlitz trugen blut'ge Zeichen,
Auch ihre Dolche, die unabgewischt
Auf ihren Polstern lagen. Wie im Wahnsinn,
So starrt' ihr Auge, und es war gefährlich,
Nur ihnen nah' zu kommen.

MACBETH. Oh! jetzt bereu' ich meine Wut, dass ich
Sie niederstieß.

MACDUFF. Warum habt Ihr's getan?

MACBETH. Wer ist weis' und entsetzt, gefasst und wütig,
Pflichttreu und kalt in einem Augenblick?
Kein Mensch. Die Raschheit meiner heft'gen Liebe
Lief schneller als die zögernde Vernunft. –
Duncan lag hier, die Silberhaut verbrämt
Mit seinem goldnen Blut – die offnen Wunden,
Sie waren wie ein Riss in der Natur,
Wo Untergang vernichtend einzieht; dort die Mörder,
Getaucht in ihres Handwerks Farb', die Dolche
Abscheulich von geronn'nem Blute schwarz.
Wer konnte sich da zügeln, der ein Herz
Voll Liebe hatt', und in dem Herzen Mut,
Die Liebe zu beweisen?

LADY MACBETH. Helft mir fort! –

MACBETH. Seht nach der Lady.

MALCOLM *beiseite zu Donalbain.*
Weshalb schweigen wir,
Da unser Anspruch an dies Weh der nächste?

DONALBAIN *beiseite zu Malcolm.*
Was soll'n wir sprechen, hier, wo unser Schicksal
Herstürzen kann aus irgendeinem Winkel,
Uns zu ergreifen? Fort, denn unsre Tränen
Sind noch nicht reif.

MALCOLM *beiseite zu Donalbain.*
Noch unser heft'ger Gram
Zum Fliehn geschickt.

BANQUO. Seht nach der Lady! –

Lady Macbeth wird fortgeführt.

Und haben wir verhüllt der Schwäche Blößen,
Die Fassung jetzt entbehrt, treffen wir uns
Und forschen dieser blut'gen Untat nach,
Den Grund zu sehn. Uns schütteln Furcht und Zweifel;
Ich steh' in Gottes großer Hand, und so
Kämpf' ich der ungesprochnen Anmutung
Bösen Verrats entgegen.
MACDUFF. So auch ich.
ALLE. Wir alle.
MACBETH. Lasst, mit Entschlossenheit gerüstet, wieder
Uns in der Halle treffen!
ALLE. Wohl, so sei's.

Malcolm und Donalbain bleiben; die übrigen gehn ab.

MALCOLM. Was tust du? Lass uns nicht zu ihnen halten:
Erlognen Schmerz zu zeigen, ist 'ne Kunst,
Die leicht dem Falschen wird. Ich geh' nach England.
DONALBAIN. Nach Irland ich; unser getrenntes Glück
Verwahrt uns besser. Wo wir sind, drohn Dolche
In jedes Lächeln: um so blutsverwandter,
So mehr verwandt dem Tode.
MALCOLM. Der mörderische Pfeil ist abgeschossen
Und fliegt noch; Sicherheit ist nur für uns,
Vermeiden wir das Ziel. Drum schnell zu Pferde,
Und zaudern wir nicht, jene noch zu grüßen:
Nein, heimlich fort! Nicht strafbar ist der Dieb,
Der selbst sich stiehlt, wo keine Gnad' ihm blieb.

Sie gehen ab.

Vierte Szene

Rosse tritt auf mit einem alten Mann.

ALTER. Auf siebzig Jahr' kann ich mich gut erinnern:
In diesem Zeitraum sah ich Schreckenstage
Und wunderbare Ding', doch diese böse Nacht
Macht alles Vor'ge klein.

ROSSE. Oh, guter Vater,
Der Himmel, sieh, als zürn' er Menschentaten,
Dräut dieser blut'gen Bühn'. Die Uhr zeigt Tag,
Doch dunkle Nacht erstickt die Wanderlampe:
Ist's Sieg der Nacht, ist es die Scham des Tages,
Dass Finsternis der Erd' Antlitz begräbt,
Wenn lebend Licht es küssen sollte?

ALTER. Unnatürlich,
Wie die gescheh'ne Tat. Am letzten Dienstag
Sah ich, wie stolzen Flugs ein Falke schwebte
Und eine Eul' ihm nachjagt' und ihn würgte.

ROSSE. Und Duncans Rosse, seltsam ist's, doch sicher,
So rasch und schön, die Kleinod' ihres Bluts,
Brachen, verwildert ganz, aus ihren Ställen
Und stürzten fort, sich sträubend dem Gehorsam,
Als wollten Krieg sie mit den Menschen führen.

ALTER. Man sagt, dass sie einander fraßen.

ROSSE. Ja;
entsetzlich war's, ich hab' es selbst gesehn.

Macduff tritt auf.

Da kommt der edle Macduff.
Nun, Herr, wie geht die Welt?

MACDUFF. Ei, seht Ihr's nicht?

ROSSE. Weiß man, wer tat die mehr als blut'ge Tat?

MACDUFF. Jene, die Macbeth tötete.

ROSSE. O Jammer!
Was hofften sie davon?

MACDUFF. Sie waren angestiftet.
Malcolm und Donalbain, des Königs Söhne,
Sind heimlich fort, entflohn: dies wälzt auf sie
Der Tat Verdacht.

ROSSE. Stets gegen die Natur:
Verschwenderischer Ehrgeiz, so verschlingst du

Des eignen Lebens Unterhalt! – So wird
Die Königswürde wohl an Macbeth fallen?
MACDUFF. Er ist ernannt schon und zu seiner Krönung
Nach Scone gegangen.
ROSSE. Wo ist Duncans Leichnam?
MACDUFF. Nach Colmes Kill führt man ihn zur heil'gen Gruft,
Wo die Gebeine seiner Ahnen alle
Versammelt ruhn.
ROSSE. Geht Ihr nach Scone?
MACDUFF. Nein, Vetter! Ich geh' nach Fife.
ROSSE. So will ich hin.
MACDUFF. Lebt wohl! Mag alles so geschehn, dass wir nicht sagen:
Bequemer war der alte Rock zu tragen!
ROSSE. Vater, lebt wohl!
ALTER. Gott segne Euch und den, der redlich denkt,
Unheil zum Heil, Zwietracht zum Frieden lenkt!

Sie gehen alle ab.

Dritter Aufzug
Erste Szene

Banquo tritt auf.

BANQUO. Du hast's nun: König, Cawdor, Glamis, alles,
Wie dir's die Zauberfrau'n versprachen; und ich fürchte,
Du spieltest schändlich drum. Doch ward gesagt,
Es solle nicht bei deinem Stamme bleiben;
Ich aber sollte Wurzel sein und Vater
Von vielen Kön'gen. Kommt von ihnen Wahrheit
(Wie, Macbeth, ihre Wort' an dich bestät'gen),
Warum, bei der Erfüllung, die dir ward,
Soll'n sie nicht mein Orakel gleichfalls sein
Und meine Hoffnung kräft'gen? Still, nichts weiter! –

Trompeten erklingen. Es treten auf Macbeth als König und Lady Macbeth
als Königin; Lenox, Rosse, Lords, Ladys und Gefolge.

MACBETH. Hier unser höchster Gast.

LADY MACBETH. Ward er vergessen,
    War's wie ein Riss in unserm großen Fest,
    Und alles ungeziemend.
MACBETH. Herr, wir halten
    Ein feierliches Mahl heut Abend, und
    Ich bitt' um Eure Gegenwart.
BANQUO. Eu'r Hoheit
    Hat zu befehlen; unauflöslich bleibt
    Für immer meine Pflicht an Euch gebunden.
MACBETH. Verreist Ihr noch den Nachmittag?
BANQUO. Ja, Herr.
MACBETH. Sonst hätten wir wohl Euren Rat gewünscht,
    (Der stets voll Einsicht und ersprießlich war,)
    Im Staatsrat heut; doch gönnt ihn morgen uns!
    Geht Eure Reise weit?
BANQUO. So weit, mein König,
    Dass sie die Zeit von jetzt bis Abend ausfüllt;
    Hält nicht mein Pferd sich gut, so muss ich wohl
    Noch von der Nacht 'ne dunkle Stunde borgen.
MACBETH. Fehlt nicht bei unserm Fest.
BANQUO. Mein Fürst, ich komme.
MACBETH. Wir hören, unsre blut'gen Vettern weilen
    In England und in Irland; nicht bekennend
    Den grausen Vatermord, mit seltnen Märchen
    Die Hörer täuschend. Doch das sei für morgen,
    Da außerdem das Staatsgeschäft uns alle
    Zusammen ruft. Säumt länger nicht: lebt wohl,
    Bis wir zu Nacht uns sehn! Geht Fleance mit Euch?
BANQUO. Ja, teurer Herr; die Zeit mahnt uns zur Eil'.
MACBETH. Den Rossen wünsch' ich schnellen, sichern Lauf;
    Besteigt sie also bald und reiset glücklich. –

Banquo geht ab.

    Ein jeder sei nun Herr von seinen Stunden
    Bis sieben Uhr; uns die Geselligkeit
    Zu würzen, sind wir bis zum Abendessen
    Mit uns allein. Bis dahin Gott befohlen!

*Die Herren mit Lady Macbeth und anderen ab. Alle gehen ab, Macbeth
bleibt. Macbeth und ein Diener bleiben.*

    Du da! ein Wort: sind jene Männer hier?
DIENER. Sie harren vor dem Schlosstor, mein Gebieter.
MACBETH. Führ' sie uns vor! –

Diener geht ab.

Das so zu sein, ist nichts:
Doch sicher, so zu sein. – In Banquo wurzelt
Tief unsre Furcht; in seinem Königssinn
Herrscht was, das will gefürchtet sein. Viel wagt er;
Und außer diesem unerschrocknen Geist
Hat Weisheit er, die Führerin des Muts
Zum sichern Wirken. Außer ihm ist keiner,
Vor dem ich zittern muss; und unter ihm
Beugt sich mein Genius scheu, wie, nach der Sage,
Vor Cäsar Mark Antonius' Geist. Er schalt die Schwestern
Gleich, als sie mir den Namen König gaben,
Und hieß sie zu ihm sprechen; dann prophetisch
Begrüßten sie ihn Vater vieler Kön'ge.
Mein Haupt empfing die unfruchtbare Krone;
Den dürren Zepter reichten sie der Faust,
Dass eine fremde Hand ihn mir entwinde,
Kein Sohn von mir ihn erbe. Ist es so? –
Hab' ich für Banquos Stamm mein Herz befleckt,
Für sie erwürgt den gnadenreichen Duncan,
In meinen Friedensbecher Gift gegossen,
Einzig für sie; und mein unsterblich Kleinod
Dem Erbfeind aller Menschen preisgegeben,
Zu krönen sie! zu krönen Banquos Brut! –
Eh' das geschieht, komm, Schicksal, in die Schranken
Und fordre mich auf Tod und Leben! – Holla!

Der Diener kommt mit zwei Mördern.

Geh vor die Tür und warte, bis wir rufen.

Der Diener geht ab.

War's gestern nicht, da wir einander sprachen?
BEIDE MÖRDER. So war es, Majestät.
MACBETH. Gut denn, habt ihr
Nun meinen Reden nachgedacht? So wisst,
Dass er es eh'mals war, der euch so schwer
Gedrückt; was, wie ihr wähntet, ich getan,
Der völlig schuldlos. Dies bewies ich euch
In unsrer letzten Unterredung; macht' euch klar,
Wie man euch hinterging und kreuzte; nannt' euch
Die Werkzeug' auch, und wer mit ihnen wirkte;
Und alles sonst, was selbst 'ner halben Seele
Und blödstem Sinne zurief: Das tat Banquo!

ERSTER MÖRDER. So habt Ihr's uns erklärt.

MACBETH. Ich tat es und ging weiter; deshalb nun
Hab' ich euch wieder her beschieden. Fühlt ihr
Geduld vorherrschend so in eurem Wesen,
Dass ihr dies hingehn lasst? Seid ihr so fromm,
Zu beten für den guten Mann und sein
Geschlecht, des schwere Hand zum Grab euch beugte
Und euch zu Bettlern macht' und eure Kinder?

ERSTER MÖRDER. Mein König, wir sind Männer.

MACBETH. Ja, im Verzeichnis lauft ihr mit als Männer;
Wie Jagd- und Windhund, Blendling, Wachtelhund,
Spitz, Pudel, Schäferhund und Halbwolf, alle
Der Name Hund benennt: das Rangregister
Bezeichnet erst den schnellen, trägen, klugen,
Den Hausbewacher und den Jäger, jeden
Nach seiner Eigenschaft, die ihm Natur
Liebreich geschenkt; wodurch ihm wird besondre
Bezeichnung aus der Schar, die alle gleich
Benamt: und so ist's mit dem Menschen auch.
Habt ihr nun einen Platz im Rangregister,
Und nicht den schlechtsten in der Mannheit, sprecht;
Und solches Werk vertrau' ich eurem Busen,
Dessen Vollstreckung euren Feind entrafft,
Herzinnig fest an unsre Lieb' euch schmiedet,
Da unser Wohlsein kränkelt, weil er lebt,
Das nur in seinem Tod gesundet.

ZWEITER MÖRDER. Herr,
Mit hartem Stoß und Schlag hat mich die Welt
So aufgereizt, dass mich's nicht kümmert, was
Der Welt zum Trotz ich tu'.

ERSTER MÖRDER. Und ich bin einer,
So matt von Elend, so zerzaust vom Unglück,
Dass ich mein Leben setz' auf jeden Wurf,
Es zu verbessern oder los zu werden.

MACBETH. Ihr wisst es beide, Banquo war eu'r Feind.

ZWEITER MÖRDER. Gewiss, mein Fürst.

MACBETH. So ist er meiner auch,
Und in so blut'ger Näh', dass jeder Pulsschlag
Von ihm nach meinem Herzensleben zielt.
Und obgleich meine Macht mit offnem Antlitz
Ihn löschen könnt' aus meinem Blick und frei
Mein Wort die Tat gestehn: doch darf ich's nicht,
Um manchen, der mir Freund ist so wie ihm,

Des Lieb' ich nicht kann missen; seinen Fall
Muss ich beklagen, den ich selbst erschlug:
Und darum sprech' ich euch um Beistand an,
Dem Pöbelauge das Geschäft verlarvend
Aus manchen wichtigen Gründen.
ZWEITER MÖRDER. Wir vollziehn,
Was Ihr befehlt.
ERSTER MÖRDER. Wenn unser Leben auch –
MACBETH.
Aus euren Augen leuchtet euer Mut.
In dieser Stunde spät'stens meld' ich euch,
Wo ihr euch stellt; bericht' euch aufs genau'ste
Den Augenblick; denn heut Nacht muss es sein;
Und etwas ab vom Schloss: stets dran gedacht,
Dass ich muss rein erscheinen! Und mit ihm,
Um nichts nur halb und obenhin zu tun,
Muss Fleance, sein Sohn, der ihm Gesellschaft leistet,
Des Wegtun mir nicht minder wichtig ist
Als seines Vaters, das Geschick mit ihm
Der dunkeln Stunde teilen.
Entschließt euch nun für euch; gleich komm' ich wieder.
BEIDE MÖRDER. Wir sind entschlossen, Herr.
MACBETH. So ruf' ich euch alsbald; verweilt da drin!

Mörder ab.

Es ist entschieden:
Denkst, Banquo, du, den Himmel zu gewinnen,
Muss deine Seel' heut Nacht den Flug beginnen.

Alle ab.

Zweite Szene

Lady Macbeth tritt auf mit einem Diener.

LADY MACBETH. Ist Banquo fort vom Hof?
DIENER. Ja, Kön'gin, doch er kommt zurück heut Abend.
LADY MACBETH. Dem König meld', ich lasse ihn ersuchen
    Um wen'ge Augenblicke.
DIENER. Ich gehorche.

Er geht ab.

LADY MACBETH. Nichts ist gewonnen, alles ist dahin,
Stehn wir am Ziel mit unzufriednem Sinn:
Viel sichrer, das zu sein, was wir zerstört,
Als dass uns Mord ein schwankend Glück gewährt.

Macbeth tritt auf.

Nun, teurer Freund, was bist du so allein
Und wählst nur trübe Bilder zu Gefährten, –
Gedanken hegend, die doch tot sein sollten,
Wie jen', an die sie denken? Was unheilbar:
Vergessen sei's: Geschehn ist, was geschehn.
MACBETH. Zerhackt ward nur die Schlange, nicht getötet:
Sie heilt und bleibt dieselb', indes ihr Zahn
Wie sonst gefährdet unsre arme Bosheit.
Doch ehe soll der Dinge Bau zertrümmern,
Die beiden Welten schaudern, eh' wir länger
In Angst verzehren unser Mahl und schlafen
In der Bedrängnis solcher grausen Träume,
Die uns allnächtlich schütteln: Lieber bei
Dem Toten sein, den, Frieden uns zu schaffen,
Zum Frieden wir gesandt, als auf der Folter
Der Seel' in ruheloser Qual zu zucken!
Duncan ging in sein Grab,
Sanft schläft er nach des Lebens Fieberschauern;
Verrat, du tatst dein Ärgstes: Gift, noch Dolch,
Einheim'sche Bosheit, fremder Anfall, nichts
Kann ferner ihn berühren.
LADY MACBETH. Oh, lass gut sein!
Mein liebster Mann, die Runzeln glätte weg;
Sei froh und munter heut mit deinen Gästen!
MACBETH. Das will ich, Lieb'; und, bitte, sei es auch:
Vor allen wend' auf Banquo deine Sorgfalt,
Und schenk' ihm Auszeichnung mit Wort und Blick:
Unsicher noch, sind wir genötigt, so
Zu baden unsre Würd' in Schmeichelströmen;
Dass unser Antlitz Larve wird des Herzens,
Verbergend, was es ist.
LADY MACBETH. Du musst das lassen.
MACBETH. Oh! von Skorpionen voll ist mein Gemüt:
Du weißt, Geliebte, Banquo lebt und Fleance.
LADY MACBETH. Doch schuf Natur sie nicht für ew'ge Dauer.
MACBETH. Ja, das ist Trost; man kann noch an sie kommen:
Drum sei du fröhlich! Eh' die Fledermaus

Geendet ihren klösterlichen Flug,
Eh', auf den Ruf der dunkeln Hekate,
Der hornbeschwingte Käfer, schläfrig summend,
Die nächt'ge Schlummerglocke hat geläutet,
Ist eine Tat geschehn furchtbarer Art.
LADY MACBETH. Was hast du vor?
MACBETH. Unschuldig bleibe, Kind, und wisse nichts,
Bis du der Tat kannst Beifall rufen. Komm
Mit deiner dunklen Binde, Nacht; verschließe
Des mitleidvollen Tages zartes Auge;
Durchstreich' mit unsichtbarer, blut'ger Hand
Und reiß' in Stücke jenen großen Schuldbrief,
Der meine Wangen bleicht! – Das Licht wird trübe;
Zum dampfenden Wald erhebt die Kräh' den Flug;
Die Tagsgeschöpfe schläfrig niederkauern,
Und schwarze Nachtunhold' auf Beute lauern.
Du staunst mich an? Still! – Sündentsprossne Werke
Erlangen nur durch Sünden Kraft und Stärke.
So, bitte, geh mit mir!

Sie gehen ab.

Dritte Szene

Drei Mörder treten auf.

ERSTER MÖRDER. Wer aber hieß dich zu uns stoßen?
DRITTER MÖRDER. Macbeth.
ZWEITER MÖRDER.
Man braucht ihm nicht zu misstraun; denn er kennt
Unser Geschäft, das man uns aufgetragen,
Und weiß genau Bescheid.
ERSTER MÖRDER. So bleib' bei uns!
Der West glimmt noch von schwachen Tagesstreifen:
Der Reiter spornt nun eil'ger durch die Dämm'rung,
Zur Schenke noch zu kommen; und schon naht
Der, den wir hier erwarten.
DRITTER MÖRDER. Pferde! – Horcht!
BANQUO *hinter der Szene.* Heda! Bringt Licht!
ZWEITER MÖRDER. Er muss es sein; die andern,
Die noch erwartet wurden, sind schon alle
Im Schloss.

ERSTER MÖRDER. Die Pferde machen einen Umweg.

DRITTER MÖRDER. Fast eine Meile; und er geht gewöhnlich,
Wie jeder tut, von hier bis an das Schlosstor
Zu Fuß.

Banquo und Fleance treten auf, ein Diener mit einer Fackel voran.

ZWEITER MÖRDER. Ein Licht!

DRITTER MÖRDER. Er ist es.

ERSTER MÖRDER. Macht euch dran!

BANQUO. 's kommt Regen noch zur Nacht.

ERSTER MÖRDER. So mag er fallen!

Ersticht Banquo.

BANQUO. Weh mir! Verrat! Flieh', guter Fleance, flieh', flieh'!
Du kannst mein Rächer sein. – O Sklave! –

Banquo stirbt. Fleance und der Diener fliehn.

DRITTER MÖRDER. Wer schlug das Licht aus?

ERSTER MÖRDER. War's nicht wohl getan?

DRITTER MÖRDER. Nur einer liegt; der Sohn entfloh.

ZWEITER MÖRDER. So ist
Die beste Hälfte unsrer Müh' verloren.

ERSTER MÖRDER. Gut, gehn wir denn und melden, was getan.

Sie gehen ab.

Vierte Szene

*Gedeckte Tafel. Es treten auf Macbeth, Lady Macbeth, Rosse, Lenox, Lords,
Gefolge.*

MACBETH. Ihr kennt selbst euren Rang: nehmt Platz! Willkommen
Seid ein für allemal!

LORDS. Dank Euer Hoheit!

MACBETH. Wir wollen uns in die Gesellschaft mischen,
Als aufmerksamer Wirt. Die Wirtin nahm
Schon ihren Sitz; doch mit Vergünstigung
Ersuchen wir um ihren Gruß und Willkomm.

LADY MACBETH. Sprich ihn für mich zu allen unsern Freunden;
Denn herzlich heiß' ich alle sie willkommen.

Der erste Mörder tritt zur Tür ein.

MACBETH. Sieh, ihres Herzens Dank kommt dir entgegen.
Gleich voll sind beide Seiten. Hier will ich

Mich in die Mitte setzen. Ungehemmt
Sei nun die Lust; gleich soll der Becher kreisen.

Geht zur Tür.

Auf deiner Stirn ist Blut.
MÖRDER. So ist es Banquos.
MACBETH. Viel besser draußen an dir, als er hier drinnen.
So ist er abgetan?
MÖRDER. Herr, seine Kehle
Ist durchgeschnitten; – das tat ich für ihn.
MACBETH. Du bist der beste Kehlabschneider; doch
Auch der ist gut, der das für Fleance getan;
Warst du's, so hast du deinesgleichen nicht.
MÖRDER. Mein königlicher Herr, Fleance ist entwischt.
MACBETH. So bin ich wieder krank; sonst wär' ich stark,
Gesund wie Marmor, fest wie Fels gegründet,
Weit, allgemein, wie Luft und Windeshauch;
Doch jetzt bin ich umschränkt, gepfercht, umpfählt,
Geklemmt von niederträcht'ger Furcht und Zweifeln.
Doch Banquo ist uns sicher?
MÖRDER. Ja, teurer Herr! im Graben liegt er sicher:
In seinem Kopfe zwanzig tiefe Wunden,
Die kleinst' ein Lebenstod.
MACBETH. Nun, dafür Dank! Da liegt
Die ausgewachsne Schlange; das entfloh'ne
Gewürm ist giftig einst, nach seiner Art;
Doch zahnlos jetzt. – Nun mach' dich fort; auf morgen
Vernehm ich mehr.

Mörder geht ab.

LADY MACBETH. Mein königlicher Herr,
Ihr seid kein heitrer Wirt. Das Fest ist feil,
Wird nicht das Mahl durch Freundlichkeit gewürzt,
Durch Willkomm erst geschenkt. Man speist am besten
Daheim; doch auswärts macht die Höflichkeit
Den Wohlgeschmack der Speisen: nüchtern wäre
Gesellschaft sonst.

Banquos Geist kommt und setzt sich auf Macbeths Platz.

MACBETH. Du holde Mahnerin! –
Nun, auf die Esslust folg' ein gut Verdauen,
Gesundheit beiden!
LENOX. Gefällt es Eurer Hoheit, sich zu setzen?

MACBETH. Beisammen wär' uns hier des Landes Adel,
Wenn unser Freund nicht, unser Banquo, fehlte;
Doch möcht' ich lieber ihn unfreundlich schelten,
Als eines Unfalls wegen ihn bedauern.
ROSSE. Da er nicht kommt, verletzt er sein Versprechen.
Gefällt's Eu'r Majestät, uns zu beglücken,
Indem Ihr Platz in unsrer Mitte nehmt?
MACBETH. Die Tafel ist voll.
LENOX. Hier ist ein Platz noch.
MACBETH. Wo?
LENOX. Hier, teurer König. Was erschreckt Eu'r Hoheit?
MACBETH. Wer von euch tat das?
LORDS. Was, mein guter Herr?
MACBETH. Du kannst nicht sagen, dass ich's tat. Oh, schüttle
Nicht deine blut'gen Locken gegen mich!
ROSSE. Steht auf, ihr Herrn, dem König ist nicht wohl.
LADY MACBETH. Bleibt sitzen, Herrn: der König ist oft so,
Und war's von Jugend an – oh, steht nicht auf!
Schnell geht der Anfall über; augenblicks
Ist er dann wohl. Beachtet ihr ihn viel,
So reizt ihr ihn, und länger währt das Übel.
Esst, seht ihn gar nicht an! – Bist du ein Mann?
MACBETH. Ja, und ein kühner, der das wagt zu schauen,
Wovor der Teufel blass wird.
LADY MACBETH. Schönes Zeug!
Das sind die wahren Bilder deiner Furcht;
Das ist der luft'ge Dolch, der, wie du sagtest,
Zu Duncan dich geführt! – Ha! dieses Zucken,
Dies Starr'n, Nachäffung wahren Schrecks, sie passten
Zu einem Weibermärchen am Kamin,
Bestätigt von Großmütterchen. – Oh, schäme dich!
Was machst du für Gesichter! denn am Ende;
Schaust du nur auf 'nen Stuhl.
MACBETH. In bitt' dich, sieh!
Blick' auf! schau' an! was sagst du? –
Ha! meinethalb! Wenn du kannst nicken, sprich auch!
Wenn Grab und Beingewölb' uns wieder schickt
Die wir begruben, sei der Schlund der Geier
Uns Totengruft!

Der Geist geht fort.

LADY MACBETH. Was! ganz entmannt von Torheit!
MACBETH. So wahr ich leb', ich sah ihn!

LADY MACBETH. O der Schmach!

MACBETH. Blut ward auch sonst vergossen, schon vor Alters,
Eh' menschlich Recht den frommen Staat verklärte;
Ja, auch seitdem geschah so mancher Mord,
Zu schrecklich für das Ohr: da war's Gebrauch,
Dass, war das Hirn heraus, der Mann auch starb,
Und damit gut.
Doch heutzutage stehn sie wieder auf,
Mit zwanzig Todeswunden an den Köpfen,
Und stoßen uns von unsern Stühlen: Das
Ist wohl seltsamer noch als solch ein Mord.

LADY MACBETH. Mein König, Ihr entzieht Euch Euren Freunden.

MACBETH. Ha! ich vergaß; –
Staunt über mich nicht, meine würd'gen Freunde;
Ich hab' ein seltsam Übel, das nichts ist
Für jene, die mich kennen.
Wohlan! Lieb' und Gesundheit trink' ich allen,
Dann setz' ich mich. Ha! Wein her! voll den Becher!

Der Geist kommt.

So trink' ich auf das Wohl der ganzen Tafel
Und Banquos, unsers Freunds, den wir vermissen.
Wär' er doch hier! Sein Wohlergehn, wie aller
Trink' ich: Ihm, Euch!

LORDS. Wir danken pflichtergeben.

MACBETH. Hinweg! – Aus meinen Augen! – Lass
Die Erde dich verbergen!
Marklos ist dein Gebein, dein Blut ist kalt;
Du hast kein Anschaun mehr in diesen Augen,
Mit denen du so stierst.

LADY MACBETH. Nehmt dies, ihr Herrn,
Als was Alltägliches: nichts weiter ist's;
Nur dass es uns des Abends Lust verdirbt.

MACBETH. Was einer wagt, wag' ich:
Komm du mir nah als zott'ger russ'scher Bär,
Geharn'scht Rhinozeros, hyrkan'scher Tiger –
Nimm jegliche Gestalt, nur diese nicht –
Nie werden meine festen Nerven beben.
Oder sei lebend wieder; fordre mich
In eine Wüst' aufs Schwert; verkriech' ich mich
Dann zitternd, ruf' mich aus als Dirnenpuppe!
Hinweg! grässlicher Schatten!
Unkörperliches Blendwerk, fort! –Ha! So! –

Geist entweicht.

Du nicht mehr da, nun bin ich wieder Mann. –
Ich bitte, steht nicht auf!
LADY MACBETH. Ihr habt die Lust
Verscheucht und die Geselligkeit gestört,
Durch höchst fremdart'ge Grillen.
MACBETH. Kann solch Wesen
An uns vorüberziehn wie Sommerwolken,
Ohn' unser mächtig Staunen? Ihr entfremdet
Mich meinem eignen Selbst, bedenk' ich jetzt,
Dass ihr anschaut Gesichte solcher Art,
Und doch die Röte eurer Wangen bleibt,
Wenn Schreck die meinen bleicht.
ROSSE. Was für Gesichte?
LADY MACBETH.
Ich bitt' Euch, sprecht nicht; er wird schlimm und schlimmer;
Fragen bringt ihn in Wut. Gut' Nacht mit eins!
Beim Weggehn haltet nicht auf euern Rang,
Geht all' zugleich!
LENOX. Wir wünschen Eurer Hoheit
Gut' Nacht, und bessres Wohl!
LADY MACBETH. Gut' Nacht euch allen!

Alle Lords nebst Gefolge gehen ab.

MACBETH. Es fordert Blut, sagt man: Blut fordert Blut.
Man sah, dass Fels sich regt' und Bäume sprachen;
Auguren haben durch Geheimnisdeutung
Von Elstern, Kräh'n und Dohlen ausgefunden
Den tief verborgnen Mörder. – Wie weit ist die Nacht?
LADY MACBETH. Im Kampf fast mit dem Tag: ob Nacht, ob Tag.
MACBETH. Was sagst du, dass Macduff zu kommen weigert
Auf unsre Ladung?
LADY MACBETH. Sandtest du nach ihm?
MACBETH. Ich hört's von ungefähr; doch will ich senden:
Kein einz'ger, in des Haus mir nicht bezahlt
Ein Diener lebte. Morgen will ich hin,
Und in der Frühe zu den Zauberschwestern:
Sie sollen mehr mir sagen; denn gespannt
Bin ich, das Schlimmst' auf schlimmstem Weg zu wissen.
Zu meinem Vorteil muss sich alles fügen;
Ich bin einmal so tief in Blut gestiegen,
Dass, wollt' ich nun im Waten stille stehn,

Rückkehr so schwierig wär', als durch zu gehn.
Seltsames glüht im Kopf, es will zur Hand,
Und muss getan sein, eh' noch recht erkannt.
LADY MACBETH. Dir fehlt die Würze aller Wesen, Schlaf.
MACBETH. Zu Bett! – Dass selbstgeschaffnes Grau'n mich quält,
Ist Furcht des Neulings, dem die Übung fehlt: –
Wahrlich, wir sind zu jung nur. –

Sie gehen ab.

Fünfte Szene

Donner. Hekate kommt, die drei Hexen ihr entgegen.

ERSTE HEXE. Was gibt es, Hekate, warum so zornig?
HEKATE. Ihr garst'gen Vetteln, hab' ich denn nicht recht?
    Da ihr euch, dreist und unverschämt, erfrecht
    Und treibt mit Macbeth euren Spuk,
    In Rätselkram, in Mord und Trug?
    Und ich, die Meist'rin eurer Kraft,
    Die jedes Unheil wirkt und schafft,
    Mich bat man nicht um meine Gunst,
    Zu Ehr' und Vorteil unsrer Kunst?
    Und, schlimmer noch, uns wird kein Lohn,
    Ihr dientet dem verkehrten Sohn,
    Der, trotzig und voll Übermut,
    Sein Werk nur, nicht das eure, tut.
    Auf! bessert's noch, macht euch davon,
    Trefft mich am Pfuhl des Acheron;
    Dahin wird er am Morgen gehn,
    Von uns sein Schicksal zu erspähn.
    Mit Hexenspuk und Sprüchen seid
    Und jedem Zauberkram bereit!
    Ich muss zur Luft hinauf; die Nacht
    Wird auf ein Unheilswerk verbracht:
    Vor Mittag viel geschehn noch soll.
    Ein Tropfen gift'ger Dünste voll
    An einem Horn des Mondes blinkt:
    Den fang' ich, eh' er niedersinkt:
    Der, destilliert mit Zauberflüchen,
    Ruft Geister, die mit list'gen Sprüchen
    Ihn mächtig täuschen, dass Beschwörung

Ihn treibt in Wahnwitz, in Zerstörung.
Dem Tod und Schicksal sprech' er Hohn,
Nicht Gnad' und Furcht soll ihn bedrohn;
Denn, wie ihr wisst, war Sicherheit
Des Menschen Erbfeind jederzeit.

Musik hinter der Szene.

Komm' fort, komm fort etc.
Hört! Dort sitzt mein kleiner Geist, o schaut!
In einer dunkeln Wölk' und ruft mich laut. *Ab.*
1. HEXE. Fort, lasst uns eilen; bald kommt sie zurück.

Sie gehen ab.

Sechste Szene

Lenox und ein Lord treten auf.

LENOX. Mein Wort berührt nur leicht, was Ihr gedacht;
Sinnt ferner drüber nach! Ich sage nur,
Seltsam geht manches zu: der gnadenreiche Duncan
Ward von Macbeth beklagt – Nun, er war tot –
Der wackre Banquo ging zu spät noch aus –
Wollt Ihr, so könnt Ihr sagen: Fleance erschlug ihn,
Denn Fleance entfloh. – Man muss so spät nicht ausgehn.
Wer kann wohl anders, als es schändlich finden,
Dass Donalbain und Malcolm töteten
Den gnadenreichen Vater? Höll'sche Untat!
Wie grämte Macbeth sich! Erschlug er nicht
In frommer Wut die beiden Täter gleich,
Die weinbetäubt und schlafversunken waren?
War's edel nicht getan? Ja, klüglich auch;
Denn jedes Menschen Seel' hätt' es empört,
Ihr Leugnen anzuhören. Also sag' ich,
Alles verfügt' er wohl: so denk' ich auch,
Dass, hätt' er Duncans Söhne unterm Schloss
(Was, mit des Himmels Hilfe, nie geschehn soll),
Sie würden fühlen, was es sagen will,
Den Vater zu ermorden; so auch Fleance.
Doch still! für dreiste Wort', und weil er ausblieb
Beim Feste des Tyrannen, fiel Macduff
In Schande.

LORD. Duncans Sohn, (durch den Tyrannen
　　Beraubt des Erbrechts), lebt an Englands Hof,
　　Wo ihn der fromme Eduard aufgenommen,
　　So huldreich, dass des Glückes Bosheit nichts
　　Ihm raubt an Achtung. Dorthin will auch Macduff,
　　Des heil'gen Königs Hilfe zu erbitten,
　　Dass er Northumberland und Siward sende:
　　Damit durch ihren Beistand, nächst dem Schutz
　　Des Himmels, wir von neuem schaffen mögen
　　Den Tafeln Speis' und unsern Nächten Schlaf,
　　Fest und Bankett befrein von blut'gen Messern,
　　Mit Treuen huld'gen, freie Ehr' empfangen,
　　Was alles uns jetzt fehlt; und diese Nachricht
　　Hat so den König aufgeregt, dass er
　　Zum Kriege rüstet.
LENOX. Sandte er zu Macduff hin?
LORD. Ja; doch mit einem kurzen »Herr, nicht ich«
　　Schickt' er den finstern Boten heim; der murmelt,
　　Als wollt' er sagen: »Ihr bereut die Stunde,
　　Die mich beschwert mit dieser Antwort.«
LENOX. Dien' ihm
　　Als Warnung das, so fern zu bleiben, wie
　　Ihm seine Weisheit rät. Flieg' ein heil'ger Engel
　　Voran zum Hof nach England und verkünde
　　Die Botschaft, eh' er kommt, dass Segen schnell
　　Dies Land erfreue, von verfluchter Hand
　　So hart gedrückt!
LORD. Auch mein Gebet mit ihm.
Sie gehen ab.

Vierter Aufzug
Erste Szene

Donner. Die drei Hexen kommen.

ERSTE HEXE. Die gelbe Katz' hat dreimal miaut.

ZWEITE HEXE. Ja, und einmal der Igel quiekt.

DRITTE HEXE. Die Harpye schreit: – 's ist Zeit.

ERSTE HEXE. Um den Kessel dreht euch rund,
  Werft das Gift in seinen Schlund!
  Kröte, die im kalten Stein
  Tag' und Nächte, dreimal neun,
  Zähen Schleim im Schlaf gegoren,
  Sollst zuerst im Kessel schmoren!

ALLE. Spart am Werk nicht Fleiß noch Mühe,
  Feuer sprühe, Kessel glühe!

ZWEITE HEXE. Sumpf'ger Schlange Schweif und Kopf
  Brat' und koch' im Zaubertopf:
  Molchesaug' und Unkenzehe,
  Hundemaul und Hirn der Krähe;
  Zäher Saft des Bilsenkrauts,
  Eidechsbein und Flaum vom Kauz:
  Mächt'ger Zauber würzt die Brühe,
  Höllenbrei im Kessel glühe!

ALLE. Spart am Werk nicht Fleiß noch Mühe,
  Feuer sprühe, Kessel glühe!

DRITTE HEXE. Wolfeszahn und Kamm des Drachen,
  Hexenmumie, Gaum und Rachen
  Aus des Haifisch scharfem Schlund;
  Schierlingswurz aus finsterm Grund;
  Auch des Lästerjuden Lunge,
  Türkennas' und Tartarzunge;
  Eibenreis, vom Stamm gerissen
  In des Mondes Finsternissen;
  Hand des neugebornen Knaben,
  Den die Metz' erwürgt im Graben,
  Dich soll nun der Kessel haben.
  Tigereingeweid' hinein,
  Und der Brei wird fertig sein.

ALLE. Spart am Werk nicht Fleiß noch Mühe,
  Feuer sprühe, Kessel glühe!

ZWEITE HEXE. Abgekühlt mit Paviansblut,
Wird der Zauber stark und gut.

Hekate kommt mit den anderen drei Hexen.

HEKATE. So recht! ich lobe euer Walten;
Jede soll auch Lohn erhalten.
Um den Kessel tanzt und springt,
Elfen gleich den Reihen schlingt,
Und den Zaubersegen singt!

Musik und Gesang:

> Geister weiß und grau,
> Geister rot und blau:
> Rührt, rührt, rührt,
> Rührt aus aller Kraft!

Hekate ab.

ZWEITE HEXE. Ha! mir juckt der Daumen schon,
Sicher naht ein Sündensohn.

Es klopft.

> Lasst ihn ein,
> wer mag's sein!

Macbeth tritt ein.

MACBETH. Nun, ihr geheimen, schwarzen Nachtunholde!
Was macht ihr da?
ALLE. Ein namenloses Werk.
MACBETH. Bei dem, was ihr da treibt, beschwör' ich euch
(Wie ihr zur Kund' auch kommt), antwortet mir:
Entfesselt ihr den Sturm gleich, dass er kämpft
Gegen die Kirchen, und die schäum'gen Wogen
Vernichten und verschlingen alle Schiffahrt,
Dass reifes Korn sich legt und Wälder brechen,
Dass Burgen auf den Schlosswart nieder prasseln,
Dass Pyramiden und Paläste beugen
Bis zu dem Grund die Häupter: Müsste selbst
Der Doppellichter Pracht und Ordnung wild
Zusammen taumeln, ja, bis zur Vernichtung
Erkranken: Antwort gebt auf meine Fragen!
ERSTE HEXE. Sprich!
ZWEITE HEXE. Frag'!
DRITTE HEXE. Wir geben Antwort.

ERSTE HEXE. Hörst du's aus unserm Munde lieber, oder
Von unsern Meistern?
MACBETH. Ruft sie, ich will sie sehn!
ERSTE HEXE. Gießt der Sau Blut, die neun Jungen
Fraß, noch zu; werft Fett, gedrungen
Aus des Mörders Rabenstein,
In die Glut!
ALLE. Kommt, groß und klein!
Seid dienstbehänd' und stellt euch ein!

Donner. Erste Erscheinung, ein bewaffnetes Haupt.

MACBETH. Sprich, unbekannte Macht –
ERSTE HEXE. Er weiß dein Fragen:
Hören musst du, selbst nichts sagen.
1. ERSCHEINUNG.
Macbeth! Macbeth! Macbeth! scheu' den Macduff,
Scheue den Than von Fife! – Lasst mich – genug!

Versinkt.

MACBETH. Wer du auch seist, für deine Warnung Dank;
Du trafst den wunden Fleck: – Doch noch ein Wort –
1. HEXE. Er lässt sich nicht befehlen. Hier ein andrer,
Mächt'ger als jener.

Donner. Zweite Erscheinung, ein blutiges Kind.

2. ERSCHEINUNG. Macbeth! Macbeth! Macbeth!
MACBETH. Hätt' ich drei Ohren, hört' ich dich.
2. ERSCHEINUNG. Sei blutig, kühn und frech; lach' aller Toren,
Dir schadet keiner, den ein Weib geboren:
Kein solcher kränkt Macbeth!

Versinkt.

MACBETH. Dann leb' Macduff; was brauch' ich dich zu fürchten?
Doch mach' ich doppelt sicher Sicherheit,
Und nehm' ein Pfand vom Schicksal: – du sollst sterben;
Dann sag' ich zu der bleichen Furcht: du lügst!
Und schlafe trotz dem Donner. –

Donner. Dritte Erscheinung, ein gekröntes Kind mit einem Baum in der Hand.

Was ist das,
Das aufsteigt wie der Sprössling eines Königs
Und um die Kindesstirn geflochten hat
Den Kranz der Majestät?

ALLE. Horch, sprich's nicht an!

3. ERSCHEINUNG.

Sei löwenkühn und stolz; nichts darfst du scheuen
Wer tobt, wer knirscht, und ob Verräter dräuen:
Macbeth wird nie besiegt, bis einst hinan
Der große Birnams Wald zum Dunsinan
Feindlich emporsteigt.

Versinkt.

MACBETH. Das kann nimmer werden –
Wer wirbt den Wald? heißt Bäume von der Erden
Die Wurzel lösen? Wie der Spruch entzückt!
Aufruhr ist tot, bis Birnams Waldung rückt
Bergan, und unser Macbeth hochgemut
Lebt bis ans Ziel der Tage, zahlt Tribut
Nur der Natur und Zeit. –
Doch klopft mein Herz, nur eins noch zu erfahren:
Sprecht, kann mir eure Kunst dies offenbaren:
Wird Banquos Same je dies Reich regieren?

ALLE. Frag' weiter nichts!

MACBETH. Ich will befriedigt sein: versagt mir das,
Und seid verflucht auf ewig! Lasst mich wissen –

Oboen.

Warum versinkt der Kessel? Welch Getön'?

ERSTE HEXE. Erscheint!

ZWEITE HEXE. Erscheint!

DRITTE HEXE. Erscheint!

ALLE. Erscheint dem Aug' und quält den Sinn:
Wie Schatten kommt und fahrt dahin!

Acht Könige erscheinen, der achte trägt einen Spiegel; Banquo folgt.

MACBETH. Du bist zu ähnlich Banquos Geist! Hinab! –
Dein Diadem brennt mir die Augen. – Und du
Mit goldumwundner Stirne gleichst dem ersten: –
Ein dritter wie der zweite – Garst'ge Hexen!
Warum zeigt ihr mir das? Ein vierter! – Blick, erstarre!
Wie! dehnt die Reih' sich bis zum Jüngsten Tag?
Und noch! – Ein siebenter! – Ich will nichts mehr sehn. –
Da kommt der achte noch, und hält 'nen Spiegel,
Der mir viel andre zeigt, und manche seh' ich,
Die zwei Reichsäpfel und drei Zepter tragen –
Furchtbarer Anblick! Ja, ich seh', 's ist wahr;

Denn lächelnd winkt der blutdurchsiebte Banquo
Und deutet auf sie hin, als auf die Seinen.

Die Erscheinungen verschwinden.

Was, ist es so?

ERSTE HEXE. Ja, alles ist so. – Doch warum
Steht Macbeth da so starr und stumm?
Auf! zu ermuntern seinen Geist,
Ihm unsre schönsten Künste weist!
Durch Zauber tönen luft'ge Weisen;
Auf! tanzt in vielverschlungnen Kreisen!
Der König soll uns Lob gewähren,
Sein Kommen wussten wir zu ehren.

Musik; die Hexen tanzen und verschwinden.

MACBETH. Wo sind sie? Fort? – Mag diese Unglücksstunde
Verflucht auf ewig im Kalender stehn! –
Herein, du draußen! –

Lenox tritt auf.

LENOX. Was befiehlt Eu'r Hoheit?
MACBETH. Sahst du die Zauberschwestern?
LENOX. Nein, mein König!
MACBETH. Sie kamen nicht vorbei?
LENOX. Gewiss nicht, Herr.
MACBETH. Verpestet sei die Luft, auf der sie fahren,
Und alle die verdammt, so ihnen trauen!
Ich hörte Pferd'galopp – wer kam vorbei?
LENOX. Zwei oder drei, Herr, die Euch Nachricht brachten,
Dass Macduff floh nach England.
MACBETH. Floh nach England?
LENOX. Ja, gnäd'ger Herr.
MACBETH *für sich.* O Zeit! vor eilst du meinem grausen Tun!
Nie wird der flücht'ge Vorsatz eingeholt,
Geht nicht die Tat gleich mit: Von Stund' an nun
Sei immer meines Herzens Erstling auch
Erstling der Hand! Und den Gedanken gleich
Zu krönen, sei's getan, so wie gedacht:
Die Burg Macduffs will ich jetzt überfallen;
Fife wird erobert und dem Schwert geopfert
Sein Weib und Kind, und alle armen Seelen
Aus seinem Stamm. Das ist nicht Torenwut;
Es ist getan, eh' sich erkühlt mein Blut. –

Nur keine Geister mehr! – Wo sind die Herrn?
Komm, führ' mich hin zu ihnen! *Sie gehn ab.*

Zweite Szene

Es treten auf Lady Macduff, ihr kleiner Sohn und Rosse.

LADY MACDUFF. Was tat er denn, landflüchtig so zu werden?
ROSSE. Geduldig müsst Ihr sein.
LADY MACDUFF. Er war es nicht.
   Die Flucht ist Wahnsinn. Wenn nicht unsre Taten,
   Macht Furcht uns zu Verrätern.
ROSSE. Wenig wisst Ihr,
   Ob er der Weisheit oder Furcht gehorchte.
LADY MACDUFF. Weisheit! Sein Weib, die kleinen Kinder lassen,
   Haushalt wie seine Würden, an dem Ort,
   Von dem er selbst entflieht? Er liebt uns nicht,
   Ihm fehlt Naturgefühl: Bekämpft der schwache
   Zaunkönig, dieses kleinste Vögelchen,
   Die Eule doch für seine Brut im Nest.
   Bei ihm ist alles Furcht, und Liebe nichts;
   Nicht größer ist die Weisheit, wo die Flucht
   So gegen die Vernunft rennt.
ROSSE. Teure Muhme,
   Ich bitte, mäßigt Euch; denn Euer Gatte
   Ist edel, klug, vorsichtig, kennt am besten
   Der Tage Sturm. – Nicht viel mehr darf ich sagen: –
   Doch harte Zeit, wenn wir Verräter sind
   Uns unbewusst, wenn uns Gerüchte ängsten,
   Aus Furcht nur, doch nicht wissend, was wir fürchten,
   Getrieben auf empörtem, wildem Meer,
   Nach allen Seiten hin. – So lebt denn wohl!
   Nicht lang', und wieder frag' ich vor bei Euch.
   Was so tief sank, geht unter, oder klimmt
   Zur alten Höh' empor. Mein Vetterchen,
   Gott segne dich!
LADY MACDUFF. Er hat 'nen Vater und ist vaterlos.
ROSSE. Ich bin so kindisch, dass ein längres Bleiben
   Mich nur beschämen würd' und Euch entmut'gen:
   Lebt wohl mit eins!

Er geht ab.

LADY MACDUFF. Nun, Freund, tot ist dein Vater:
Und was fängst du nun an? Wie willst du leben?
SOHN. Wie Vögel, Mutter.
LADY MACDUFF. Was, von Würmern? Fliegen?
SOHN. Nein, was ich kriegen kann: so machen sie's.
LADY MACDUFF. Du armer Vogel, würdest nicht das Netz,
Leimrute, Schling' und Falle fürchten.
SOHN. Wie doch? Für arme Vögel stellt man die nicht auf. –
Mein Vater ist nicht tot, was du auch sagst.
LADY MACDUFF. Ja, doch; wo kriegst du nun 'nen Vater her?
SOHN. Nun, wo kriegst du 'nen Mann her?
LADY MACDUFF. Ei, zwanzig kauf' ich mir auf jedem Markt.
SOHN. So kaufst du sie, sie wieder zu verkaufen.
LADY MACDUFF. Du sprichst, so klug du kannst, und für dein Alter
Doch wahrlich klug genug.
SOHN. War mein Vater ein Verräter, Mutter?
LADY MACDUFF. Ja, das war er.
SOHN. Was ist ein Verräter?
LADY MACDUFF. Nun, einer, der schwört und es nicht hält.
SOHN. Und sind alle Verräter, die das tun?
LADY MACDUFF. Jeder, der das tut, ist ein Verräter und muss aufgehängt werden.
SOHN. Müssen denn alle aufgehängt werden, die schwören und es nicht halten?
LADY MACDUFF. Jawohl.
SOHN. Wer muss sie denn aufhängen?
LADY MACDUFF. Nun, die ehrlichen Leute.
SOHN. Dann sind die, welche schwören und es nicht halten, rechte Narren; denn ihrer sind so viele, dass sie die ehrlichen Leute schlagen könnten und aufhängen dazu.
LADY MACDUFF. Nun, Gott stehe dir bei, armes Äffchen! Aber was willst du nun anfangen, um einen Vater zu bekommen?
SOHN. Wenn er tot wäre, so würdest du um ihn weinen, und tätest du das nicht, so wäre es ein gutes Zeichen, dass ich bald einen neuen Vater bekomme.
LADY MACDUFF. Armes Närrchen, wie du plauderst!

Ein Bote tritt auf.

BOTE. Gott mit Euch, schöne Frau! Ihr kennt mich nicht,
Doch weiß ich Euren Stand und edeln Namen.
Ich fürchte, dass Gefahr Euch nah bedroht;
Verschmäht Ihr nicht den Rat 'nes schlichten Mannes,
So bleibt nicht hier: schnell fort mit Euren Kleinen!

Euch so zu schrecken, bin ich grausam zwar;
Doch wär's Unmenschlichkeit, es nicht zu tun,
Da die Gefahr so nah. Der Himmel schütz' Euch!
Ich darf nicht weilen.

Er geht ab.

LADY MACDUFF. Wohin sollt' ich fliehn?
Ich tat nichts Böses: doch jetzt denk' ich dran,
Dies ist die ird'sche Welt, wo Böses tun
Oft löblich ist, und Gutes tun zuweilen
Schädliche Torheit heißt. Warum denn, ach,
Verlass' ich mich auf diese Frauenwaffe,
Und sag', ich tat nichts Böses? –

Die Mörder kommen.

Was für Gesichter?
1. MÖRDER. Wo ist Euer Mann?
LADY MACDUFF. Nicht, hoff' ich, an so ungeweihtem Platz,
Wo deinesgleichen ihn kann finden.
1. MÖRDER. Er ist ein Verräter.
SOHN. Du lügst, strupfköpf'ger Schurke!
1. MÖRDER. Was! du Ei!

Ersticht ihn.

Verräterbrut!
SOHN. Er hat mich umgebracht!
Mutter, ich bitte dich, lauf fort!

Stirbt.

Lady Macduff entflieht und schreit »Mord!«. Die Mörder verfolgen sie.

Dritte Szene

Malcolm und Macduff treten auf.

MALCOLM. Lass uns 'nen stillen Schatten suchen und
Durch Tränen unser Herz erleichtern!
MACDUFF. Lieber
Lass uns, das Todesschwert ergreifend, wacker
Aufstehn für unser hingestürztes Recht!
An jedem Morgen heulen neue Witwen,
Und neue Waisen wimmern; neuer Jammer

Schlägt an des Himmels Wölbung, dass er tönt,
Als fühlt' er Schottlands Schmerz und hallte gellend
Den Klagelaut zurück.
MALCOLM. Das, was ich glaube,
  Will ich betrauern; glauben, was Ihr sagt,
  Und helfen will ich, wo ich kann, wenn Zeit
  Und Freund' ich finde. Was Ihr mir erzählt,
  Kann wohl sich so erhalten. Der Tyrann,
  Des Name schon die Zung' uns schwären macht,
  Galt einst für ehrlich: Ihr habt ihn geliebt,
  Noch kränkt' er Euch nicht. Ich bin jung, doch näher
  Könnt Ihr durch mich ihn prüfen; Weisheit ist's,
  Ein arm, unschuldig, schwaches Lamm zu opfern,
  Um einen zorn'gen Gott zu sühnen.
MACDUFF. Ich bin kein Verräter.
MALCOLM. Aber Macbeth ist's.
  Auch strenge Tugend kann sich schrecken lassen
  Durch königliches Machtwort – doch verzeiht!
  Mein Denken kann das, was Ihr seid, nicht wandeln:
  Stets sind die Engel hell, fiel auch der hellste;
  Borgt' alles Schlechte auch den Schein der Gnade,
  Doch müsste Gnade wie sie selbst erscheinen.
MACDUFF. So hab' ich meine Hoffnung denn verloren!
MALCOLM. Vielleicht da, wo ich meinen Zweifel fand.
  Wie! in der Hast verließt Ihr Weib und Kind,
  So teure Pfänder, mächt'ge Liebesknoten,
  Selbst ohne Abschiednehmen? – Ich ersuch' Euch –
  Mein Misstraun spricht nicht so, Euch zu entehren,
  Nur, mich zu sichern. Ihr könnt rein und treu sein,
  Was ich von Euch auch denke.
MACDUFF. Blute, blute, du armes Vaterland!
  So lege festen Grund denn, Tyrannei,
  Rechtmäßigkeit wagt nicht; dich anzugreifen!
  Trage dein Leid, dein echter Herrscher zittert!
  Prinz, lebe wohl! Nicht möcht' ich sein der Schurke,
  Den du mich achtest, für den weiten Raum,
  Den der Tyrann in seinen Klauen hält,
  Zusamt dem reichen Ost.
MALCOLM. Sei nicht beleidigt!
  Nicht unbedingter Argwohn sprach aus mir.
  Ich glaub' es, unser Land erliegt dem Joch;
  Es weint und blutet; jeder neue Tag
  Schlägt neue Wunden ihm; auch glaub' ich wohl,

Dass Hände sich erhöben für mein Recht;
So bietet der huldreiche England mir
Manch wackres Tausend. Doch, bei alle dem,
Wenn ich nun tret' auf des Tyrannen Haupt,
Es trag' auf meinem Schwert, wird größre Laster
Mein armes Land noch tragen als zuvor,
Mehr dulden und auf schlimmre Art als je,
Durch den, der folgen wird.
MACDUFF. Wer wäre dieser?
MALCOLM. Mich selber mein' ich, in dem, wie ich weiß,
Die Keime aller Laster so geimpft sind,
Dass, brechen sie nun auf, der schwarze Macbeth
Rein scheint wie Schnee, und er dem armen Staat
Lammartig dünkt, vergleicht er ihn mit meiner
Maßlosen Sündlichkeit.
MACDUFF. Nicht in Legionen
Der grausen Höll' ist ein verrucht'rer Teufel,
Der Macbeth überragt.
MALCOLM. Wohl ist er blutig,
Wollüstig, geizig, falsch, betrügerisch,
Jähzornig, hämisch; schmeckt nach jeder Sünde,
Die Namen hat. Doch völlig bodenlos
Ist meine Wollust: eure Weiber, Töchter,
Jungfrau'n, Matronen könnten aus nicht füllen
Den Abgrund meiner Lust; und meine Gier
Würd' überspringen jede feste Schranke,
Die meine Willkür hemmte. Besser Macbeth,
Als dass ein solcher herrscht!
MACDUFF. Unmäß'ge Wollust
Ist wohl auch Tyrannei, und hat schon oft
Manchen beglückten Thron zu früh verwaist,
Viel Könige gestürzt. Allein deshalb
Zagt nicht, zu nehmen, was Eu'r Eigen ist:
Ihr mögt der Lust ein weites Feld gewähren
Und kalt erscheinen, Euch der Welt verhüllend:
Der will'gen Frauen gibt's genug; unmöglich
Kann solch ein Geier in Euch sein, der alle
Verschlänge, die der Hoheit gern sich opfern,
Zeigt sie ein solch Gelüst.
MALCOLM. Daneben wuchert
In meinem tief verderbten Sinn der Geiz,
So unersättlich, dass, wär' ich der König,
Räumt' ich die Edeln weg um ihre Güter;

Dem raubt' ich die Juwelen, dem das Haus;
Mehr haben wäre mir die Würzung nur,
Den Hunger mehr zu reizen; Netze strickt' ich,
Mit bösem Streit den Redlichen zu fangen,
Um Reichtum ihn vernichtend.

MACDUFF. Dieser Geiz
Steckt tiefer, schlingt verderblicher die Wurzeln
Als sommerliche Lust: er war das Schwert,
Das unsre Kön'ge schlug. Doch fürchtet nichts:
Schottland hat Reichtum g'nug. Euch zu befried'gen,
Der Euch mit Recht gehört. Dies alles ist
Erträglich, ausgesöhnt durch Tugenden.

MALCOLM. Die hab' ich nicht: – die Königstugenden,
Wahrheit, Gerechtigkeit, Starkmut, Geduld,
Ausdauer, Milde, Andacht, Gnade, Kraft,
Mäßigkeit, Demut, Tapferkeit: von allen
Ist keine Spur in mir – nein, Überfluss
An jeglichem Verbrechen, ausgeübt
In jeder Art. Ja, hätt' ich Macht, ich würde
Der Eintracht süße Milch zur Hölle gießen,
Verwandeln allen Frieden in Empörung,
Vernichten alle Einigkeit auf Erden.

MACDUFF. O! Schottland! Schottland!

MALCOLM. Darf nun ein solcher wohl regieren? Sprich!
Ich bin, wie ich gesagt.

MACDUFF. Regieren? Nein,
Nicht leben darf er! Oh, unsel'ges Volk!
Vom blut'gen Usurpator hingeschlachtet,
Wann doch erlebst du wieder frohe Tage?
Nie! denn der echtste Erbe deines Throns
Hat sich durch' selbst gesprochnen Bann verflucht
Und brandmarkt seinen Stamm. Dein frommer Vater
War ein höchst heil'ger Fürst; die Kön'gin, die dich trug,
Weit öfter auf den Knie'n als auf den Füßen,
Starb jeden Tag des Lebens. Fahre wohl!
Die Sünden, die du selbst dir zugesprochen,
Verbannten mich aus Schottland. – O mein Herz,
Dein Hoffen endet hier!

MALCOLM. Macduff, dein edler Zorn,
Das Kind der Redlichkeit, tilgt aus der Seele
Mir jeden schwarzen Argwohn; und versöhnt
Mit deiner Treu' und Ehre mein Gemüt.
Der teuflische Macbeth hat oft versucht,

Durch solche Künste mich ins Garn zu locken,
Drum schirmt vor allzu gläub'ger Hast mich Vorsicht: –
Doch Gott mag richten zwischen dir und mir!
Denn jetzt geb' ich mich ganz in deine Hände;
Die Selbstverleumdung widerruf' ich, schwöre
Die Laster ab, durch die ich mich geschmäht,
Als meinem Wesen fremd. Noch weiß ich nichts
Vom Weibe, habe nimmer falsch geschworen,
Verlangte kaum nach dem, was mir gehört!
Stets hielt ich treu mein Wort, verriete selbst
Den Satan nicht den Teufeln; Wahrheit gilt
Mir mehr als Leben: meine erste Lüge
War diese gegen mich. Mein wahres Selbst
Ist dir und meinem armen Land geweiht;
Wohin auch schon, noch eh' du her gekommen,
Der alte Siward mit zehntausend Kriegern
Bereit stand aufzubrechen, und wir gehn
Mitsammen nun. Sei uns das Glück gewogen,
Wie unser Streit gerecht ist! – Warum schweigst du?
MACDUFF. Schwer lässt sich so Willkommnes und zugleich
    So Unwillkommnes ein'gen.

Ein Arzt tritt auf.

MALCOLM. Gut! Mehr nachher! – Geht heut der König aus?
ARZT. Ja, Prinz; denn viele Arme sind versammelt,
    Die seine Hilf' erwarten: ihre Krankheit
    Trotzt jeder Heilkunst; doch rührt er sie an,
    Hat so der Himmel seine Hand gesegnet,
    Dass sie sogleich genesen.
MALCOLM. Dank Euch, Doktor.

Der Arzt geht ab.

MACDUFF. Was für 'ne Krankheit ist's?
MALCOLM. Sie heißt das Übel:
    Ein wundertätig Werk vom guten König,
    Das ich ihn oft, seit ich in England bin,
    Vollbringen sah. Wie er zum Himmel fleht,
    Weiß er am besten: – Seltsam Heimgesuchte,
    Voll Schwulst und Aussatz, kläglich anzuschauen
    An denen alle Kunst verzweifelt, heilt er,
    'ne goldne Münz' um ihren Nacken hängend,
    Mit heiligem Gebet; – und nach Verheißung
    Wird er vererben auf die künft'gen Herrscher

Die Wundergabe. Zu der heil'gen Kraft
Hat er auch himmlischen Prophetengeist;
So steht um seinen Thron vielfacher Segen,
Ihn gottbegabt verkündend.

Rosse tritt auf.

MACDUFF. Wer kommt da?
MALCOLM. Ein Landsmann, ob ich gleich ihn noch nicht kenne.
MACDUFF. Mein hochgeliebter Vetter, sei willkommen!
MALCOLM. Jetzt kenn' ich ihn: – O Gott! entferne bald,
    Was uns einander fremd macht!
ROSSE. Amen, Herr!
MACDUFF. Steht's noch um Schottland so?
ROSSE. Ach! armes Land,
    Das fast vor sich erschrickt! Nicht unsre Mutter
    Kann es mehr heißen, sondern unser Grab:
    Wo nur, wer von nichts weiß, noch etwa lächelt;
    Wo Seufzen, Stöhnen, Schrei'n die Luft zerreißt,
    Und keiner achtet drauf; Verzweifeln gilt
    Für töricht Übertreiben; keiner fragt:
    »Um wen?« beim Grabgeläut'; der Wackern Leben
    Welkt schneller als der Strauß auf ihrem Hut,
    Sie sterben, eh' sie krank sind.
MACDUFF. O Erzählung,
    Zu herb und doch zu wahr!
MALCOLM. Was ist die neuste Kränkung?
ROSSE. Wer die erzählt, die eine Stunde alt,
    Wird ausgezischt; jedweder Augenblick
    Zeugt eine neue.
MACDUFF. Wie steht's um mein Weib?
ROSSE. Nun, – wohl.
MACDUFF. Und meine Kinder alle?
ROSSE. Auch wohl.
MACDUFF. Nicht stürmte der Tyrann in ihren Frieden?
ROSSE. Sie waren all' in Frieden, als ich schied.
MACDUFF. Sei nicht mit Worten geizig: sprich, wie steht's?
ROSSE. Als ich fort ging, die Nachricht her zu bringen,
    An der ich schwer trug, lief dort ein Gerücht,
    Dass manche wackre Leute weg geräumt;
    Und diesen Glauben fand ich auch bestätigt,
    Weil ich im Feld sah des Tyrannen Truppen.
    Nun ist zu helfen Zeit; Eu'r Aug' in Schottland

Erschüfe Krieger, trieb' in Kampf die Frauen,
Ihr Elend abzuschütteln.
MALCOLM. Sei's ihr Trost,
Dass wir schon nahn. Der güt'ge England leiht uns
Den wackern Siward und zehntausend Mann;
Ein alter Krieger, keinen bessern gibt's
In aller Christenheit.
ROSSE. Könnt' ich den Trost
Mit Trost vergelten! Doch ich habe Worte, –
Oh, würden sie in leere Luft geheult,
Wo nie ein Ohr sie fasste!
MACDUFF. Wen betrifft's?
Ist's allgemeines Weh? Ist's eigner Schmerz,
Der einem nur gehört?
ROSSE. Kein redlich Herz.
Das nicht mit leidet; doch der größre Teil
Ist nur für dich allein.
MACDUFF. Gehört es mir,
Enthalte mir's nicht vor; schnell lass mich's haben!
ROSSE. Dein Ohr wird meine Zunge ewig hassen,
Die's mit dem jammervollsten Ton betäubt,
Den jemals du gehört.
MACDUFF. Ha! ich errat' es.
ROSSE. Dein Schloss ist überfallen; Weib und Kinder
Grausam gewürgt: – die Art erzählen, hieße
Das Trauerspiel von deines Hauses Fall
Mit deinem Tod beschließen.
MALCOLM. Gnäd'ger Gott! –
Nein, Mann! drück' nicht den Hut so in die Augen,
Gib Worte deinem Schmerz: Gram, der nicht spricht,
Presst das beladne Herz, bis dass es bricht.
MACDUFF. Auch meine Kinder?
ROSSE. Gattin, Kinder, Diener;
Was man nur fand.
MACDUFF. Und ich muss ferne sein!
Mein Weib gemordet auch?
ROSSE. Ich sagt' es.
MALCOLM. Fasst Euch:
Lasst uns Arznei aus mächt'ger Rache mischen,
Um dieses Todesweh zu heilen!
MACDUFF. Er hat keine Kinder! All die süßen Kleinen?
Alle, sagst du? – O Höllengeier! – Alle!

Was! all die holden Küchlein, samt der Mutter,
Mit einem wilden Griff?

MALCOLM. Ertragt es wie ein Mann!

MACDUFF. Das will ich auch;
Doch ebenso muss wie ein Mann ich's fühlen:
Vergessen kann ich nicht, dass das gewesen,
Was mir das Liebste war. Konnte der Himmel
Es anschaun, und nicht helfen? Sünd'ger Macduff!
Für dich sind sie erschlagen! Ich Verworfner!
Für ihre Sünden nicht, nein, für die meinen
Sind sie gewürgt. Schenk' ihnen Frieden, Gott!

MALCOLM. Dies wetze scharf dein Schwert, verwandle Gram
In Zorn; erschlaffe nicht dein Herz, entflamm' es!

MACDUFF. Ich will das Weib nicht mit den Augen spielen,
Und prahlen mit der Zunge! – Doch, güt'ger Himmel,
Vernichte alle Trennung; Stirn an Stirn
Führ' diesen Teufel Schottlands mir entgegen!
Stell ihn in meines Schwerts Bereich; entrinnt er,
Himmel, vergib ihm auch!

MALCOLM. So klingt es männlich.
Jetzt kommt zum König; fertig steht das Heer.
Es mangelt nur noch, dass wir Abschied nehmen.
Macbeth ist reif zur Ernte, und dort oben
Breiten ew'ge Mächte schon das Messer.
Fasst frischen Mut; so lang ist keine Nacht,
Dass endlich nicht der helle Morgen lacht.

Sie gehen ab.

Fünfter Aufzug
Erste Szene

Es treten auf ein Arzt und eine Kammerfrau.

ARZT. Zwei Nächte habe ich nun mit Euch gewacht, aber keine Be-
stätigung Eurer Aussage gesehen. Wann ist sie zuletzt umher ge-
wandelt?

KAMMERFRAU. Seitdem Seine Majestät in den Krieg zogen, habe
ich gesehen, wie sie aus ihrem Bett aufstand, ihr Nachtgewand um-
warf, ihren Schreibtisch aufschloss, Papier nahm, es zusammen leg-
te, schrieb, das Geschriebene las, es versiegelte, und dann wieder zu
Bett ging: und die ganze Zeit im tiefen Schlafe.

ARZT. Eine große Zerrüttung der Natur: die Wohltat des Schlafes genießen, und zugleich die Geschäfte des Wachens verrichten! – In
dieser schlafenden Aufregung, außer dem Umherwandeln und anderm Tun, was, irgend einmal, habt Ihr sie sprechen hören?

KAMMERFRAU. Dinge, die ich ihr nicht nachsprechen werde.

ARZT. Mir könnt Ihr's vertrauen; und es ist notwendig, dass Ihr es tut.

KAMMERFRAU. Weder Euch noch irgend jemand, da ich kein Zeugen habe, meine Aussage zu bekräftigen.

Lady Macbeth kommt, eine Kerze in der Hand.

Seht, da kommt sie! So ist ihre Art und Weise! und, bei meinem
Leben, fest im Schlaf! Beobachtet sie; steht ruhig!

ARZT. Wie kam sie zu dem Licht?

KAMMERFRAU. Das brennt neben ihrem Bett. Sie hat immer Licht:
es ist ihr Befehl.

ARZT. Seht, ihre Augen sind offen.

KAMMERFRAU. Ja, aber ihre Sinne geschlossen.

ARZT. Was macht sie nun? Schaut, wie sie sich die Hände reibt!

KAMMERFRAU. Das ist ihre gewöhnliche Gebärde, dass sie tut, als
wüsche sie sich die Hände; ich habe wohl gesehen, dass sie es eine
Viertelstunde hintereinander tat.

LADY MACBETH. Da ist noch ein Fleck.

ARZT. Horch, sie spricht! Ich will aufschreiben, was sie sagt, um her-
nach meine Erinnerung daraus zu ergänzen.

LADY MACBETH. Fort, verdammter Fleck! fort, sag' ich! – Eins,
zwei! Nun, dann ist es Zeit, es zu tun. – Die Hölle ist finster! – Pfui,
mein Gemahl, pfui! ein Soldat und furchtsam! Was haben wir zu
fürchten, wer es weiß, da niemand unsre Gewalt zur Rechenschaft

ziehen darf? – Aber wer hätte gedacht, dass der alte Mann noch so viel Blut in sich hätte?

ARZT. Hört Ihr wohl?

LADY MACBETH. Der Than von Fife hatte ein Weib: Wo ist sie nun? – Wie, wollen diese Hände denn nie rein werden? –Nichts mehr davon, mein Gemahl, nichts mehr davon: du verdirbst alles mit diesem Auffahren.

ARZT. Ei, ei! Ihr habt erfahren, was Ihr nicht solltet!

KAMMERFRAU. Gesprochen hat sie, was sie nicht sollte, das ist gewiss. Gott weiß, was sie erfahren hat.

LADY MACBETH. Noch immer riecht es hier nach Blut; alle Wohlgerüche Arabiens würden diese kleine Hand nicht wohlriechend machen. Oh! oh! oh!

ARZT. Was das für ein Seufzer war! Ihr Herz ist schmerzlich beladen.

KAMMERFRAU. Ich möchte nicht ein solches Herz im Busen tragen, nicht für den Königsschmuck des ganzen Leibes!

ARZT. Gut. gut! –

KAMMERFRAU. Gebe Gott, dass es gut sei!

ARZT. Diese Krankheit liegt außer dem Gebiete meiner Kunst; aber ich habe Menschen gekannt, die im Schlaf umher wandelten, und doch fromm in ihrem Bett starben.

LADY MACBETH. Wasch' deine Hände, leg' dein Nachtkleid an; sieh doch nicht so blass aus! – Ich sage es dir noch einmal. Banquo ist begraben, er kann aus seiner Gruft nicht heraus kommen.

ARZT. Wirklich?

LADY MACBETH. Zu Bett, zu Bett! Es wird ans Tor geklopft. Komm, komm, komm, komm, gib mir die Hand! – Was geschehn ist, kann man nicht ungeschehn machen. – Zu Bett zu Bett, zu Bett!

Sie geht ab.

ARZT. Geht sie nun zu Bett?

KAMMERFRAU. Unverzüglich.

ARZT. Von Gräueln flüstert man, – und Taten unnatürlich
Erzeugen unnatürliche Zerrüttung:
Die kranke Seele will ins taube Kissen
Entladen ihr Geheimnis. Sie bedarf
Des Beicht'gers mehr noch als des Arztes. – Gott,
Vergib uns allen! Seht nach ihr; entfernt,
Womit sie sich verletzen könnt', und habt
Ein Auge stets auf sie! – So, gute Nacht!
Der Anblick hat mir Schreck und Grau'n gemacht.
Ich denk', und darf nichts sagen.

KAMMERFRAU. Nun, schlaft wohl!

Sie gehen ab.

Zweite Szene

Es treten auf mit Trommeln und Fahnen Menteth, Cathness, Angus, Lenox, Soldaten.

MENTETH. Das Heer von England naht, geführt von Malcolm,
Seinem Ohm Siward und dem guten Macduff:
Von Rache glühn sie; denn ihr herbes Leid
Erregte wohl den abgestorbnen Greis
Zu blutig grimmem Kampf.
ANGUS. Bei Birnams Wald,
Von dort her nahn sie, treffen wir sie wohl.
CATHNESS. Ob Donalbain bei seinem Bruder ist?
LENOX. Gewiss nicht, Herr; denn eine Liste hab' ich
Vom ganzen Adel. Dort ist Siwards Sohn,
Und mancher glatte Jüngling, der zuerst
Die Mannheit prüft.
MENTETH. Und was tut der Tyrann?
CATHNESS. Das mächt'ge Dunsinan befestigt er.
Toll heißt ihn mancher; wer ihn minder hasst,
Nennt's tapfre Wut; doch ist's gewiss, er kann
Den wild empörten Zustand nicht mehr schnallen
In den Gurt der Ordnung.
ANGUS. Jetzt empfindet er
Geheimen Mord, an seinen Händen klebend;
Jetzt straft Empörung stündlich seinen Treubruch;
Die er befehligt, handeln auf Befehl,
Aus Liebe nicht. Jetzt fühlt er seine Würde
Zu weit und lose, wie des Riesen Rock
Hängt um den dieb'schen Zwerg.
MENTETH. Ist es ein Wunder,
Wenn sein gequälter Sinn auffährt und schaudert?
Muss all sein Fühlen sich doch selbst verdammen,
Weil's seiner Seele eignet.
CATHNESS. Ziehn wir weiter,
Da Dienst zu weihen, wo es Lehnspflicht fordert:
Suchen wir auf das Heil des kranken Staates,

Mit ihm vergießen wir, zum Wohl des Landes,
All unser Blut.
LENOX. So viel, dass es betaut
Die Herrscherblum', ertränkt das gift'ge Kraut.
So geh' der Zug nach Birnam!

Sie marschieren vorüber.

Dritte Szene

Macbeth tritt auf; der Arzt, Gefolge.

MACBETH. Bringt keine Nachricht mehr! Lasst alle fliehn:
Bis Birnams Wald anrückt auf Dunsinan,
Ist Furcht mir nichts. Was ist der Knabe Malcolm?
Gebar ihn nicht ein Weib! Die Geister, welche
All irdisch Walten kennen, prophezeiten so:
»Sei kühn, Macbeth, kein Mann, vom Weib geboren,
Soll je dir was anhaben.« – Flieht denn immer,
Ihr falschen Thans, zu Englands Weichlingen: –
Dies Herz und meinen Herrschergeist verwegen
Dämpft Zweifel nicht und soll die Furcht nie regen.

Ein Diener tritt auf.

Der Teufel brenn' dich schwarz, milchbleicher Lump!
Wie kommst du an den Gänseblick?
DIENER. Da sind zehntausend –
MACBETH. Gänse, Schuft?
DIENER. Soldaten, Her.
MACBETH. Reib' dein Gesicht, die Furcht zu überröten,
Weißlebriger Hund! Was für Soldaten, Hansnarr?
Hol' dich der Teufel! Deine Kreidewangen
Verführen all' zur Furcht. Was für Soldaten,
Molkengesicht?
DIENER. Erlaubt; das Heer von England.
MACBETH. Weg dein Gesicht!

Diener ab.

Seyton! – Mir wird ganz übel,
Seh' ich so – Seyton! Heda! – Dieser Ruck
Kuriert auf immer oder liefert jetzt mich.
Ich lebte lang' genug: mein Lebensweg

Geriet ins Dürre, ins verwelkte Laub:
Und was das hohe Alter soll begleiten,
Gehorsam, Liebe, Ehre, Freundestrost,
Danach darf ich nicht aussehn; doch, statt dessen
Flüche, nicht laut, doch tief, Munddienst und Hauch,
Was gern das arme Herz mir weigern möchte,
Und wagt's nicht. Seyton! –

Seyton kommt.

SEYTON. Was befiehlt mein Herrscher?
MACBETH. Was gibt es Neues?
SEYTON. Alles wird bestätigt, mein Herr, was das Gerücht verkündet.
MACBETH.
Ich will fechten, bis mir das Fleisch gehackt ist von den Knochen.
Gebt meine Rüstung mir!
SEYTON. Noch tut's nicht Not.
MACBETH. Ich leg' sie an.
Mehr Reiter sendet aus, durchstreift das Land:
Wer Furcht nennt, wird gehängt. – Bringt mir die Rüstung! –
Was macht die Kranke, Arzt?
ARZT. Nicht krank sowohl,
Als durch gedrängte Fantasiegebilde
Gestört, der Ruh' beraubt.
MACBETH. Heil' sie davon!
Kannst nichts ersinnen für ein krank Gemüt?
Tief wurzelnd Leid aus dem Gedächtnis reuten?
Die Qualen löschen, die ins Hirn geschrieben?
Und mit Vergessens süßem Gegengift
Die Brust entled'gen jener gift'gen Last,
Die schwer das Herz bedrückt?
ARZT. Hier muss der Kranke selbst das Mittel finden.
MACBETH. Wirf deine Kunst den Hunden vor, ich mag sie nicht. –
Legt mir die Rüstung an; den Stab her! – Seyton,
Schick' aus! – Doktor, die Thans verlassen mich: –
Nun, mach' geschwind! – Arzt, könnt'st du meinem Land
Beschaun das Wasser, seine Krankheit finden,
Und es zum kräft'gen frühern Wohlsein rein'gen,
Wollt' ich mit deinem Lob das Echo wecken,
Dass es dein Lob weit hallte. – Weg den Riemen! –
Welche Purganz, Rhabarber, Senna führte
Wohl ab die Englischen? – Hörst du von ihnen?

ARZT. Ja, hoher König; Eure Kriegesrüstung
  Macht, dass wir davon hören.
MACBETH. Bringt's mir nach! –
  Nicht Tod und nicht Verderben ficht mich an,
  Kommt Birnams Wald nicht her zum Dunsinan!

Alle ab, mit Ausnahme des Arztes.

ARZT. Wär' ich von Dunsinan mit Heil und Glück,
  So brächte mich kein Vorteil je zurück.

Alle ab.

Vierte Szene

*Es treten auf mit Trommeln und Fahnen Malcolm, der alte Siward, sein
Sohn, Macduff, Menteth, Cathness, Angus, Lenox, Rosse, Soldaten.*

MALCOLM. Vettern, die Tage, hoff' ich, sind uns nah,
  Wo Kammern sicher sind.
MENTETH. Wir zweifeln nicht.
SIWARD. Wie heißt der Wald da vor uns?
MENTETH. Birnams Wald.
MALCOLM. Ein jeder Krieger hau' sich ab 'nen Zweig,
  Und trag' ihn vor sich: so verbergen wir
  Die Truppenzahl, und irrig wird der Feind
  In seiner Schätzung.
EIN SOLDAT. Es soll gleich geschehn.
SIWARD. Wir hören nichts, als dass mit Zuversicht
  Sich der Tyrann auf Dunsinan befestigt
  Und die Belag'rung ausstehn will.
MALCOLM. Darauf
  Vertraut er einzig. Wo's nur möglich ist,
  Empört sich hoch und niedrig gegen ihn,
  Und niemand folgt ihm, als erzwungnes Volk,
  Das nicht von Herzen dient.
MACDUFF. Lasst bis zum Siege
  Gerechten Tadel schweigen, dass wir weise
  Den Kriegszug lenken!
SIWARD. Ja, es naht die Zeit,
  Wo richt'ges Unterscheiden lässt erkennen,
  Das, was wir schulden, was wir unser nennen:
  Von schwacher Hoffnung müß'ges Grübeln spricht;

Die Schlacht sitzt ob dem Ausgang zu Gericht:
Und ihr entgegen führt den Kriegeszug!

Alle marschierend ab.

Fünfte Szene

Mit Trommeln und Fahnen treten auf Macbeth, Seyton, Soldaten.

MACBETH. Pflanzt unsre Banner auf die äußre Mauer;
Stets heißt's: »Sie kommen.« Unser festes Schloss
Lacht der Belag'rung: mögen sie hier liegen,
Bis Hunger sie und Krankheit aufgezehrt!
Verstärkten die sie nicht, die uns gehören,
Wir hätten, Bart an Bart, sie kühn getroffen
Und sie nach Haus gegeißelt.

Weibergeschrei hinter der Szene.

Welch Geschrei?
SEYTON. Wehklage ist's von Weibern, gnäd'ger Herr.

Ab.

MACBETH. Verloren hab' ich fast den Sinn der Furcht.
Es gab 'ne Zeit, wo kalter Schau'r mich fasste,
Wenn der Nachtvogel schrie; das ganze Haupthaar
Bei einer schrecklichen Geschicht' empor
Sich richtete, als wäre Leben drin.
Ich habe mit dem Grau'n zu Nacht gespeist;
Entsetzen, meines Mordsinns Hausgenoss,
Schreckt nun mich nimmermehr.

Seyton tritt auf.

Weshalb das Wehschrein?
SEYTON. Die Kön'gin, Herr, ist tot.
MACBETH. Sie hätte später sterben können; – es hätte
Die Zeit sich für ein solches Wort gefunden. –
Morgen, und morgen, und dann wieder morgen,
Kriecht so mit kleinem Schritt von Tag zu Tag,
Zur letzten Silb' auf unserm Lebensblatt;
Und alle unsre Gestern führten Narr'n
Den Pfad des stäub'gen Tods. – Aus! kleines Licht! –
Leben ist nur ein wandelnd Schattenbild;

Ein armer Komödiant, der spreizt und knirscht
Sein Stündchen auf der Bühn', und dann nicht mehr
Vernommen wird: ein Märchen ist's, erzählt
Von einem Dummkopf, voller Klang und Wut,
Das nichts bedeutet. –

Ein Bote kommt.

Du hast was auf der Zunge: schnell heraus!
BOTE. Mein königlicher Herr, –
Ich sollte melden, das, was, wie ich glaube,
Ich sah; – doch wie ich's tun soll, weiß ich nicht.
MACBETH. Nun, sag's nur, Mensch!
BOTE. Als ich den Wachtdienst auf dem Hügel tat, –
Ich schau nach Birnam zu, und, sieh, mir deucht,
Der Wald fängt an zu gehn.
MACBETH. Lügner und Sklav'!
BOTE. Lasst Euren Zorn mich fühlen, ist's nicht so:
Drei Meilen weit könnt Ihr ihn kommen sehn;
Ein geh'nder Wald – wahrhaftig!
MACBETH. Sprichst du falsch,
Sollst du am nächsten Baum lebendig hangen,
Bis Hunger dich verschrumpft hat; sprichst du wahr,
Magst du mir meinethalb dasselbe tun. –
Einzieh' ich die Entschlossenheit, beginne
Den Doppelsinn des bösen Feinds zu merken,
Der Lüge spricht wie Wahrheit: »Fürchte nichts,
Bis Birnams Wald anrückt auf Dunsinan«; –
Und nunmehr kommt ein Wald nach Dunsinan.
Waffen nun, Waffen! und hinaus! –
Ist Wahrheit das, was seine Meldung spricht,
So ist kein Fliehn von hier, kein Bleiben nicht.
Das Sonnenlicht will schon verhasst mir werden;
Oh! fiel' in Trümmern jetzt der Bau der Erden!
Auf! läutet Sturm! Wind, blas'! Heran, Verderben!
Den Harnisch auf dem Rücken will ich sterben.

Alle ab.

Sechste Szene

Es treten auf mit Trommeln und Fahnen Malcolm, Siward, die übrigen Anführer, das Heer mit Zweigen.

MALCOLM. Jetzt nah genug! Werft ab die laub'gen Schirme,
  Und zeigt euch, wie ihr seid! Ihr, würd'ger Oheim,
  Führt mit dem Vetter, Eurem edlen Sohn,
  Die erste Schar; ich und der würd'ge Macduff
  Besorgen, was noch übrig ist zu tun,
  Wie wir es angeordnet.
SIWARD. Lebt denn wohl! –
  Zieht uns nur heut entgegen der Tyrann,
  Mag er den schlagen, der nicht fechten kann!
MACDUFF. Trompeten blast, befeuert kühnen Mut,
  Herolde, ruft ihr uns in Tod und Blut!

Alle ab. Schlachtgetümmel geht weiter.

Siebente Szene

Macbeth tritt auf.

MACBETH. Sie banden mich an den Pfahl; fliehn kann ich nicht.
  Muss, wie der Bär, der Hatz entgegen kämpfen:
  Wo ist er, der nicht ward vom Weib geboren?
  Den fürcht' ich, keinen sonst.

Der junge Siward kommt.

DER JUNGE SIWARD. Wie ist dein Name?
MACBETH. Du wirst erschrecken, ihn zu hören!
DER JUNGE SIWARD. Nein.
  Nennst du dich auch mit einem grimmren Namen
  Als einer in der Höll'.
MACBETH. Mein Nam' ist Macbeth.
DER JUNGE SIWARD. Der Teufel selber könnte nichts verkünden,
  Verhasster meinem Ohr.
MACBETH. Und nichts so furchtbar.
DER JUNGE SIWARD. Abscheulicher Tyrann, du lügst! das soll
  Mein Schwert dir zeigen.

Gefecht, der junge Siward fällt.

MACBETH. Wardst vom Weib geboren. –
Der Schwerter lach' ich, spotte der Gefahr,
Womit ein Mann dräut, den ein Weib gebar.

Er geht ab. Getümmel. Macduff kommt.

MACDUFF. Dort ist der Lärm: – Zeig' dein Gesicht, Tyrann!
Fällst du, und nicht von meinem Schwert, so werden
Mich meines Weibs, der Kinder Geister quälen;
Ich kann auf armes Kernenvolk nicht schlagen,
Die in gedungner Hand die Lanze führen.
Nur du, Macbeth, – wo nicht, kehrt schartenlos
Und ohne Tat mein Schwert zurück zur Scheide.
Dort musst du sein; dies mächt'ge Tosen kündet,
Dass dort vom ersten Range einer kämpft.
O Glück! eins bitt' ich nur: lass mich ihn finden!

Er geht ab. Getümmel. Malcolm und Siward kommen.

SIWARD. Hierher, mein Prinz! – Das Schloss ergab sich willig.
Auf beiden Seiten kämpft des Wüt'richs Volk;
Die edlen Thans tun wackre Kriegesdienste;
Der Tag hat sich fast schon für Euch entschieden,
Nur wenig ist zu tun.
MALCOLM. Wir trafen Feinde,
Die uns vorbei haun.
SIWARD. Kommt, Prinz, in die Festung!

Sie gehen ab.

Achte Szene

Macbeth kommt.

MACBETH. Weshalb sollt' ich den röm'schen Narren spielen,
Sterbend durchs eigene Schwert? Solange Leben
Noch vor mir sind, stehn denen Wunden besser.

Macduff kommt zurück.

MACDUFF. Zu mir, du Höllenhund, zu mir!
MACBETH. Von allen Menschen mied ich dich allein:
Du, mach' dich nur zurück, mit Blut der Deinen
Ist meine Seele schon zu sehr beladen.

MACDUFF. Ich habe keine Worte, meine Stimme
Ist nur in meinem Schwert. Du Schurke, blut'ger,
Als Sprache Worte hat!

Sie fechten.

MACBETH. Verlorne Müh'!
So leicht magst du die unteilbare Luft
Mit scharfem Schwert durchhaun, als mich verletzen:
Auf Schädel, die verwundbar, schwing' den Stahl;
Mein Leben ist gefeit, kann nicht erliegen
Einem vom Weib Gebornen.
MACDUFF. So verzweifle
An deiner Kunst; und sage dir der Engel,
Dem du von je gedient, dass vor der Zeit
Macduff geschnitten ward aus Mutterleib!
MACBETH. Verflucht die Zunge, die mir dies verkündet,
Denn meine beste Mannheit schlägt sie nieder!
Und keiner trau' dem Gaukelspiel der Hölle,
Die uns mit doppelsinn'ger Rede äfft,
Die Wort nur hält dem Ohr mit Glücksverheißung
Und es der Wahrheit bricht! – Mit dir nicht kämpf' ich.
MACDUFF. Nun, so ergib dich, Memme!
Und leb' als Wunderschauspiel für die Welt!
Wir wollen dich als seltnes Ungeheuer
Im Bild auf Stangen führen, mit der Schrift:
»Hier zeigt man den Tyrannen.«
MACBETH. Ich will mich nicht ergeben, um zu küssen;
Den Boden vor des Knaben Malcolm Fuß,
Gehetzt zu werden von des Pöbels Flüchen.
Ob Birnams Wald auch kam nach Dunsinan,
Ob meinen Gegner auch kein Weib gebar,
Doch wag' ich noch das Letzte: Vor die Brust
Werf' ich den mächt'gen Schild: Nun magst dich wahren,
Wer »Halt!« zuerst ruft, soll zur Hölle fahren!

Sie gehen kämpfend ab. Schlachtgetümmel. Treten kämpfend wieder auf,
Macbeth fällt. Macduff trägt den Körper von Macbeth fort.

Neunte Szene

Rückzug. Trompeten. Es treten auf mit Trommeln und Fahnen Malcolm, Siward, Rosse, Lenox, Angus, Cathness, Menteth.

MALCOLM. Oh, wären lebend die vermissten Freunde!
SIWARD. Mancher muss drauf gehn; doch, so viel ich sehe,
    Ist dieser große Tag wohlfeil erkauft.
MALCOLM. Vermisst wird Macduff und Eu'r edler Sohn.
ROSSE. Eu'r Sohn, Mylord, hat Kriegerschuld gezahlt:
    Er lebte nur, bis er ein Mann geworden;
    In seiner Kühnheit war dies kaum bewährt
    Durch unverzagten Kampf in blut'ger Schlacht,
    Als er starb wie ein Mann.
SIWARD. So ist er tot?
ROSSE. Ja, und getragen aus dem Feld. Eu'r Schmerz
    Muss nicht nach seinem Wert gemessen werden,
    Sonst wär' er endlos.
SIWARD. Hat er vorn die Wunden?
ROSSE. Ja, auf der Stirn.
SIWARD. Wohl: sei er Gottes Kriegsmann!
    Hätt' ich so viele Söhn', als Haar' ich habe,
    Ich wünschte keinem einen schönern Tod:
    Das ist sein Grabgeläut'.
MALCOLM. Mehr Leid verdient er,
    Und das vergelt' ich ihm.
SIWARD. Mehr tun ist Schwäche.
    Er schied geehrt und zahlte seine Zeche;
    So, Gott sei mit ihm! – Seht, den neusten Trost!

Macduff kommt mit Macbeths Kopf.

MACDUFF. Heil, König! denn das bist du. Schau', hier steht
    Des Usurpators Haupt: die Zeit ist frei.
    Ich seh' umringt dich von des Reiches Perlen,
    Die meinen Gruß im Herzen mit mir sprechen,
    Und deren lautes Wort ich jetzt erheische:
    Dem König Schottlands Heil!
ALLE. Heil, Schottlands König!

Trompetenstoß.

MALCOLM. Wir wollen nicht vergeblich Zeit verschwenden,
    Mit eurer Liebe einzeln abzurechnen
    Und quitt mit euch zu werden. Thans und Vettern.

Hinfort seid Grafen, die zuerst in Schottland
Mit dieser Ehre prangen. Was zu tun noch,
Was nun gepflanzt muss werden mit der Zeit:
– Als Rückberufung der verbannten Freunde,
Die des Tyrannen list'ger Schling' entflohn;
Einziehn der blut'gen Schergen dieses toten
Bluthunds und seiner höll'schen Königin,
Die, wie man glaubt, gewaltsam selbst ihr Leben
Geendet, – alles, was uns sonst noch obliegt,
Das, mit der ew'gen Gnade Gnadenhort,
Vollenden wir nach Maß und Zeit und Ort.
Euch allen werd' und jedem Dank und Lohn,
Und jetzt zur Krönung lad' ich euch nach Scone.

Trompeten. Alle ab.